Larousse

English-French French-English

Dictionary

Larousse

English-French French-English

Dictionary

Marthe Fonteneau
Claude Gauvin
agrégé de l'Université

Margaret Melrose, M.A. (Edinburgh)

Illustrated by S.-E. Bagge

DEAN

First published 1973 by The Hamlyn Publishing Group Limited

This impression first published 1995 by Dean, an imprint
of Reed Children's Books, Michelin House, 81 Fulham Road,
London SW3 6RB and Auckland, Melbourne, Singapore and Toronto.

ISBN 0 603 55731 7

Printed in the United Arab Emirates

This book was first published as
Mon dictionnaire français-anglais en couleurs
par Marthe Fonteneau, Claude Gauvin et
Margaret Melrose, by Librairie Larousse.

Contents

Introduction

The Larousse English-French French-English Dictionary is the ideal guide for students in the first years of serious language study – for use at school and at home.

The comprehensive list of over 1600 entries has been chosen with particular care from the most widely used vocabulary of both languages. In the case of difficult words, or those which have more than one meaning, several sentences clearly show the particular context in which the words should be used, helping readers to understand grammatical points.

In addition to the general lists of words, there are specialized vocabulary tables, to help the beginner to extend and improve his or her knowledge of the language. Words and phrases are laid out in easily memorable form, gathered together in groups of one subject.

With its simple phonetic guide to pronunciation, and light-hearted illustrations, this dictionary will complement language teaching in an enjoyable way.

a, an [ei, æn] : un, une

They met an old man. *Ils ont rencontré un vieillard.*
A bird is singing in the tree. *Un oiseau chante dans l'arbre.*

le, la

You must set a good example.
Tu dois (Vous devez) donner le bon exemple.
◆ but : I go to my parents' twice a month.
Je vais chez mes parents deux fois par mois.
§ Her mother is a teacher. *Sa mère est professeur.*

to **be able** ['eibl] **(to)** : être capable (de)

I think he is able to succeed.
Je crois qu'il est capable de réussir.

pouvoir

Will he be able to come? *Pourra-t-il venir?*

about [ə'baut] : autour (de)

Bees were buzzing about his ears.
Des abeilles bourdonnaient autour de ses oreilles.

çà et là

She is picking up cockles about the beach.
Elle ramasse des coques çà et là sur la plage.

à peu près

The room was about three metres long.
La pièce avait à peu près trois mètres de long.

de, au sujet de

I know what I am talking about. *Je sais de quoi je parle.*

above [ə'bʌv] : au-dessus (de)

We live on the floor above. *Nous habitons l'étage au-dessus.*

accident ['æksidənt] n. : accident m.

They had an accident on their way to Scotland.
Ils ont eu un accident en allant en Écosse.

to **ache** [eik] v. : faire mal

My head aches. *La tête me fait mal.*

to **have ...ache** : avoir mal à ...

I have a headache. *J'ai mal à la tête.*

across [ə'krɔːs] : à travers

Tom Thumb ran across the meadow.
Tom Pouce courut à travers la prairie.

idée de traverser

to walk across : *traverser en marchant*
to fly across : *traverser en volant...*

to **add** [æd] v. : ajouter

Add some butter to the tomato sauce.
Ajoutez du beurre à la sauce tomate.

addition [ə'diʃən] n. : addition f.

address [ə'dres] n. : adresse f.

Did you write the address on the envelope?
As-tu (Avez-vous) écrit l'adresse sur l'enveloppe?

to **be afraid** [ə'freid] : avoir peur

He is not afraid of him. *Il n'a pas peur de lui.*

after [ɑ'ftə*] : après

Dad will come after six p.m.
Papa viendra après six heures du soir.

afternoon ['ɑːftə'nuːn] n. : après-midi m.

They do not go to school on Saturday afternoon.
Ils ne vont pas en classe le samedi après-midi.

again [ə'gein] : encore

Try again. *Essaie encore. Essayez encore.*

re...

Will you, please, read it again? *Voulez-vous le (la) relire?*

against [ə'geinst] : contre

age [eidʒ] n. : âge m.

We are the same age.
Nous sommes du même âge. Nous avons le même âge.

ago [ə'gou] : il y a

I went to Italy two years ago.
Je suis allé en Italie il y a deux ans.

air [ɛə*] n. : air

BY AIR : PAR AVION

An aeroplane	Un avion	**A hangar**	Un hangar
A glider	Un planeur	**Passport control**	Le contrôle des passeports
A helicopter	Un hélicoptère	**The runway**	La piste d'envol
A jet (plane)	Un avion à réaction	**The cockpit**	La carlingue
The Air Force	L'Armée de L'Air	**A crew**	Un équipage
A parachute	Un parachute	**A propeller**	Une hélice
An airport	Un aéroport	**A tank**	Un réservoir
An air terminal	Un aérogare	**A window**	Un hublot
A departure lounge	Un hall de départ	**A wing**	Une aîle
A duty-free shop	Un magasin hors-taxe	**To fly over**	Survoler
		To land	Atterrir
		To take off	Décoller, s'envoler

airman [ɛə*mən] (pl. **airmen**) n. : aviateur m.

alarm-clock [ə'lɑːmklɔk] n. : réveil m.

Get up! The alarm-clock has rung! *Debout! Le réveil a sonné!*

alike [ə'laik] adj. : pareil, eille

Are those stamps alike? *Ces timbres sont-ils pareils?*

to **be,** to **look alike :** se ressembler

"To be alike as two peas in a pod"
(comme deux pois dans une gousse).
« Se ressembler comme deux gouttes d'eau. »

all [ɔːl] : tout, toute; tous, toutes

"All roads lead to Rome." *« Tous les chemins mènent à Rome.»*

all right : d'accord

— Buy some bread. — All right.
— Achète du pain. — D'accord.

all the same : quand même

The address was wrong, but the parcel arrived all the same.
L'adresse était fausse, mais le paquet est arrivé quand même.

to **allow** [ə'lau] v. : permettre

I can't allow dancing in this classroom!
Je ne peux pas permettre de danser dans cette salle!

to **be allowed** to : pouvoir; avoir la permission de

You are allowed to walk on the grass.
Vous pouvez (Vous avez la permission de) marcher sur l'herbe.
He was allowed to camp here.
On lui a permis de camper ici. Il a eu la permission de camper ici.

almost ['ɔːlmoust] : presque

He is almost never at home. *Il n'est presque jamais à la maison.*

alone [ə'loun] adj. : seul, seule

Françoise remained alone for three days.
Françoise est restée seule pendant trois jours.
Leave her alone. *Laisse-la tranquille.*

along [ə'lɔŋ] : le long de
The boats are lying along the bank.
Les bateaux sont le long de la rive.

already [ɔ:l'redi] : déjà
Have you already been to Montreal?
Êtes-vous déjà allés à Montréal?

also ['ɔ:lsou] : aussi
Will you also come with us?
Viendras-tu (Viendrez-vous) aussi avec nous?

always ['ɔ:lweiz] : toujours
I shall always stay with my grandmother.
Je resterai toujours avec ma grand-mère.

a.m. (ante meridiem) : du matin
The baker comes at eight a.m.
Le boulanger passe à huit heures du matin.

America [ə'merikə] n. : Amérique f.
There are many great scientists in America.
Il y a beaucoup de grands savants en Amérique.

American [ə'merikən] adj. : américain, aine

an **American :** un Américain, une Américaine
She married an American.
Elle a épousé un Américain.
Elle s'est mariée avec un Américain.

the **Americans :** les Américains
The Americans have big cars.
Les Américains ont de grandes voitures.

and [ænd] : et
John and Charles are playing together.
Jean et Charles jouent ensemble.
§ three hundred and twenty : *trois cent vingt.*

and so on : etc.

angry ['æŋgri] : en colère
Don't get angry with me! I'll do it!
Ne te mets pas en colère contre moi! Je le ferai!

animal ['ænimәl] n. : animal m.
The horse is a domestic animal.
Le cheval est un animal domestique.

another [ә'nʌðә*] adj. : un autre, une autre
Have another cake. *Prenez (prends) un autre gâteau.*

answer ['ɑːnsә*] n. : réponse f.
This boy has an answer to everything.
Ce garçon a réponse à tout.

to **answer** v. : répondre (à)
We talked to her, but she didn't answer.
Nous lui avons parlé, mais elle n'a pas répondu.

any ['eni] : n'importe quel, quelle
Any pupil can do this exercise.
N'importe quel (quelle) élève peut faire cet exercice.

n'importe lequel, laquelle
Take any of these ties.
Prenez n'importe laquelle de ces cravates.

tout, toute
Meals are served at any time. *On sert les repas à toute heure.*

de, de la, du, des
Did you sell any eggs? *Avez-vous vendu des œufs?*

en
Do you want any? *En voulez-vous? En veux-tu?*

not any : aucun, aucune

anybody ['enibɔdi], **anyone** ['eniwʌn] : quelqu'un
Is there anyone outside? *Y a-t-il quelqu'un dehors?*

personne
I don't see anyone.
Je ne vois personne.

n'importe qui
It could happen to anyone. *Ça pourrait arriver à n'importe qui.*

anyhow ['enihau] : n'importe comment

He sings anyhow. *Il chante n'importe comment.*

anything ['eniθiŋ] : n'importe quoi

I am so hungry I could eat anything.
J'ai si faim que je mangerais n'importe quoi.

quelque chose

Is there anything in the fridge?
Y a-t-il quelque chose dans le réfrigérateur?

anywhere ['eniwεə*] : (n'importe) où

Go anywhere you like, but leave me alone.
Allez où vous voulez, mais laissez-moi tranquille.

quelque part

Were you going anywhere?
Allais-tu (Alliez-vous) quelque part?

(at) any time : n'importe quand

I shall arrive at any time.
J'arriverai n'importe quand (à n'importe quelle heure).

to **appear** [ə'piə*] v. : apparaître

apple ['æpl] n. : pomme f.

Do you want any apple-sauce with your roast pork?
Veux-tu (Voulez-vous) de la compote de pommes avec ton (votre) rôti de porc?

April ['eipril] n. : avril m.

arm [ɑːm] n. : bras m.

They are walking arm-in-arm.
Ils marchent bras dessus, bras dessous.

arm [ɑːm] n. : arme f.

armchair [ɑːmtʃεə*] n. : fauteuil m.

army ['ɑːmi] n. : armée f.

around [ə'raund] : autour (de)

There is plenty of snow around the house.
Il y a beaucoup de neige autour de la maison.

to **arrive** [ə'raiv] v. : arriver

Peter did not arrive in time to catch the boat.
Pierre n'est pas arrivé à temps pour attraper le bateau.

as [æz] : comme

As we were going into the school, the bell started ringing.
Comme nous entrions dans l'école, la cloche commença à sonner.

en

He was disguised as a cowboy. *Il était déguisé en cow-boy.*

as ... as : aussi ... que

Come as often as you like.
Viens (Venez) aussi souvent que tu voudras (vous voudrez).

to **be ashamed** [ə'ʃeimd] : avoir honte (de)

You ought to be ashamed.
Tu devrais avoir honte.

to **ask** [ɑːsk] **(for)** v. : demander

Whom are you asking for?
Qui demandez-vous (demandes-tu)?

to **ask to** : inviter à

asleep [ə'sliːp] adj. : endormi, e

The baby was asleep in its mother's arms.
Le bébé était endormi dans les bras de sa mère.

to **fall asleep** : s'endormir

ass [æs] n. : âne m.

at [æt] : à, à la, au, aux

They learn French at school.
Ils apprennent le français à l'école.

at ...'s (house, shop) : chez

I bought nothing at the butcher's (shop).
Je n'ai rien acheté chez le boucher.

to **pay attention** (to) : faire attention (à)

Pay attention to your work. *Fais attention à ton travail.*

August ['ɔːgəst] n. : août m.

autumn ['ɔːtəm[n. : automne m. also f.

I like the colours of autumn. *J'aime les couleurs de l'automne.*

average ['ævəridʒ] n. : moyenne f.

An average of fifty kilometres an hour is quite normal. *Une moyenne de cinquante kilomètres à l'heure est tout à fait normale.*

to **avoid** [ə'vɔid] v. : éviter (de)

awake [ə'weik] adj. : réveillé, ée

Get up as soon as you are awake.
Lève-toi aussitôt que tu es réveillé.

to **awake** v. (1) : (se) réveiller

Ann awoke at ten this morning.
Ce matin, Anne s'est réveillée à dix heures.

away [ə'wei] : idée d'éloignement

to run away : *s'éloigner en courant.*
to sweep away : *enlever en balayant...*

B

baby ['beibi] n. : bébé m.

back [bæk] n. : dos m.

My name is on the back of the book.
Mon nom est sur le dos du livre.

arrière

The bicycle is not in the backyard.
La bicyclette n'est pas dans l'arrière-cour.

fond

He always sits at the back of the car.
Il s'asseoit toujours au fond de la voiture.

verbe + **back** : idée de recul
Please, stand back. *Reculez, s'il vous plaît.*

idée de retour
We shall be back for dinner.
Nous serons de retour pour dîner.

bad [bæd] adj. : mauvais, aise
The little boy received a bad blow.
Le petit garçon a reçu un mauvais coup.

badly ['bædli] : mal
This child has been badly brought up.
Cet enfant a été mal élevé.

bag [bæg] n. : sac m.

to **bake** [beik] v. : cuire (au four)

baker ['beikə*] n. : boulanger m.
The baker bakes bread in an oven.
Le boulanger cuit le pain dans un four.

baker's : boulangerie f.

ball [bɔːl] n. : balle f., ballon m.
Rugby football is played with an oval ball.
Le rugby se joue avec un ballon ovale.

bank [bæŋk] n. : bord m.

(bank-)note [nout] n. : billet (de banque) f.
Can you change this ten pound note for two five pound notes?
Pouvez-vous changer ce billet de dix livres contre deux de cinq?

bare [bεə*] adj. : nu, nue
Trees are bare in winter. *Les arbres sont nus en hiver.*

basket ['bɑːskit] n. : panier m.

bath [bɑːθ] n. : bain m., baignoire f.
Clean the bath when you've finished with it.
Nettoie la baignoire quand tu auras fini.

to **bathe** [beið] v. : (se) baigner

The children were bathing in the river.
Les enfants se baignaient dans la rivière.

to **be** [biː] v. (2) : être

I am very strong. *Je suis très fort.*
She was not here. *Elle n'était pas ici.*
Where will they be in a week?
Où seront-ils (elles) dans une semaine?
She is pretty, isn't she?
Elle est jolie, n'est-ce pas?
They are gone. *Ils sont partis.*
It will be quickly done. *Ce sera vite fait.*

avoir

They are asleep. *Ils ont sommeil.*
You were right. *Tu avais (Vous aviez) raison.*
The river is ten feet deep.
La rivière a trois mètres de profondeur.

aller (= se porter)

He is not well today.
Il n'est pas bien aujourd'hui. Il ne va pas bien aujourd'hui.

aller (être allé ...)

Have you been to Paris? *Êtes-vous allés à Paris?*

to **be ...ing :** être en train de

She is writing to her mother.
Elle est en train d'écrire à sa mère.

beach [biːtʃ] n. : plage f.

We shall spend the afternoon on the beach.
Nous passerons l'après-midi sur la plage.

bean [biːn] n. : haricot m.

bear [bɛə*] n. : ours m.

beast [biːst] n. : bête f.

What wild beasts live in Africa?
Quelles bêtes sauvages vivent en Afrique?

to **beat** [biːt] v. (3) : battre

beautiful [bjuːtiful] adj. : beau, bel, belle

Look! What a beautiful present I have received!
Regarde! Quel beau cadeau j'ai reçu!

because [bi'kɔz] : parce que

He won because he was the best.
Il a gagné parce qu'il était le meilleur.

because of : à cause de

to **become** [bi'kʌm] v. (4) : devenir

David wants to become a sailor. *David veut devenir marin.*

bed [bed] n. : lit m.

What! You are not in bed yet!
Quoi! Tu n'es pas encore au lit!

to **go to bed :** aller se coucher

He went to bed as soon as he got back.
Il est allé se coucher dès (= aussitôt après) son retour.

bedroom ['bedrum] n. : chambre (f.) à coucher

Our bedroom is on the first floor.
Notre chambre (à coucher) est au premier étage.

beef [biːf] n. : (viande de) bœuf m.

beefsteak [biːfsteik] n. : bifteck m.

We like our beefsteak well done.
Nous aimons notre bifteck bien cuit.

beer [biə*] n. : bière f.

Which kind of beer do you prefer? Ale or stout?
Quelle sorte de bière préférez-vous? La blonde ou la brune?

before [bifɔː*] : avant

I'll come before noon. *Je viendrai avant midi.*

to **begin** [bi'gin] v. (5) : commencer

We began school with gymnastics.
Nous avons commencé la classe par la gymnastique.

to **begin again** : recommencer

beginning [bi'giniŋ] n. : commencement m.

to **behave** [bi'heiv] (oneself) v. : se conduire, se tenir (bien)

Behave yourselves, children!
Tenez-vous (Conduisez-vous) bien, les enfants!

behind [bi'haind] : derrière

He pushed her from behind. *Il l'a poussée par-derrière.*

en arrière

Don't always remain behind. *Ne reste pas toujours en arrière.*

to **believe** [bi'liːv] v. : croire

bell [bel] n. : cloche f.

Can you see the bells in the steeple?
Vois-tu les cloches dans le clocher?

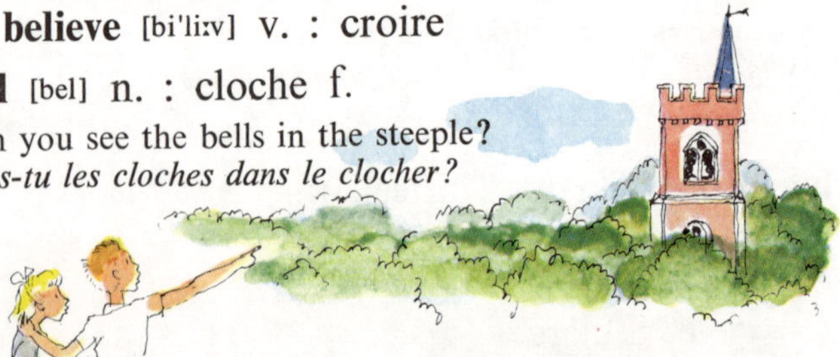

to **belong** [bi'lɔŋ] **to** v. : appartenir (à)

Does this dog belong to you? *Ce chien vous appartient-il?*

below [bi'lou] : au-dessous (de)

They live on the floor below. *Ils habitent à l'étage au-dessous.*

belt [belt] n. : ceinture f.

bench [bentʃ] n. : banc m.

to **bend** [bend] v. (6) : (se) pencher

The mother was bending over her child's cot.
La mère se penchait au-dessus du berceau de son enfant.

to **bend down** : se baisser
He bent down to enter the shop.
Il s'est baissé pour entrer dans la boutique.

beside [bi'said] : à côté de

(the) best [best] : (le) meilleur, (la) meilleure
It's our best quality. *C'est notre meilleure qualité.*

le mieux
It's best to be quiet. *Le mieux est de rester tranquille.*

better ['betə*] : meilleur, eure
These cherries are better than the others.
Ces cerises sont meilleures que les autres.

mieux
You play better than my wife does.
Vous jouez mieux que ma femme.

to **be better** : valoir mieux
It is better to tell the truth. *Il vaut mieux dire la vérité.*

between [bi'twiːn] : entre

beware [bi'wɛə*] **(of)** : attention à
Beware of pickpockets! *Attention aux pickpockets!*

bicycle ['baisikl] n. : bicyclette f.
He is practising for the bicycle race.
Il s'entraîne pour la course de bicyclette.

bike [baik] n. : vélo m.
He has no brakes on his bike. *Il n'a pas de freins à son vélo.*

big [big] adj. : gros, grosse

That's a big lie. *C'est un gros mensonge.*

grand, grande

I was given a big box of sweets.
J'ai reçu une grande boîte de bonbons.

bird [bəːd] n. : oiseau m.

"A little bird told me..." *(Un petit oiseau m'a dit...)* = « *Mon petit doigt m'a dit...* » (My little finger told me...).

birth [bəːθ] n. : naissance f.

He is an Englishman by birth. *Il est anglais de naissance.*

birthday [bəːθdei] n. : anniversaire m.

Happy birthday to you! *Joyeux anniversaire!*

bit [bit] n. : morceau m.

Take a bit of chalk and write on the blackboard.
Prenez un morceau de craie et écrivez sur le tableau.

bout m.

Pass me a bit of string, please.
Passe-moi un bout de ficelle, s'il te plaît.

to **bite** [bait] v. (7) : mordre

Leave that dog alone or you'll get bitten.
Laisse ce chien tranquille ou tu vas te faire mordre.

black [blæk] adj. : noir, noire

His face was black with soot. *Son visage était noir de suie.*

blanket ['blæŋket] n. : couverture f.

blind [blaind] adj. : aveugle

He has been blind for ten years. *Il est aveugle depuis dix ans.*

a **blind man** : un aveugle

blood [blʌd] n. : sang m.

blossom ['blɔsəm] n. : fleur f. (d'arbre)

Apple blossom is pink.
Les fleurs de pommier sont roses.

to **blossom** v. : fleurir [arbre]

blot [blɔt] n. : tache f. (d'encre)

blow [blou] n. : coup m.

They came to blows. *Ils en sont venus aux coups.*

to **blow** [blou] v. (8) : souffler

The wind blew all last night.
Le vent a soufflé toute la nuit.
Blow your nose! *Mouche-toi!*

blue [blu:] adj. : bleu, bleue

He has blue eyes. *Il a les yeux bleus.*

board [bɔ:d] n. : planche f.

Where did you put the ironing board?
Où as-tu mis la planche à repasser?

tableau m.

Look at the time-table on the board.
Regarde l'horaire sur le tableau.

boat [bout] n. : bateau m.

The fishing boats are sailing in. *Les bateaux de pêche rentrent.*

BOATS : BATEAUX

A barge	Une péniche	**A mast**	Un mât
A canoe	Un canoë	**A sail**	Une voile
A cargo boat	Un cargo		
A ferry boat	Un ferry-boat	**The captain**	Le commandant
A lifeboat	Un canot de sauvetage	**The crew**	L'équipage
A liner	Un paquebot		
A motor boat	Une vedette	**The buoy**	La bouée
A rowing boat	Une barque	**The lighthouse**	Le phare
A sailing boat	Un bateau à voile	**The pier**	La jetée
A submarine	Un sous-marin	**To board**	Embarquer
A tanker	Un pétrolier	**To float**	Flotter
A yacht	Un yacht	**To go ashore**	Descendre à terre
An anchor	Une ancre	**To row**	Ramer
A cabin	Une cabine	**To sink**	Sombrer, couler
The deck	Le pont		

body ['bɔdi] n. : corps m.
Physical education develops the body.
L'éducation physique développe le corps.

to **boil** [bɔil] v. : (faire) bouillir
Go and boil some water please.
Va faire bouillir de l'eau, s'il te plaît.

bone [boun] n. : os m.

book [buk] n. : livre m.
We bought a cookery-book in France.
Nous avons acheté un livre de cuisine en France.

bookcase ['bukkeis] n. : bibliothèque f. (meuble)

bookseller [bukselə*] n. : libraire m.

bookshop [bukʃɔp] n. : librairie f.
There is a good bookshop opposite our school.
Il y a une bonne librairie en face de notre école.

to **be bored** [bɔː*d] : s'ennuyer
He is bored in the country. *Il s'ennuie à la campagne.*

to **be born** [bɔːn] : naître — **born** adj. : **né, née**
Shakespeare was born in 1564. *Shakespeare est né en 1564.*

both [bouθ] : (tous) les deux
You'll both go. *Vous irez tous les deux.*

l'un et l'autre
I'm waiting for them both. *Je les attends l'un et l'autre.*

bottle ['bɔtl] n. : bouteille f.
Bring us a bottle of good French wine.
Apportez-nous une bouteille de bon vin français.

bottom ['bɔtəm] n. : bas m.
The boy ran to the bottom of the street.
Le garcon courut jusqu'au bas de la rue.

fond m.
The bottom of the pail is rusty. *Le fond du seau est rouillé.*

box [bɔks] (pl. **boxes**) n. : boîte f.
Go and buy a box of matches.
Va acheter une boîte d'allumettes.

caisse f.
There is a mouse's nest in the old box.
Il y a un nid de souris dans la vieille caisse.

boy [bɔi] n. : garçon m.
You could do better, my boy.
Tu pourrais faire mieux, mon garçon.

branch [brɑːntʃ] n. : branche f.
The squirrel jumps from branch to branch.
L'écureuil saute de branche en branche.

bread [bred] n. : pain m.

to **break** [breik] v. (9) : (se) casser
Patrick broke his arm playing rugby.
Patrice s'est cassé le bras en jouant au rugby.

(+ out) éclater
The war broke out in 1914. *La guerre éclata en 1914.*

breakfast ['brekfəst] n. : petit déjeuner m.
She drinks tea with her breakfast.
Elle boit du thé à son petit déjeuner.

to **breathe** [briːð] v. : respirer

bridge [bridʒ] n. : pont m.

bright [brait] adj. : brillant, ante
Her eyes were bright with joy.
Ses yeux brillaient de joie.

to **bring** [briŋ] v. (10) : apporter

to **bring back** : rapporter

Don't forget to bring back your books.
N'oubliez pas de rapporter vos livres.

to **bring up** : élever (des enfants)

They are well brought up children.
Ce sont des enfants bien élevés.

broad [brɔːd] adj. : large

Our teacher is broad-minded. *Notre professeur a l'esprit large.*

broom [bruːm] n. : balai m.

brother ['brʌðə*] n. : frère m.

My brother-in-law is a farmer. *Mon beau-frère est fermier.*

brown [braun] adj. : brun, brune

brush [brʌʃ] (pl. **brushes**) n. : brosse f.

I've left my toothbrush at home.
J'ai laissé ma brosse à dents à la maison.

pinceau m.

We can't paint; our brushes are worn out.
Nous ne pouvons pas peindre; nos pinceaux sont usés.

to **brush** v. : brosser

bud [bʌd] n. : bouton m. (de fleur)

to **build** [bild] v. (11) : bâtir, construire

The new school will be built here.
On construira ici la nouvelle école.

building [bildiŋ] n. : bâtiment m.

bunch [bʌntʃ] n. : bouquet m.

to **burn** [bəːn] v. (12) : (se) brûler

I burnt my tongue with hot tea.
Je me suis brûlé la langue avec du thé très chaud.

to **burst** [bəːst] v. (13) : éclater

They burst out laughing. *Ils (Elles) éclatèrent de rire.*

bus [bʌs] (pl. **buses**) n. : autobus, (auto)car m.

business ['biznis] n. : affaires f. pl.

His father is in business. *Son père est dans les affaires.*

commerce m.

He bought a hardware business.
Il a acheté un commerce de quincaillerie.

BUSINESS AND MONEY : LES AFFAIRES ET L'ARGENT

An account	Un compte	**A savings bank**	Une caisse d'épargne
A bank	Une banque	**Wealthy**	(très) Riche
A cheque	Un chèque	**To borrow**	Emprunter
A chequebook	Le carnet de chèques	**To make a fortune**	Faire fortune
A debt	Une dette	**To inherit**	Hériter
An inheritance	Un héritage	**To save**	Économiser
Interest	L'intérèt	**To sign**	Signer
A signature	Une signature		

to **be busy** ['bizi] : être occupé à

She is busy cooking lunch. *Elle est occupée à faire le déjeuner.*

but [bʌt] : mais

It's expensive but good. *C'est cher mais bon.*

butcher ['butʃə*] n. : boucher m.

butcher's (shop) : boucherie f.

butter ['bʌtə*] n. : beurre m.

He is eating bread and butter. *Il mange du pain beurré.*

butterfly ['bʌtəflai] n. : papillon m.

button ['bʌtn] n. : bouton m.

to **buy** [bai] v. (14) : acheter

I bought it from Selfridge's.
Je l'ai acheté(e) chez Selfridge's.

by [bai] : à

Potatoes are sold by the pound.
Les pommes de terre se vendent à la livre.

par

Begin by drinking your soup.
Commence par manger ta soupe.

près (de)

We shall have a house by the river.
Nous aurons une maison près de la rivière.

en

She spoilt her sight by reading too much.
Elle s'est abîmé la vue en lisant trop.

C

cabbage ['kæbidʒ] n. : chou m.

cake [keik] n. : gâteau m.

calf (pl. **calves**) [kɑːf, kɑːvz] n. : veau m.
A calf has just been born on the farm.
Un veau vient de naître à la ferme.

to **call** [kɔːl] v. : appeler
Mummy is calling us for dinner.
Maman nous appelle pour dîner.

to **be called** : s'appeler, se nommer
What is he called? *Comment s'appelle-t-il? (se nomme-t-il?)*

camel ['kæməl] n. : chameau m.

camera ['kæmərə] n. : appareil photographique m.

can [kæn] (preterite : **could**) v. : pouvoir (capacity)
Peter Pan could fly like a bird.
Peter Pan pouvait voler comme un oiseau.

savoir

They can swim. *Ils (Elles) savent nager.*
She could not drive. *Elle ne savait pas conduire.*

(conditional) **could**

He could succeed if he worked harder.
Il pourrait réussir s'il travaillait davantage.

cap [kæp] n. : casquette f.
His cap is navy blue. *Sa casquette est bleu marine.*

car [kɑː*] n. : auto f., voiture f.
He has a new car. *Il a une nouvelle voiture (auto).*

card [kɑːd] n. : carte f.
Please, show me your identity card.
Montrez-moi votre carte d'identité, s'il vous plaît.

to **take care** (of) : prendre soin (de)
Take care of it; it's fragile. *Prends-en soin; c'est fragile.*
I don't care! *Je m'en moque!*

faire attention (à)

Take care or you'll fall! *Fais attention ou tu tomberas!*

careful ['kɛəful] adj. : prudent, ente

Dad is a careful driver. *Papa est un conducteur prudent.*

careless ['kɛəlis] adj. : imprudent, ente

carpet ['kɑːpit] n. : tapis m.

The carpet in the passage is worn out.
Le tapis du couloir est usé.

carriage ['kæridʒ] n. : wagon m.

a railway carriage : *un wagon de chemin de fer.*

to **carry** ['kæri] v. : porter

Quickly go and carry the good news to them.
Porte-leur (Portez-leur) vite la bonne nouvelle.

transporter

The first truck was carrying coal.
Le premier wagon transportait du charbon.

to **carry away :** emporter

The student carries his books away under his arms.
L'étudiant emporte ses livres sous son bras.

cash-desk [kæʃdesk] n. : caisse f.

castle ['kɑːsl] n. : château m.

Warwick has a beautiful castle. *Warwick a un beau château.*

cat ['kæt] n. : chat m.

THE CAT : LE CHAT

Puss, pussy : Le chat	**Puss-in-Boots** : Le Chat botté
A kitten : Un chaton	**To miaow** : Miauler
My pet : Mon petit chat	**To purr** : Ronronner

to **catch** [kætʃ] v. (15) : attraper

He managed to catch his train.
Il s'est arrangé pour attraper son train.

ceiling ['si:liŋ] n. : plafond m.

cellar ['selə*] n. : cave f.

The cellar is very dark. *La cave est très sombre.*

chain [tʃein] n. : chaîne f.

I broke my bicycle-chain. *J'ai cassé la chaîne de ma bicyclette.*

chair [tʃɛə*] n. : chaise f.

change [tʃeindʒ] n. : monnaie f.

Don't forget to count your change.
N'oubliez pas de compter votre monnaie.

to **change** [tʃeindʒ] v. : changer (de)

You'll change trains at Birmingham.
Vous changerez de train à Birmingham.

cheap [tʃi:p] adj. : bon marché

Your suit-case is cheaper than mine.
Ta (Votre) valise est meilleur marché que la mienne.

cheek [tʃi:k] n. : joue f.

Kiss him on both cheeks. *Embrassez-le sur les deux joues.*

cheese [tʃi:z] n. : fromage m.

chemist ['kemist] n. : pharmacien m.

cherry ['tʃeri] (pl. **cherries**) n. : cerise f.

These cherries have very small stones.
Ces cerises ont de très petits noyaux.

chicken ['tʃikin] n. : poulet m.

Do you like chicken soup? *Aimes-tu le potage au poulet?*

chief [tʃi:f] n. : chef m.

child (pl. **children**) [tʃaild, 'tʃildrən] n. : enfant m.
Children need plenty of sleep.
Les enfants ont besoin de beaucoup de sommeil.
"Caution: Children!" *«Attention aux enfants!»*

chimney ['tʃimni] n. : cheminée f.

chocolate ['tʃɔkəlit] n. : chocolat m.
I am specially fond of milk chocolate.
J'aime surtout le chocolat au lait.

to **choose** [tʃu:z] v. (16) : choisir
What dress did she choose? *Quelle robe a-t-elle choisie?*

Christian name : prénom m.

Christmas ['krisməs] n. : Noël m.
Merry Christmas to you all! *Joyeux Noël à vous tous!*

church [tʃə:tʃ] n. : église f.
It is a twelfth century church.
C'est une église du douzième siècle.

cigarette [sigə'ret] n. : cigarette f.
Cigarettes are sold at the tobacconist's.
On vend les cigarettes au bureau de tabac.

cinema ['sinimə] n. : cinéma m.

circus ['sə:kəs] n. : cirque m.
We went to the circus.
Nous avons été au cirque.

city ['siti] (pl. **cities**) n. : ville f.
New York City is among the greatest cities in the world.
(La ville de) New York est parmi les plus grandes villes du monde.

class [klɑ:s] n. : classe f.
He travels first class. *Il voyage en première classe.*

classroom n. : salle de classe f.

clean [kli:n] adj. : propre
"As clean as a new pin."
« *Propre comme un sou* (= penny) *neuf.* »

to **clean** v. : nettoyer

clear [kliə*] adj. : clair, claire
His explanation is clear, we understand it well.
Son explication est claire, nous la comprenons bien.

to **clear** v. : débarrasser
Clear the way, please!
Dégagez (= débarrassez) le chemin, s'il vous plaît!

clerk [klα:k] n. : employé m. (de bureau)

to **climb** [klaim] **(up)** v. : monter, grimper
My car climbs hills easily.
Ma voiture monte (grimpe) facilement les côtes.

clock [klɔk] n. : horloge, pendule f.
This clock looks nice on the mantlepiece.
Cette pendule (horloge) fait bien sur la cheminée.

... o'clock : ... heure(s)
It is ten o'clock. *Il est dix heures.*

to **close** [klouz] v. : fermer
This gate closes at nightfall.
Cette porte ferme à la nuit tombante.

cloth (pl. **cloths** [klɔθs]) n. : tissu m.
I like the cloth of your suit.
J'aime le tissu de votre costume.

nappe f.

Joan embroidered this table-cloth. *Jeanne a brodé cette nappe.*

clothes [klouðz] n. pl. : vêtements m. pl.

cloud [klaud] n. : nuage m.
What a cloud of dust! *Quel nuage de poussière!*

coach : see MOTOR-COACH

CLOTHES : LES VÊTEMENTS

A blouse	Une blouse, un chemisier
A bra	Un soutien-gorge
A dress	Une robe
Knickers	Une culotte
A nightdress	Une chemise de nuit
A petticoat	Un jupon
A skirt	Une jupe
Stockings	Des bas (m)
Tights	Des collants (m)
Underpants	Un slip
Pyjamas	Un pyjama
A tie	Un noeud, une cravate
Trousers	Le pantalon
A shirt	Une chemise
A suit	Un complet
A vest	Un gilet
A belt	Une ceinture
Boots	Des bottes (f.)
A coat	Un manteau
Gloves	Des gants (m.)
A hat	Un chapeau
A jacket	Un veston
Jeans	Un jeans
A jumper	Un pull-over
A raincoat	Un imperméable
Sandals	Des sandales (f.)
Scarf	Une écharpe
Shoes	Des chaussures (f.)
Slippers	Des pantoufles (f.)
Socks	Des chaussettes (f.)
A button	Un bouton
A pocket	Une poche
A zip	Une fermeture éclair

coal [koul] n. : charbon m.

coast [koust] n. : côte f.

The south coast of England is bordered with cliffs.
La côte sud de l'Angleterre est bordée de falaises.

coat [kout] n. : manteau m.

Her coat has a large fur collar.
Son manteau a un grand col de fourrure.

veste f.

He has a badge on his coat. *Il a un écusson sur sa veste.*

cock [kɔk] n. : coq m.

The cock crows : "Cock-a-doodle-doo!"
« *Le coq chante :* « *Cocorico!* »

coffee ['kɔfi] n. : café m.

Do you want some more coffee? *Voulez-vous encore du café?*

coin [kɔin] n. : pièce f. (de monnaie)

How much is this coin worth? *Combien vaut cette pièce?*

cold [kould] adj. : froid, froide

Come! The dinner is quite cold.
Venez (Viens)! Le dîner est tout à fait froid!

n. : rhume m.

He has a heavy cold in the head.
Il a un gros rhume de cerveau.

to **catch a cold** : s'enrhumer

to **have a cold** : être enrhumé

colour ['kʌlə*] n. : couleur f.

comb [koum] n. : peigne f.

to **comb** v. : (se) peigner

Go and comb your hair. *Va te peigner.*

to **come** [kʌm] v. (17) : venir

to **come and** + verbe : venir + infinitive

Claudia will come and get her tea.
Claudine viendra prendre son thé.

to **come back** : revenir

I shall not come back here. *Je ne reviendrai pas ici.*

rentrer

When will your father come back?
Quand ton père rentre-t-il?

to **come in** : entrer

Come in and shut the door. *Entre et ferme la porte.*

to **come near** : (s') approcher

Come near me. *Approche-toi (Approchez-vous) de moi.*

to **come out** : sortir

Have you ever seen a chick come out of its shell?
As-tu jamais vu un poussin sortir de l'œuf?

on the **contrary** ['kɔntrəri] : au contraire

to **cook** [kuk] v. : (faire) cuire

cooking [kukiŋ] n. : cuisine f. (action)
The cook does his cooking on a gas cooker.
Le cuisinier fait sa cuisine sur un réchaud à gaz.

cool [ku:l] adj. : frais, fraîche
Keep in a cool place. *A tenir au frais.*

to **cool** v. : (se) refroidir
Put the milk outside to cool. *Mets le lait à refroidir dehors.*

to **copy** ['kɔpi] v. : copier
You'll copy this chapter out of your book.
Vous copierez ce chapitre dans votre livre.

copy-book n. : cahier m.

cork [kɔ:k] n. : bouchon m.
The cork of the champagne bottle flew off.
Le bouchon de la bouteille de champagne a sauté.

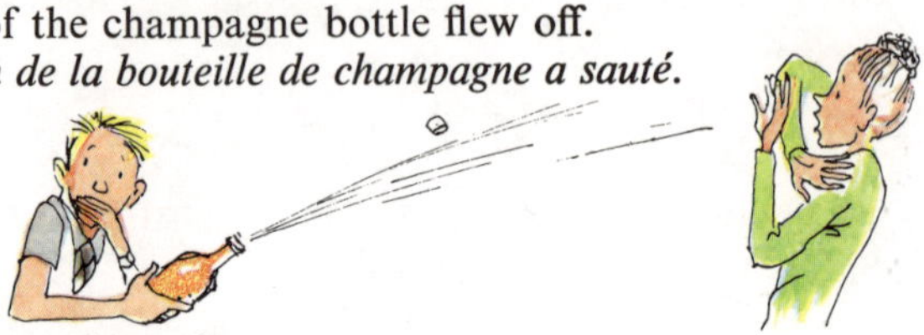

to **cork** v. : boucher

corn [kɔ:n] n. : blé m.
Larks build their nests in cornfields.
Les alouettes font leurs nids dans les blés (= champs de blé).

grain m.
Put a few peppercorns in it.
Mettez-y quelques grains de poivre.

corner ['kɔ:nə*] n. : coin m.

correct [kə'rekt] adj. : exact, te
Are you sure this is the correct time?
Es-tu sûr (sûre) que c'est l'heure exacte?

could [kud] : preterite of CAN

to **cost** [kɔst] v. (18) : coûter
This suit cost him thirty pounds.
Ce costume lui a coûté trente livres.

to **cough** [kɔf] v. : tousser

to **count** [kaunt] v. : compter

Go and hide while I count up to ten.
Va te cacher pendant que je compte jusqu'à dix.

country ['kʌntri] n. : pays m.

What countries did you visit? *Quels pays avez-vous visités?*

campagne

Country people are hard workers.
Les gens de la campagne travaillent dur.

courage ['kʌridz] n. : courage m.

courageous [kə'reidʒəs] adj. : courageux, euse

Be courageous, it will soon be over.
Sois courageux (courageuse), ce sera bientôt fini.

of course [kɔːs] : bien sûr

— Will you come with us? — Yes, of course.
— *Voulez-vous venir avec nous? — Oui, bien sûr.*

cousin ['kʌzn] n. : cousin, ine (m. and f.)

cover ['kʌvə*] n. : couverture f.

to **cover** v. : couvrir

The ground is covered with dead leaves.
Le sol est couvert de feuilles mortes.

cow [kau] n. : vache f.

cream [kriːm] n. : crème f.

I bought a jar of cream. *J'ai acheté un pot de crème.*

crop [krɔp] n. : récolte f.

The potato-crop is poor this year.
La récolte de pommes de terre est mauvaise cette année.

cross [krɔs] n. : croix f.

The Southern Cross is a group of stars that shines over the south seas.
La Croix du Sud est un groupe d'étoiles qui brillent au-dessus des mers du Sud.

to **cross** v. : traverser

Look both ways before you cross.
Regarde des deux côtés avant de traverser.

(pedestrian) **crossing** : passage clouté m.

He was knocked over on a pedestrian crossing.
Il a été renversé sur un passage clouté.

cross-roads : carrefour, croisement m.

Caution! Dangerous cross-roads!
Attention! Carrefour (Croisement) dangereux.

crowd ['kraud] n. : foule f.

The crowd was silent. *La foule était silencieuse.*

to **cry** [krai] v. : pleurer

The child got up, half laughing, half crying.
L'enfant s'est relevé, moitié riant, moitié pleurant.

cup [kʌp] n. : tasse f.

The tea-cups are in the cupboard.
Les tasses à thé sont dans le placard.

cupboard ['kʌbəd] n. : placard m.

to **cure** [kjuə] v. : guérir

This medicine has cured my rheumatism.
Ce médicament m'a guéri de mon rhumatisme.

curious ['kjuəriəs] adj. : curieux, euse

It was a curious little shop.
C'était une curieuse petite boutique.

curtain ['kə:tn] n. : rideau m.

customer ['kʌstəmə*] n. : client m., cliente f.

This shop has many customers.
Ce magasin a de nombreux clients.

to **cut** [kʌt] v. (19) : (se) couper

Cut this melon in five. *Coupe (Coupez) ce melon en cinq.*

D

dad, daddy [dæd, dædi] n. : papa m.

dance [dɑːns] n. : danse f.

to **dance** v. : danser

danger ['deindʒə*] n. : danger m.

dangerous ['deindʒərəs] v. : dangereux, euse

Is this road dangerous? *Cette route est-elle dangereuse?*

dark [dɑːk] adj. : sombre

It's getting dark.
Il commence à faire sombre.

obscur, re

This is a deep dark cave. *C'est une grotte profonde et obscure.*

foncé, ée

dark red : *rouge foncé* — dark green : *vert foncé...*

brun, brune

She is dark-skinned. *Elle a la peau brune.*

dark, darkness ['dɑːknis] n. : obscurité f.

date [deit] n. : date f.

What's the date today? *Quelle est la date d'aujourd'hui?*

daughter ['dɔːtə*] n. : fille f.

Their daughter is younger than their son.
Leur fille est plus jeune que leur fils.

day, daylight [dei, deilait] n. : jour m.

Day was breaking when we started.
Le jour se levait quand nous sommes partis.

day, daytime [deitaim] n. : jour m., journée f.

I saw her one day as she was going through the village.
Je l'ai vue un jour qu'elle traversait le village.
The gardener can only work in the daytime.
Le jardinier ne peut travailler que le jour (= que la journée).
◆ but : Mother's Day : *La fête des Mères.*

dead [ded] adj. : mort, morte

a **dead man** : un mort

"Dead men tell no tales." « *Les morts ne parlent pas.* »

death [deθ] n. : (la) mort

He died a violent death. *Il est mort de mort violente.*

deaf [def] adj. : sourd, sourde

Please speak louder; I'm a bit deaf.
S'il vous plaît, parlez plus fort, je suis un peu sourd.

dear [diə*] adj. : cher, chère

This dealer became rich by buying cheap and selling dear.
Ce marchand s'est enrichi en achetant bon marché et en vendant cher.
Dear Mrs Smith. *Chère Madame (Smith).*

December [di'sembə*] n. : décembre m.

deep [di:p] adj. : profond, de

depth [depθ] n. : profondeur f.

The depth of the well is three metres.
La profondeur du puits est de trois mètres.

to **defend oneself** [di'fend] v. : se défendre

Defend yourself when you are attacked.
Défendez-vous quand vous êtes attaqué.

desk [desk] n. : bureau m.

dessert [di'zə:t] n. : dessert m.

Use your dessert spoon to eat your pudding.
Sers-toi de ta cuiller à dessert pour manger ton pudding.

to **destroy** [dis'trɔi] v. : détruire

dictionary ['dikʃənri] n. : dictionnaire m.
This is an English-French dictionary.
C'est un dictionnaire anglais-français.

did : [did] preterit of DO

to **die** [dai] v. : mourir
He will make you die of laughing. *Il vous fera mourir de rire.*

difference ['difrəns] n. : différence f.

different ['difrənt] adj. : différent, te
Those two sisters have quite different characters.
Ces deux sœurs ont des caractères tout à fait différents.

difficult ['difikəlt] adj. : difficile

to **dig** [dig] v. (20) : creuser
A tunnel will be dug under the Channel.
Un tunnel sera creusé sous la Manche.

to **dine** [dain]; to **have dinner** v. : dîner
We shall have dinner at seven tonight.
Nous dînerons à sept heures ce soir.

dining-room n. : salle à manger f.
The dining-room and the sitting-room lead into each other.
La salle à manger et le salon communiquent.

dinner n. : dîner m.

direction [di'rekʃən] n. : direction f.
She is going in the same direction as you.
Elle va dans la même direction que vous (toi).
Directions for use. *Mode d'emploi.*

sens m.
He went away in the wrong direction.
Il est parti dans le mauvais sens.

dirty [də:ti] adj. : sale
Your hands are dirty, go and wash them.
Tes mains sont sales, va les laver.

to **dirty** v. : salir

to **disappear** [,disə'piə*] v. : disparaître

The ship is disappearing over the horizon.
Le navire disparaît à l'horizon.

to **discover** [dis'kʌvə*] v. : découvrir

Who discovered America? *Qui a découvert l'Amérique?*

dish [diʃ] (pl. **dishes**) n. : plat m.

Will you bring me a dish out of the side-board?
Veux-tu me sortir un plat du buffet?

dishcloth n. : torchon m.

Use a clean dishcloth to dry the glasses.
Sers-toi d'un torchon propre pour essuyer les verres.

to **disobey** [,diso'bei] v. : désobéir

distance ['distəns] n. : distance f.

What is the distance from London to Quebec?
Quelle est la distance de Londres à Québec?
We could not see anything at six metres' distance.
On ne voyait rien à six mètres de distance.

district ['distrikt] n. : quartier m.

to **do** [duː] v. (21) : faire

I have nothing to do today. *Je n'ai rien à faire aujourd'hui.*
Your room has not been done. *Ta chambre n'a pas été faite.*
Grandfather does his garden all day long.
Grand-père fait son jardin toute la journée.
(auxiliary)
I see her. *Je la vois.*
I do not see her. *Je ne la vois pas.*
Do you see her? *La voyez-vous?* — Yes, I do. *Oui.*

doctor ['dɔktə*] n. : docteur m.

Mummy sent for the doctor.
Maman a envoyé chercher le docteur.

dog [dɔg] n. : chien m.

doll, dolly [dɔl,'dɔli] n. : poupée f.

THE DOG : LE CHIEN

Greyhound	Un lévrier	**The dog's food**	La pâtée
Hound	Chien de chasse	**The fangs**	Les crocs
A pack	Une meute	**The kennel**	Le chenil, la niche
A poodle	Un caniche		
A sheep-dog	Un chien de berger	**To bark**	Aboyer
A watch-dog	Un chien de garde	**To growl**	Grogner
		To howl	Hurler
		To leap	Bondir
The collar	Le collier	**To lick**	Lécher

done [dʌn] : fait, faite

It's done! *C'est fait!*

fini, ie

"A woman's work is never done."
« *Le travail d'une femme n'est jamais fini.* »

donkey ['dɔŋki] n. : âne m.

door [dɔː*] n. : porte f.

His name is on the front door.
Son nom est sur la porte d'entrée.

down [daun] : idée de descendre

She ran down the hill. *Elle a descendu la colline en courant.*
He rowed down the river. *Il a descendu la rivière en ramant.*

idée de baisser

The blinds are still down. *Les rideaux sont encore baissés.*
She looked down. *Elle baissa les yeux.*
All passengers down, please! *Tout le monde descend!*

downstairs [daun'stɛəz] : en bas

Leave your coat downstairs. *Laissez votre manteau en bas.*

to **draw** [drɔː] v. (22) : tirer

He is drawing water from the well. *Il tire de l'eau du puits.*

drawer ['drɔːə*] n. : tiroir m.

The chest of drawers has seven drawers.
La commode a sept tiroirs.

to **draw** v. : dessiner

He drew the teacher's head!
Il a dessiné la tête du professeur!

drawing ['drɔːiŋ] n. : dessin m.

dream [driːm] n. : rêve m.

to **dream** v. (23) : rêver

You must have dreamt it! *Tu dois l'avoir rêvé!*

dress [dres] n. : robe f.

Her grandmother always wears black dresses.
Sa grand-mère porte toujours des robes noires.

costume m.

They were in their evening-dresses.
Ils étaient en costume de soirée.

to **dress** v. : s'habiller

I can dress and undress in the dark.
Je peux m'habiller et me déshabiller dans le noir.

drink [driŋk] n. : boisson f.

to **drink** v. (24) : boire

He was drinking milk out of a big bowl.
Il buvait du lait dans un grand bol.

to **drive** [draiv] v. (25) : conduire

My brother drives too fast. *Mon frère conduit trop vite.*

aller en voiture

We shall drive to Exeter. *Nous irons à Exeter en voiture.*

driver ['draivə*] n. : conducteur

The driver is wearing a white cap.
Le conducteur a une casquette blanche.

drop [drɔp] n. : goutte f.

A few drops were beginning to fall.
Quelques gouttes commençaient à tomber.

to **drown** [draun] v. : se noyer

drugstore ['drʌgstɔ:*] n. (U. S.) : drugstore m., pharmacie f.

dry [drai] adj. : sec, sèche

Dry wood burns better than green wood.
Le bois sec brûle mieux que le bois vert.

to **dry** v. : sécher

to **dry the dishes :** essuyer la vaisselle

John and Jenny dry the dishes on Sundays.
Jean et Jeannette essuient la vaisselle le dimanche.

duck [dʌk] n. : canard m.

dumb [dʌm] adj. : muet, muette

during ['djuəriŋ] : pendant

dust [dʌst] n. : poussière f.

He is covered with dust. *Il est couvert de poussière.*

to **dust** v. : essuyer

E

each [i:tʃ] : chacun, chacune

How many are there for each of us?
Combien y en a-t-il pour chacun (chacune) de nous?

chaque

Each flower has its own fragrance.
Chaque fleur a son propre parfum.

each other : se, s'

They are kissing each other.
Ils (Elles) s'embrassent.

ear [iə*] n. : oreille f.

I'll pull your ears, you naughty boy!
Je te tirerai les oreilles, vilain garçon!

early ['ə:li] : tôt

Do your parents get up earlier than you?
Vos parents se lèvent-ils plus tôt que vous?

en avance

I arrived early at the station to buy my ticket.
Je suis arrivé en avance à la gare pour prendre mon billet.

to **earn** [ə:n] v. : gagner

Mr Smith earns more than Mr Simpson.
M. Smith gagne plus que M. Simpson.

earth [ə:θ] n. : terre f.

The Earth revolves around the Sun.
La Terre tourne autour du Soleil.

easily [i:zili] : facilement

Helen is learning French easily.
Hélène apprend facilement le français.

easy ['i:zi] adj. : facile, simple

east [i:st] n. : est m.

London is in the south-east of England.
Londres est dans le Sud-Est de l'Angleterre.

to **eat** [i:t] v. (26) : manger

You have eaten nothing all day.
Tu n'as rien mangé de la journée.

edge [edʒ] n. : bord m.

egg [eg] n. : œuf m.

The hen is clucking; it has just laid an egg.
La poule chante; elle vient de pondre un œuf.

eight [eit] : huit — **eighth** [eitθ] : huitième

eighteen [ei'ti:n] : dix-huit

eighty ['eiti] : quatre-vingts

either ['aiðə*] : l'un ou l'autre

Give me either hand.
Donne-moi l'une ou l'autre main.

n'importe quel, quelle (de deux)

Give me either hand. *Donne-moi n'importe quelle main.*

n'importe lequel, laquelle

— Give me your hand. — Which? — Either.
— Donne-moi la main. — Laquelle? — N'importe laquelle.

elder ['eldə*] adj. : aîné, ée (de deux)

They have two sons, but the elder lives with his grandmother.
Ils ont deux fils, mais l'aîné vit chez sa grand-mère.

eldest ['eldist] : aîné, ée

She is the eldest of five. *Elle est l'aînée de cinq.*

electric [i'lektrik] adj. : électrique

electricity [ilek'trisiti] n. : électricité f.

elephant ['elifənt] n. : éléphant m.

eleven [i'levn] : onze

elsewhere [els'wɛə*] : ailleurs

empty ['empti] adj. : vide

to **empty** v. : vider

Empty your pockets. *Vide tes poches.*

end [end] n. : fin f.

I'll stay here to the end. *Je resterai ici jusqu'à la fin.*

bout

They are at the other end of the town.
Ils sont à l'autre bout de la ville.

to **end** v. : finir

engine ['endʒin] n. : machine f.

a steam-engine : *une machine à vapeur.*

locomotive f.

Our train stopped to change engines.
Notre train s'est arrêté pour changer de locomotive.

moteur (d'auto) m.

England ['inglənd] n. : Angleterre f.

Have you already been to England?
Es-tu déjà allé en Angleterre?

English ['ingliʃ] adj. : anglais, se

— Do you speak English? — No, but I speak French very well.
— Parlez-vous anglais? — Non, mais je parle très bien français.

an **Englishman** ['ingliʃmən] n. : un Anglais

an **Englishwoman** ['ingliʃ''wumən] n. : une Anglaise

the **English** : les Anglais

to **enjoy** [in'dʒɔi] **oneself** v. : s'amuser

enough [i'nʌf] : assez

You are not tall enough. *Tu n'es pas assez grand.*
You'll have enough time to finish your homework.
Tu auras assez de temps pour finir tes devoirs.
That's enough! Be quiet! *C'est assez! Tais-toi!*

to **enter** ['entə*] v. : entrer

The steamer entered the harbour.
Le vapeur est entré dans le port.
No entrance. *Entrée interdite. Défense d'entrer.*

envelope [in'veləp] n. : enveloppe f.

Did you seal the envelope? *As-tu cacheté l'enveloppe?*

equal ['iːkwəl] adj. : égal, le

even ['iːvən] : même

Even now, I'll not tell you.
Même maintenant, je ne te le dirai pas.

evening ['iːv(ə)niŋ] n. : soir m.

You will see him tomorrow evening.
Vous le verrez demain soir.

soirée f.

We shall spend the evening at home.
Nous passerons la soirée à la maison.

ever ['evə*] : toujours

Let's be friends for ever! *Soyons amis pour toujours!*

every ['evri] adj. : chaque, tous, toutes

I pay my rent every month.
Je paie mon loyer tous les mois (= chaque mois).

everybody ['evribɔdi], **everyone** ['evriwʌn] : chacun, chacune

Everyone knows what you have done.
Chacun sait ce que vous avez fait.

tout le monde

Everybody does it. *Tout le monde le fait.*

everyday ['evri'dei] : de tous les jours

It's more interesting than everyday work.
C'est plus intéressant que le travail de tous les jours.

everything ['evriθiŋ] : chaque chose

"A place for everything and everything in its place."
« Une place pour chaque chose et chaque chose à sa place. »

tout

Everything you see is for sale.
Tout ce que vous voyez est à vendre.

everywhere ['evriwεə*] : partout

Hail fell everywhere. *La grêle est tombée partout.*

exam(ination) [igˌzæmi'neiʃən] n. : examen m.

They are sitting for their exam.
Ils (Elles) sont en train de passer leur examen.

except [ik'sept] : excepté

You can play everywhere except in this room.
Vous pouvez jouer partout excepté dans cette pièce.

exciting [ik'sáitiŋ] adj. : passionnant, te

This story is more and more exciting.
Cette histoire est de plus en plus passionnante.

to **excuse** [ik'skjuːz] v. : excuser

exercise ['eksəsaiz] n. : exercice m.

I have not finished my French exercise.
Je n'ai pas fini mon exercice de français.

exercise-book : cahier m.

to **expect** [eks'pekt] v. : espérer

We expect his answer tonight.
Nous espérons sa réponse pour ce soir.

expensive [eks'pensiv] adj. : cher, chère; coûteux, euse

It's more expensive than last year.
C'est plus cher que l'année dernière.

experiment [eks'periment] n. : expérience (scientifique)

He is carrying out experiments in his laboratory.
Il fait des expériences dans son laboratoire.

to **explain** [eks'plein] v. : expliquer

eye [ai] n. : œil (pl. yeux) m.

F

face [feis] n. : figure m., visage f.
The old man has a wrinkled face.
Le vieillard a une figure ridée.
◆ Look! He is making faces! *Regarde! Il fait des grimaces!*

factory ['fæktəri] n. : usine f.

fair [fɛə*] adj. : juste

fair play : franc jeu
That's not fair play! *Ce n'est pas jouer franc jeu!*

fair adj. : blond, blonde

to **fall** [fɔ:l] v. (27) : tomber
It's a trap, don't fall into it.
C'est un piège, ne tombe pas dedans.

false [fɔ:ls] adj. : faux, fausse

family ['fæmili] n. : famille f.
The whole family is dining. *Toute la famille dîne.*

THE FAMILY : LA FAMILLE

An adult : Un(e) adulte
Childhood : L'enfance
A kid : Un gosse
Old age : La vieillesse
To come of age : Devenir majeur

The bride : La mariée
The bride-groom : Le marié
A bachelor : Un célibataire
A single woman : Une célibataire

A wedding : Un mariage
A wedding-ring : Une alliance
A widower : Un veuf
A widow : Une veuve

An aunt : Une tante
A nephew : Un neveu
A niece : Une nièce
An uncle : Un oncle
Twins : Des jumeaux

far [fɑː*] : loin

Is it far from here? *Est-ce loin d'ici?*

farther, further ['fɑːðə*, 'fəːðə*] : plus loin

It's farther than the bridge. *C'est plus loin que le pont.*

as far as : jusque

We shall go as far as the river. *Nous irons jusqu'à la rivière.*

how far ...? : (à) quelle distance ...? combien ...?

How far is it from the station to the seaside?
Quelle distance y a-t-il de la gare au bord de la mer? (= Combien y a-t-il de...)

jusque ...?

How far can you run? *Jusqu'où peux-tu courir?*

farm [fɑːm] n. : ferme f.

farmer [fɑːmə*] n. : fermier m.

FARMS AND FIELDS : FERMES ET CHAMPS

A barn	Une grange
A cow-shed	Une étable
A dovecot	Un pigeonnier
A hen-house	Un poulailler
A hutch	Un clapier
A loft	Un grenier
A pigsty	Une porcherie
A sheep-fold	Une bergerie
The stable	L'écurie
The cattle	Le bétail
A herd	Un troupeau
The poultry	La volaille
A cart	Une charrette
A plough	Une charrue
A tractor	Un tracteur
A trough	Un abreuvoir
To harness	Atteler
To milk cows	Traire les vaches
To mow	Faucher
To plough	Labourer
To raise animals	Élever des animaux
To sow	Semer
Barley	De l'orge (f.)
Clover	Du trèfle
An ear (of corn)	Un épi
Hay	Le foin
Hops	Le houblon
Maize	Le mais
Oats	L'avoine (f.)
Rye	Le seigle
Wheat	Du froment

fashion ['fæʃən] n. : mode f.

fashionable ['fæʃənəbl] : à la mode

fast [fɑːst] : rapide

The current is too fast. *Le courant est trop rapide.*

vite

Did he run as fast as yesterday?
A-t-il couru aussi vite qu'hier?

to **be fast :** avancer (clock)

My watch is ten minutes fast.
Ma montre avance de dix minutes.

fat [fæt] adj. : gras, grasse

father [fɑːðə*] n. : père m.

fault [fɔlt] n. : faute f.

It is my fault. The fault is mine. *C'est ma faute.*

feather ['feðə*] n. : plume f.

I've found a pigeon's feather on my window-sill.
J'ai trouvé une plume de pigeon sur le rebord de ma fenêtre.

February ['februəri] n. : février m.

to **feel** [fiːl] v. (28) : (se) sentir

How do you feel today? *Comment te sens-tu aujourd'hui?*

to **feel like :** avoir envie de

feet [fiːt] : see FOOT

fellow ['felou] n. : camarade m.

but : He is a good fellow. *C'est un bon garçon.*

to (go and) **fetch** [fetʃ] v. : aller chercher

Will you fetch my hat? I've left it upstairs.
Veux-tu aller chercher mon chapeau? Je l'ai laissé en haut.

few [fjuː] : peu (de)

— Did you find many mushrooms? — No, I found very few.
— *As-tu trouvé beaucoup de champignons? — Non, j'en ai trouvé très peu.*

a few : quelques
I was in London a few days ago.
J'étais à Londres il y a quelques jours.

field [fi:ld] n. : champ m.
The hare ran away into the field of oats.
Le lièvre s'est sauvé dans le champ d'avoine.

terrain m.
It's a good playing-field. *C'est un bon terrain de jeux.*

fifteen ['fif'ti:n] : quinze

fifth [fifθ] : cinquième

fifty ['fifti] : cinquante

to **fight** [fait] v. (29) : se battre
We shall fight for our rights.
Nous nous battrons pour nos droits.

figure ['figə*] n. : chiffre m.
Your figure three looks like a five.
Votre chiffre trois ressemble à un cinq.

to **fill** [fil] **(up)** v. : remplir
Fill up my glass, I'm thirsty.
Remplis (Remplissez) mon verre, j'ai soif.

film [film] n. : film m.
Some silent films are still very funny.
Certains films muets sont encore très drôles.

finally ['fainəli] : enfin

to **find** [faind] v. (30) : trouver
You'll find him in his study. *Vous le trouverez dans son bureau.*

fine [fain] adj. : fin, fine
She wears fine linen. *Elle porte du linge fin.*

beau (temps)
Fine weather is forecast for tomorrow.
Du beau temps est prévu pour demain.

finger ['fiŋgə*] n. : doigt m.

to **finish** ['finiʃ] v. : finir

Well! I have finished this book at last!
Ouf! J'ai enfin fini ce livre!

fir-tree [fəː*] n. : sapin m.

fire ['faiə*] n. : feu, incendie m.

The fire burnt down the farm.
Le feu (= l'incendie) a détruit la ferme.
Fire! Fire! *Au feu!*

fireman ['faiə*mən] n. : pompier m.

She called for the firemen, but they came too late.
Elle appela les pompiers, mais ils sont venus trop tard.

fire-place n. : cheminée f.

first [fəːst] adj. : premier, ière

Read the first two pages carefully.
Lisez attentivement les deux premières pages.

d'abord

I shall learn my lesson first. *J'apprendrai d'abord ma leçon.*

fish [fiʃ] n. : poisson m.

There are about twenty goldfish in the pond.
Il y a une vingtaine de poissons rouges dans le bassin.

to **fish** v. : pêcher

The angler fished all day. *Le pêcheur a pêché toute la journée.*

fishing [fiʃiŋ] n. : pêche f.

The fishing-boats go out with the tide.
Les bateaux de pêche sortent avec la marée.

to **fit** [fit] v. : aller bien (grandeur)

This key fits. *Cette clé va bien.*
to fit like a glove : *aller comme un gant.*

five [faiv] : cinq

flame [fleim] n. : flamme f.

This wood burns without flames. *Ce bois brûle sans flammes.*

flat [flæt] n. : appartement m.

She rented a furnished flat. *Elle a loué un appartement meublé.*

adj. : plat, plate

The country is rather flat round here.
Le pays est plutôt plat par ici.
a flat-bottomed boat : *un bateau à fond plat.*

floor [flɔ:*] n. : étage m.

We live on the same floor as my sister.
Nous habitons au même étage que ma sœur.

plancher m.

They sat down on the floor.
Ils se sont assis sur le plancher.

flour ['flauə*] n. : farine f.

to **flow** [flou] v. : couler

flower ['flauə*] n. : fleur f.

The flowers are still in bud. *Les fleurs sont encore en bouton.*

to **flower** v. : fleurir

fly [flai] (pl. **flies**) n. : mouche f.

to **fly** v. (31) : voler

We were flying over the Atlantic.
Nous volions au-dessus de l'Atlantique.
Time flies! *Le temps passe!*

to **fly away** : s'envoler

fog [fɔg] n. : brouillard m.

London on a foggy day. *Londres un jour de brouillard.*

to **fold** [fould] v. : plier

to **follow** ['fɔlou] v. : suivre

She always follows the Paris fashion.
Elle suit toujours la mode de Paris.

following ['fɔlouiŋ] adj. : suivant, te

Read the following directions carefully.
Lisez attentivement les indications suivantes.

to **be fond** [fɔnd] **of** : aimer

Dad is fond of detective novels. *Papa aime les romans policiers.*

food [fu:d] n. : nourriture f.

In this hotel, the food is very good.
La nourriture est très bonne dans cet hôtel.

foot [fut] (pl. **feet**) n. : pied m.

My feet are cold. *J'ai froid aux pieds.*

on foot : à pied

for [fɔ:*] : pour

This letter is not for you. *Cette lettre n'est pas pour toi (vous).*

pendant

He was in prison for six months.
Il a été en prison pendant six mois.

depuis; il y a

We have been working in this bank for two years.
Nous travaillons dans cette banque depuis deux ans. Il y a deux ans que nous travaillons dans cette banque.

to **forbid** [fə'bid] v. (32) : défendre

The doctor forbade him to smoke.
Le docteur lui a défendu de fumer.

forehead ['fɔrid] n. : front m.

foreign ['fɔrin] adj. : étranger, ère

foreigner ['fɔrinə*] n. : étranger, ère (m. and f.)

Foreigners always visit Westminster Abbey.
Les étrangers visitent toujours l'abbaye de Westminster.

forest ['fɔrist] n. : forêt f.

to **forget** [fə'get] v. (33) : oublier

to **forgive** [fə'giv] v. (34) : pardonner

fork [fɔːk] n. : fourchette f.

form [fɔːm] n. : classe f.

Andrew is in the same form as Anthony.
André est dans la même classe qu'Antoine.

forty ['fɔːti] : quarante

four [fɔː*] : quatre — **fourth** [fɔːθ] : quatrième

fourteen ['fɔː'tiːn] : quatorze

forward ['fɔːwəd] : idée d'avancer

She goes forwards instead of backwards.
Elle avance au lieu de reculer.

fox [fɔks] (pl. **foxes**) n. : renard m.

The old peasant was as sly as a fox.
Le vieux paysan était rusé comme un renard.

France [frɑːns] n. : (la) France f.

France is a beautiful country. *La France est un beau pays.*

free [friː] adj. : libre

I shall not be free this afternoon.
Je ne serai pas libre cet après-midi.

gratuit, te

I've got a free ticket. *J'ai eu un billet gratuit.*

freedom ['fri:dəm] n. : liberté f.

to **freeze** [fri:z] v. (35) : geler

The lake is frozen. *Le lac est gelé.*

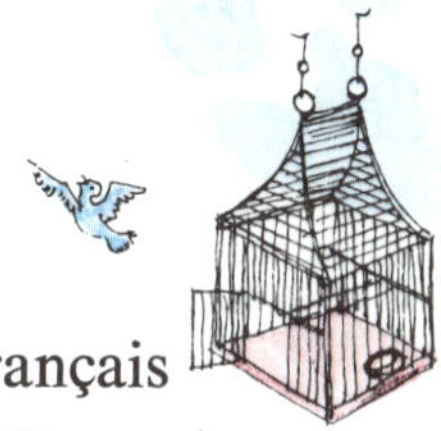

French [frentʃ] adj. : français, se

Pasteur was a great French scientist.
Pasteur était un grand savant français.

a **Frenchman** ['frentʃmən] n. : un Français

a **Frenchwoman** [-wumən] n. : une Française

Margaret speaks French as well as a Frenchwoman.
Marguerite parle français aussi bien qu'une Française

the **French** n. : les Français

fresh [freʃ] adj. : frais, fraîche

fresh fish : *poisson frais* — fresh milk : *lait frais.*

Friday ['fraidi] n. : vendredi m.

She is not at home on Fridays.
Elle n'est pas chez elle le vendredi.

friend [frend] n. : ami m., amie f.

He made friends at school. *Il s'est fait des amis à l'école.*

fright [frait] n. : peur

to **frighten** ['fraitən] v. : faire peur

Nothing frightens him. *Rien ne lui fait peur.*

from [frɔm] : de

I go to the theatre from time to time.
Je vais au théâtre de temps en temps.
We have come back from our aunt's.
Nous sommes revenus de chez notre tante.

à partir de

The weather will be fine from tomorrow on.
Le temps sera beau à partir de demain.

in front of : devant

She fell in front of our house.
Elle est tombée devant notre maison.

en face de

I'll be waiting for you in front of the hospital.
Je t'attendrai en face de l'hôpital.

fruit [fruːt] n. : fruit m.

"A tree is known by its fruit."
« *On connaît l'arbre à ses fruits.* »

to **fry** [frai] v. : cuire (à la poêle); (faire) frire

I'll fry the steak while you are having your soup.
Je ferai cuire le bifteck pendant que tu mangeras ta soupe.

frying-pan n. : poêle (à frire) f.

full (up) adj. : plein, pleine

Your exercise is full of mistakes.
Votre copie est pleine de fautes.

complet, ète

By three o'clock, the hotel was already full up.
A trois heures, l'hôtel était déjà complet.

funny ['fʌni] adj. : amusant, te; drôle

His story was not as funny as he said.
Son histoire n'était pas aussi amusante (drôle) qu'il le disait.

fur [fəː*] n. : fourrure f.

In winter, she wears a fur coat.
En hiver, elle porte un manteau de fourrure.

furniture ['fəːnitʃə*] n. : meubles m. pl.

This house is furnished with antique furniture.
Cette maison est meublée de meubles anciens.

further : see FARTHER

G

game [geim] n. : jeu m.

Bowls is a game of skill. *Le jeu de boules est un jeu d'adresse.*

garage ['gærɑːʒ] n. : garage m.

The car backs into the garage.
La voiture entre en marche arrière dans le garage.

garden ['gɑːdn] n. : jardin m.

gardener ['gɑːdnə*] n. : jardinier m.

The gardener waters his lettuces.
Le jardinier arrose ses laitues.

gas [gæs] n. : gaz m.

Don't turn off the gas. *N'éteins pas le gaz.*

gate [geit] n. : porte f. (d'extérieur)

At what time does the park gate open?
A quelle heure la porte du parc ouvre-t-elle?

to **gather** ['gæðə*] v. : cueillir

I gathered a few flowers in your field.
J'ai cueilli quelques fleurs dans votre champ.

ramasser

They are gathering dead wood to make a fire.
Ils ramassent du bois mort pour faire du feu.

gentle ['dʒentl] adj. : doux, douce
It's a gentle slope to the castle.
La pente est douce pour aller au château.

gently ['dʒentli] : doucement
She spoke gently to the children.
Elle parla doucement aux enfants.

gentleman ['dʒentlmən] n. : monsieur m.
Who is this gentleman? *Qui est ce monsieur?*

gentlemen ['dʒentlmen] : messieurs m. pl.
Gentlemen, will you please come in.
Messieurs, voulez-vous entrer.

to **get** [get] v. (36) : devenir
He is getting fatter and fatter every day.
Il devient chaque jour de plus en plus gras.

obtenir
We get the B.B.C. easily at night.
Nous obtenons la B.B.C. facilement la nuit.

to **get down,** to **get off** : descendre
Get off at the third stop. *Descendez au troisième arrêt.*
Get down from that tree! *Descends de cet arbre!*

to **get up** : se lever
Get up! You lazy bones! *Lève-toi, paresseux!*

gift [gift] n. : cadeau m.
New Year's gifts : *les étrennes.*

girl [gəːl] n. : fille f.

to **give** [giv] v. (37) : donner
I have been given a kitten.
On m'a donné un petit chat.

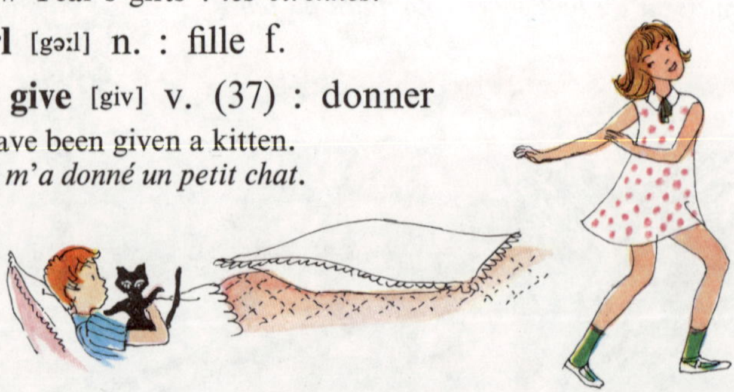

glad [glæd] adj. : content, te
I am glad to see you. *Je suis content(e) de vous (te) voir.*

glass [glɑːs] n. : verre m.

glasses n. : lunettes f. pl.

glove [glʌv] n. : gant m.

to **go** [gou] v. (38) : aller
I shall go as far as you. *J'irai aussi loin que toi.*
We went to Australia in 1983.
Nous sommes allés en Australie en 1983.
Will you go to the seaside this summer?
Irez-vous au bord de la mer cet été?

marcher
My watch is not going. *Ma montre ne marche pas.*

to **go and** + verbe : aller + infinitive
He went and talked to her. *Il est allé lui parler.*

to **be going** + infinitive : aller (futur proche)
The train is going to enter the station.
Le train va entrer en gare.

to **go away** : s'en aller
It's time to go away. *Il est l'heure de s'en aller.*

to **go back** : rentrer, retourner
Go back home. *Rentre chez toi.*

to **go down, downstairs** : descendre
Let's go downstairs to dinner. *Descendons dîner.*

to **go in, into** : entrer
Go in! *Entrez!*

to **go near** : s'approcher (de)
Don't go so near the edge of the cliff.
Ne t'approche pas tant du bord de la falaise.

to **go on** : continuer (à)
Go on until I tell you to stop.
Continuez jusqu'à ce que je vous dise d'arrêter.

to **go out** : sortir

We shall go out after the rain. *Nous sortirons après la pluie.*

to **go up, upstairs** : monter

Go up to bed. *Monte te coucher.*

goat [gout] n. : chèvre f.

God [gɔd] n. : Dieu m.

"Man proposes and God disposes."
« *L'homme propose et Dieu dispose.* »

gold [gould] n. : or m.

gold, golden : en or, d'or

Mummy has a gold bracelet.
Maman a un bracelet en or.

good [gud] adj. : bon, bonne

It's not a good excuse.
Ce n'est pas une bonne excuse.
It tastes good! *C'est bon!*

n. : bien

I did it for your good. *Je l'ai fait pour ton bien.*

good day : bonjour

good morning : bonjour

good afternoon : bonjour

good evening : bonjour, bonsoir

good night : bonsoir, bonne nuit

good bye ['bai] : au revoir

goose [gu:s] (pl. **geese**) n. : oie f.

government ['gʌvənment] n. : gouvernement m.

GOVERNMENT AND JUSTICE : GOUVERNEMENT ET JUSTICE			
The Mayor	Le maire	**To be elected**	Être élu(e)
A Member of Parliament (M.P.)	Un député	**To vote**	Voter
		To have a right to	Avoir droit à
A minister	Un ministre		
The President of the Republic	Le Président de la République		
The Prime Minister	Le Premier Ministre	**A barrister**	Un avocat
		A constable	Un gendarme
		A culprit	Un coupable
		A fine	Une amende
The kingdom	Le royaume	**An innocent**	Un(e) innocent(e)
The law	La loi		
A right	Un droit	**A judge**	Un juge
A speech	Un discours	**A judgement**	Un jugement
A tax	Un impôt	**Justice**	La justice
The town hall	L'hôtel de ville	**Prison**	La prison
		A prisoner	Un prisonnier, une prisonnière
To elect	Élire		

grain [grein] n. : grain m.

Add two grains of salt. *Ajoute deux grains de sel.*

grandchildren n. : petits-enfants m. pl.

grand-daughter n.; **grandson** n. : petite-fille f.; petit-fils m.

grandfather n. : grand-père m.

grandmother n. : grand-mère f.

grandparents n. : grands-parents m. pl.

grapes [greips] n. : raisin m.
I prefer green grapes to black grapes.
Je préfère le raisin blanc au raisin noir.

grass [grɑːs] n. : herbe f.
The grass of the lawn is quite green.
L'herbe de la pelouse est bien verte.

grease [griːs] n. : graisse f.
You put too much grease on this bicycle chain.
Tu as mis trop de graisse sur cette chaîne de bicyclette.

great [greit] adj. : grand, grande
They are great friends. *Ce sont de grands amis.*

green [griːn] adj. : vert, verte
The greengrocer sells green vegetables.
Le marchand de légumes vend des légumes verts.

grey [grei] adj. : gris, grise

grocer ['grousə*] n. : épicier m.

grocer's (shop) : épicerie f.
The grocer's shop opens at three.
L'épicerie ouvre à trois heures.

ground [graund] n. : terre f.
The plough turns over the ground.
La charrue retourne la terre.

terrain m.
There is a football ground behind the school.
Il y a un terrain de football derrière l'école.

sol m.
His house is built on sandy ground.
Sa maison est construite sur un sol sablonneux.

to **grow** [grou] v. (39) : (faire) pousser

The gardener grows vegetables.
Le jardinier fait pousser des légumes.

to **grow (up)** : grandir

a **grown-up** : une grande personne

to **guess** [ges] v. : deviner

It is not easy to guess. *Ce n'est pas facile à deviner.*

guest [gest] n. : invité, ée

H

hair [hɛə*] n. : cheveu m., chevelure f.

I have had my hair cut. *Je me suis fait couper les cheveux.*

poil m.

Foxes are long-haired animals.
Les renards sont des animaux à poil long.

to **do one's hair** : se coiffer

hairdresser ['hɛə,dresə*] n. : coiffeur m.

Mummy is at the hairdresser's. *Maman est chez le coiffeur.*

half (pl. **halves**) [hɑːf, hɑːvz] n. : demi, demie; à demi

He read for two and a half hours.
Il a lu pendant deux heures et demie.
She drank half a cup of tea. *Elle a bu une demi-tasse de thé.*
It is half past two. *Il est deux heures et demie.*
He will arrive in half an hour's time.
Il arrivera dans une demi-heure.

moitié, à moitié

Half of ten is five.
La moitié de dix est cinq.
The shutters are half closed.
Les volets sont à moitié fermés.

hammer ['hæmə*] n. : marteau m.

hand [hænd] n. : main f.

Give Mummy your hand. *Donne la main à Maman.*

aiguille f.

The minute-hand is stuck. *La grande aiguille est bloquée.*

handkerchief ['hæŋkətʃif] n. : mouchoir m.

handle ['hændl] n. : manche f.

He broke the handle of his whip.
Il a cassé le manche de son fouet.

poignée f.

Don't play with door-handles.
Ne jouez pas avec les poignées des portes.

to **hang** [hæŋ] v. (40) : pendre, suspendre

The bat is hanging head down.
La chauve-souris pend (= est suspendue) la tête en bas.

accrocher

The balloon is hanging from the wire, can you reach it?
Le ballon est accroché au fil de fer, peux-tu l'atteindre?

to **happen** ['hæpən] v. : arriver

What will happen to him? *Que lui arrivera-t-il?*

se passer

I wonder what has happened. *Je me demande ce qui s'est passé.*

happy ['hæpi] adj. : heureux, euse

harbour ['hɑːbə*] n. : port m.

It is a pleasant fishing harbour.
C'est un agréable port de pêche.

hard [hɑːd] adj. : dur, dure

harvest ['hɑːvist] n. : moisson f.

hat [hæt] n. : chapeau m.

In the City you meet many gentlemen wearing bowler hats.
Dans la « Cité », on rencontre de nombreux messieurs portant des chapeaux melons.

to **have** [hæv] v. (41) : avoir

I shall have too much work. *J'aurai trop de travail.*
Have you your knife with you? *As-tu ton couteau sur toi?*

prendre

What will you have to drink? *Que prendrez-vous?*

auxiliary

I have put on my slippers. *J'ai mis mes pantoufles.*
You haven't written to your aunt yet.
Tu n'as pas encore écrit à ta tante.

to **have** + past participle : faire + infinitive

I have had my kitchen painted. *J'ai fait peindre ma cuisine.*

to **have to** : avoir à; falloir; devoir

I have to go to the butcher's. *Je dois aller chez le boucher*

to **have just** : venir de (near past)

She has just arrived. *Elle vient d'arriver.*

to **have got** : avoir

He has got a racing bicycle. *Il a une bicyclette de course.*

he [hi:] : il

You make him poorer than he is.
Vous le faites plus pauvre qu'il n'est.

lui

It is he who did it. *C'est lui qui l'a fait.*

he is : c'est

He is not my brother. *Ce n'est pas mon frère.*

head [hed] n. : tête f.

Don't lose your head! *Ne perds pas la tête!*

health [helθ] n. : santé f.

heap [hi:p] n. : tas m.

He turned a somersault on the sand-heap.
Il a fait une culbute sur le tas de sable.

to **hear** [hiə*] v. (42) : entendre

She does not hear us. *Elle ne nous entend pas.*

heart [hɑ:t] n. : cœur m.

I love you with all my heart. *Je vous aime de tout mon cœur.*

heat [hi:t] n. : chaleur f.

to **heat** v. : (faire) chauffer

They have had central heating installed.
Ils ont fait installer le chauffage central.

heavy ['hevi] adj. : lourd, lourde

help [help] n. : secours m.

to **help** v. : aider

Will you help me with the washing up?
Veux-tu m'aider à faire la vaisselle?

(se) servir

Help yourself. *Servez-vous. Sers-toi.*

hen [hen] n. : poule f.

her [hə*] : elle (compl.)

They went away with her. *Ils sont partis avec elle.*

la, l'

He looks at her. *Il la regarde.*

lui

He speaks to her. *Il lui parle.*

sa, son, ses

Did she take her key, her bag and her gloves?
A-t-elle pris sa clé, son sac et ses gants?

here [hiə*] : ici
Stay here and don't go over there.
Reste ici et ne va pas là-bas.

here ... is; here ... are : voici
Here she is (coming). *La voici (qui vient).*
Here are some flowers for you. *Voici des fleurs pour vous.*

here and there : çà et là

hers [həːz] : à elle
— Is this Mary's? — Yes, it's hers.
— Est-ce à Marie? — Oui, c'est à elle.

le sien, la sienne
My doll and hers are alike.
Ma poupée et la sienne sont pareilles.

a(n) ... of hers : un(e) de ses ...; **one of her ...**
It is a habit of hers. *C'est une de ses habitudes.*
That is one of her kittens. *C'est un de ses chatons.*

herself [həː'self] : elle-même
She had better go herself.
Elle ferait mieux d'y aller elle-même.

se, s'
She cut herself with the knife.
Elle s'est coupée avec le couteau.

to **hide** [haid] v. (43) : (se) cacher
The children are playing hide and seek.
Les enfants jouent à cache-cache.

high [hai] adj. : haut, haute
The wall is ten feet high.
Le mur a trois mètres de haut.

hill [hil] n. : colline f.
There is a windmill on the top of the hill.
Il y a un moulin à vent au sommet de la colline.

him [him] : (compl.) le, l'

I think I'll see him tomorrow. *Je crois que je le verrai demain.*

lui

Tell him to wait. *Dites-lui d'attendre.*

himself [him'self] : lui-même

Dad said so himself. *Papa l'a dit lui-même.*

se, s'

He is looking at himself in the mirror.
Il se regarde dans la glace.

his [hiz] : à lui

— Whose pen is this? — It's his.
— A qui est ce stylo? — Il est à lui.

le sien, la sienne

It's not his. *Ce n'est pas le sien (la sienne).*

sa, ses, son

He needs his cigarette, his newspaper and his glasses.
Il lui faut sa cigarette, son journal et ses lunettes.

a(n) ... of his : un(e) de ses ...; **one of his ...**

It is one pipe of his pipes. *C'est une de ses pipes.*

history ['histəri] n. : histoire f.

I know nothing of French history.
Je ne connais rien de l'histoire de France.

hobby ['hɔbi] n. : passe-temps (m.) favori

His hobby is gardening.
Son passe-temps favori est le jardinage.

to **hold** [hould] v. (44) : tenir

He was holding his hat in his hand.
Il tenait son chapeau à la main.

to **hold out** : tendre

◆ but (when on the telephone): Hold on! *Ne quittez pas!*

hole [houl] n. : trou m.

There's a hole in my sock. *Il y a un trou à ma chaussette.*

holiday(s) ['hɔlidei(z)] n. : vacances f. pl.

We shall be on holiday in a month's time.
Nous serons en vacances dans un mois.

hollow ['hɔlou] adj. : creux, creuse

The owl nests in a hollow tree.
Le hibou niche dans un arbre creux.

home [houm] n. : maison f.

Bob spent the winter in a children's home.
Bob a passé l'hiver dans une maison d'enfants.

chez soi

"There's no place like home." « *Rien ne vaut son chez-soi.* »

(at) home : à la maison

My parents are not at home.
Mes parents ne sont pas à la maison.

chez...

They came back home after two months' absence.
Ils sont revenus chez eux après deux mois d'absence.
Make yourself at home. *Faites comme chez vous.*

homework [houmwəːk] n. : devoirs m. pl.

to **hope** [houp] v. : espérer

They hope to meet her on the way.
Ils (Elles) espèrent la rencontrer en chemin.

horse [hɔːs] n. : cheval m.

ON HORSEBACK : A CHEVAL

A cart-, race-, saddle-horse	Un cheval de trait, de course, de selle	**A horseshoe**	Un fer à cheval
A foal	Un poulain	**The reins**	Les guides, les rênes
A filly	Une pouliche	**The saddle**	La selle
A mare	Une jument	**A whip**	Un fouet
A pony	Un poney	**To gallop**	Galoper
A rider	Un cavalier	**To kick**	Ruer
A jockey	Un jockey	**To neigh**	Hennir
		To trot	Trotter
		To walk	Aller au pas
A harness	Un harnais	**The hoof**	Le sabot

hospital ['hɔspitl] n. : hôpital m.

hot [hɔt] adj. : (très) chaud, chaude

How hot it is! *Qu'il fait chaud!*

hour ['auə*] n. : heure f.

house [haus] n. : maison f.

how [hau] : comment

How do you eat snails in France?
Comment mangez-vous les escargots en France?
How are you? *Comment allez-vous?*

how ...? : comme ...!; que ...!

How pale you are! *Comme tu es pâle! Que tu es pâle!*

how + adj. : combien (de)

How much is this chicken? *Combien, ce poulet?*
How many planes land here every day?
Combien d'avions atterrissent ici chaque jour?
How long will this work take you?
Combien de temps ce travail vous prendra-t-il?
◆ but : How far did you go? *Jusqu'où es-tu allé?*
How old is your sister? *Quel âge a ta sœur?*
How far is it ...? *A quelle distance ...?*

hundred ['hʌndrəd] : cent

He was a hundred years old when he died.
Il avait cent ans quand il mourut.

to **be hungry** ['hʌŋgri] : avoir faim

We were so hungry that we ate all the bread.
Nous avions si faim que nous avons mangé tout le pain.

to **hurry** ['hʌri] **(up) :** se dépêcher

Hurry up! *Dépêche-toi! Dépêchez-vous!*

to **be in a hurry :** être pressé

to **hurt** [hə:t] v. (45) : (se) blesser

Your remark hurt him. *Votre remarque l'a blessé.*

(se) faire mal

husband ['hʌzbənd] n. : mari m.

My husband is fond of angling.
Mon mari aime la pêche à la ligne.

I

I [ai] : je, j'

I listened, but I did not hear anything.
J'ai écouté, mais je n'ai rien entendu.

moi

My brother is older than I. *Mon frère est plus vieux que moi.*

ice [ais] n. : glace f.

Do you want ice in your drink?
Voulez-vous de la glace dans votre boisson?

ice-cream : crème glacée, glace f.

Let's go and buy ice-creams. *Allons acheter des glaces.*

idea [ai'diə] n. : idée f.

— Do you know where Simone is? — I have not the slightest idea.
— Sais-tu où est Simone? — Je n'en ai pas la moindre idée.

if [if] : si

Act as if you were asleep. *Fais comme si tu dormais.*
If you please! *S'il vous plaît!*

ignorant ['ignərənt] adj. : ignorant, te

ill [il] adj. : malade

Danielle looked really ill.
Danielle paraissait vraiment malade.

illness ['ilnis] n. : maladie f.

important [im'pɔːtənt] adj. : important, te

impossible [im'pɔsibl] adj. : impossible

imprudent [im'pruːdənt] adj. : imprudent, te

in [in] : dans

I have some money in my pocket.
J'ai de l'argent dans ma poche.

en

It will be done in no time. *Ce sera fait en un rien de temps.*

à, à la, au, aux

John arrived in time. *Jean est arrivé à temps.*

idée d'entrer

to walk in : *entrer en marchant* - to fly in : *entrer en volant...*
§ She works in the morning. *Elle travaille le matin.*

inhabitant [in'hæbitənt] n. : habitant, te (m. and f.)

inhabited [in'hæbitid] adj. : habité, ée

The house has been inhabited for six months.
La maison a été habitée pendant six mois.

ink [iŋk] n. : encre f.

insect ['insekt] n. : insecte m.

inside ['insaid] : dedans, à l'intérieur

It's warmer inside than outside.
Il fait plus chaud à l'intérieur qu'à l'extérieur (dedans que dehors).

for instance ['instəns] : par exemple

Many famous writers have been Irish, for instance George Bernard Shaw. . .
De nombreux écrivains célèbres étaient Irlandais, par exemple George Bernard Shaw. . .

instead of [insted] : au lieu de

intelligent [in'telidʒənt] adj. : intelligent, te

interesting ['intristiŋ] adj. : intéressant, te

The news is interesting today.
Les nouvelles sont intéressantes aujourd'hui.

into ['intu] : dans

She is coming into the garden. *Elle entre dans le jardin.*

en

Divide the cake into six (portions).
Partage le gâteau en six (parts).

invention [in'venʃən] n. : invention f.

to **invite** [in'vait] v. : inviter

iron ['aiən] n. : fer m.

to **iron** v. : repasser

island ['ailənd] n. : île f.

Have you read "Treasure Island"?
As-tu lu « l'Ile au trésor »?
but : The British Isles : *les îles Britanniques.*

it [it] : (sujet) il; elle (neuter)

Take this book; it is yours. *Prends ce livre; il est à toi.*
It is cold. *Il fait froid.*

ce, c'

It's quite definite. *C'est tout à fait sûr.*
It was still winter. *C'était encore l'hiver.*

ça, cela

It does not matter. *Ça ne fait rien.*
It looks fine. *Ça (Cela) fait bien.*

(compl.) la, le, l'

May I borrow your car? I'll bring it back tomorrow.
Puis-je emprunter ta voiture? Je la ramènerai demain.

lui

This dog is thin; they don't give it enough to eat.
Ce chien est maigre, on ne lui donne pas assez à manger.

en

Take your umbrella, you'll need it.
Prends ton parapluie, tu en auras besoin.

y

I did not think of it. *Je n'y ai pas pensé.*

it is : c'est; **it was :** c'était

It is not difficult. *Ce n'est pas difficile.*

il fait

It was hot yesterday. *Il faisait chaud hier.*

il y a

It is a long time since I last saw him.
Il y a longtemps que je l'ai vu pour la dernière fois.

its [its] **:** sa, ses, son (neuter)

The cuckoo lays its eggs in other birds' nests.
Le coucou pond ses œufs dans les nids d'autres oiseaux.
The dog broke its chain and lost its collar.
Le chien a cassé sa chaîne et perdu son collier.

itself [it'self] **:** lui-même, elle-même (neuter)

In this old village, the church itself is falling to ruins.
Dans ce vieux village, l'église elle-même tombe en ruine.

se, s' (neuter)

The monkey looks at itself in the mirror.
Le singe se regarde dans la glace.

its own : le sien, la sienne (neuter)

These are not our hen's chickens, its own are older.
Ce ne sont pas les poussins de notre poule, les siens sont plus vieux.

J

jam [dʒæm] n. : confiture(s) f.
Where did he put the jam jar?
Où a-t-il mis le pot de confitures?

January ['dʒænjuəri] n. : janvier m.
The first of January is New Year's Day.
Le premier janvier est le jour de l'an.

job [dʒɔb] n. : travail m.
Does he like his job? *Est-il content de son travail?*

joke [dʒouk] n. : plaisanterie f.
He loves making jokes. *Il adore faire des plaisanteries.*

journey ['dʒəːni] n. : voyage m.

A JOURNEY : UN VOYAGE

The border	La frontière
The customs	La douane
The customs officer	Le douanier
We are going abroad	Nous allons à l'étranger
Have your passports ready!	Preparez vos passeports!
How long does the passage take?	Combien dure le voyage (la traversée)?
A haunt of tourists	Un endroit fréquenté par les touristes
Can you direct me to . . .?	Pouvez-vous m'indiquer le chemin de . . .?

jug [dʒʌg] n. : pot m.
I broke the water-jug. *J'ai cassé le pot à eau.*

juice [dʒuːs] n. : jus m.
Pears are juicy fruit. *Les poires sont des fruits juteux.*

July [dʒuː'lai] n. : juillet m.

jump [dʒʌmp] n. : saut m.

to **jump** v. : sauter

June [dʒuːn] n. : juin m.

just [dʒʌst] adj. : juste

His success is the just reward of his efforts.
Son succès est la juste récompense de ses efforts.

adv. : juste

She woke just as I arrived.
Elle s'est réveillée juste comme j'arrivais.

K

to **keep** [kiːp] v. (44) : garder

We must keep some bread for tomorrow's breakfast.
Nous devons garder du pain pour le petit déjeuner de demain.

tenir

He kept his promise. *Il a tenu sa promesse.*
Keep in a cool place. *A tenir au frais.*

kerb [kəːb] n. : bord (m.) du trottoir

Don't walk too near the kerb.
Ne marche (marchez) pas trop près du bord du trottoir.

key [kiː] n. : clef, clé f.

The key is in the lock. *La clé (= clef) est dans la serrure.*

to **kick** [kik] v. : donner un coup de pied

He kicked it out of the house.
Il l'a chassé(e) à coups de pied de la maison.

to **kill** [kil] v. : tuer

kind [kaind] n. : sorte f.

kind adj. : bon, bonne

He is a very kind man. *C'est un homme très bon.*

gentil, ille

Oliver's parents have been very kind to him.
Les parents d'Olivier ont été très gentils avec lui.

king [kiŋ] n. : roi m.

to **kiss** [kiss] v. : embrasser

She kissed her nephew on both cheeks.
Elle embrassa son neveu sur les deux joues.

kitchen ['kitʃin] n. : cuisine f.

knee [niː] n. : genou m.

We were knee-deep in water.
Nous avions de l'eau jusqu'aux genoux.

knife [naif] (pl. **knives**) n. : couteau m.

My pocket-knife is made of stainless steel.
Mon canif est en acier inoxydable.

to **knock** [nɔk] v. : frapper

He was knocked on the head.
On l'a frappé sur la tête.
Knock before entering. *Frappez avant d'entrer.*

knot [nɔt] n. : nœud m.

to tie a knot : *faire un nœud.*

to **know** [nou] v. (47) : connaître

Do you know Paris? *Connaissez-vous Paris?*

savoir

John doesn't know his lesson. *Jean ne sait pas sa leçon.*
He knows how to repair his bike. *Il sait réparer son vélo.*

L

ladder ['lædə*] n. : échelle f.

This ladder has a rung missing.
Il manque un barreau à cette échelle.

lady ['leidi] (pl. **ladies**) n. : dame (mesdames)

"Ladies and Gentlemen..." « *Mesdames et messieurs...* »

lake [leik] n. : lac m.
Which is the largest lake in America?
Quel est le plus grand lac d'Amérique?

lamp [læmp] n. : lampe f.

land [lænd] n. : terre f., pays m.
Scotland is my native land.
L'Écosse est ma terre natale (mon pays natal).

language ['læŋgwidʒ] n. : langage m.
Watch your language! *Surveillez votre langage!*

langue f.
Our teacher speaks three languages.
Notre professeur parle trois langues.

large [lɑːdʒ] adj. : grand, grande
They live in a large ruined house.
Ils vivent dans une grande maison en ruine.

last [lɑːst] adj. : dernier, ière
"It's the last rose of summer..."
« C'est la dernière rose de l'été... »

to **last** v. : durer
This overcoat lasted me two years.
Ce manteau m'a duré deux ans.
It's too good to last. *C'est trop beau pour durer.*

at last : enfin
There you are at last! *Vous voilà enfin!*

late [leit] : tard

to **be late :** être en retard
Christian was late for school this morning.
Christian a été en retard à l'école ce matin.

to **be ... late :** avoir ... de retard
You are ten minutes late! *Vous avez dix minutes de retard!*

latest ['leitist] adj. : dernier, ière
The latest news! *Les dernières nouvelles!*

to **laugh** [lɑːf] v. : rire

Peter is laughing and Lewis is crying.
Pierre rit et Louis pleure.

to **laugh at** : se moquer (de)

Poor Lewis! Peter is laughing at him!
Pauvre Louis! Pierre se moque de lui!

lawn [lɔːn] n. : pelouse f.

to **lay** [lei] v. (48) : poser (à plat)

He laid his hands on hers. *Il posa les mains sur les siennes.*

mettre la table

Is the table laid for tea? *La table est-elle mise pour le thé?*

lazy ['leizi] adj. : paresseux, euse

This lazy boy does not learn his lessons.
Ce garçon paresseux n'apprend pas ses leçons.

to **lead** [liːd] v. (49) : conduire

leader ['liːdə*] n. : chef m.

The leader of the gang ran away.
Le chef de la bande s'est sauvé.

leaf, pl. **leaves** [liːf, liːvz] n. : feuille f.

lean [liːn] adj. : maigre

I'm thin, but Sheila is lean.
Je suis mince, mais Sheila est maigre.

to **lean** v. (50) : (se) pencher

This wall is leaning dangerously.
Ce mur penche dangereusement.

(s') appuyer

He leant the ladder against the wall.
Il appuya l'échelle contre le mur.

leap [liːp] n. : saut m.

to **leap** v. (51) : sauter

Can you leap over this ditch?
Peux-tu sauter par-dessus ce fossé?

to **learn** [lə:n] v. (52) : apprendre

Daisy learns her lessons by heart.
Marguerite apprend ses leçons par cœur.

leather ['leðə*] n. : cuir m.

to **leave** [li:v] v. (53) : laisser

I left the light on. *J'ai laissé la lumière allumée.*

quitter

He will leave London to go and live in the country.
Il quittera Londres pour aller vivre à la campagne.

partir

At what time do you intend to leave?
A quelle heure avez-vous l'intention de partir?

there is ... left : il reste

Is there any coffee left for me? *Reste-t-il du café pour moi?*

I have ... left : il me reste...

I have nothing left. *Il ne me reste rien.*

(on, to the) left : (de, à) gauche

Don't turn left. *Ne tournez pas à gauche.*

leg [leg] n. : jambe f.

The old sailor has a wooden leg.
Le vieux marin a une jambe de bois.

patte f.

The heron is resting on one leg.
Le héron se repose sur une patte.

(table, chaise) pied m.

One leg of the table is broken. *Un pied de la table est cassé.*

lemon ['lemən] n. : citron m.

to **lend** [lend] v. (54) : prêter

length [leŋθ] n. : longueur f.
The length of the rope is three metres.
La longueur de la corde est de trois mètres.

less [les] : moins

lesson ['lesn] n. : leçon f., cours m.
He gives private lessons.
Il donne des leçons particulières (des cours particuliers).

to **let** [let] v. (55) : laisser, permettre
Let him speak. *Laisse-le parler.*
Let him alone! *Laisse-le tranquille!*
(imperative)
Let's say. *Disons.*
Let's not sing so loudly. Don't let's sing so loudly.
Ne chantons pas si fort.

letter ['letə*] n. : lettre f.

liberty ['libəti] n. : liberté f.
The liberty of the press is essential.
La liberté de la presse est essentielle.

library ['laibrəri] n. : bibliothèque f.
Is there a public library in your district?
Y a-t-il une bibliothèque publique dans votre quartier?

lid [lid] n. : couvercle m.

to **lie** [lai] v. (54) : être couché
The two little girls were lying in a large bed.
Les deux petites filles étaient couchées dans un grand lit.

être étendu
We were lying on the sand when the storm broke.
Nous étions étendus sur le sable quand l'orage éclata.

to **lie down** : se coucher
Lie down on the sofa. *Couchez-vous sur le canapé.*

to **lie** [lai] v. : mentir
You should not lie.
Tu ne devrais pas mentir.

life [laif] n. : vie f.

Long live the Queen! : Vive la reine!

to **lift** [lift] v. : soulever

The bag is not too heavy, I can lift it.
Le sac n'est pas trop lourd, je peux le soulever.

lever

Lift your left arm. *Lève ton bras gauche.*

light [lait] adj. : léger, ère

Aluminium is a very light metal.
L'aluminium est un métal très léger.

clair, claire

In spring, leaves are light green.
Au printemps, les feuilles sont vert clair.

light n. : lumière f.

You need more light to sew.
Il te faut plus de lumière pour coudre.

jour m.

It is light. *Il fait jour.*

feu m.

The traffic lights are out of order.
Les feux tricolores ne fonctionnent pas.

to **light** v. (57) : allumer

I forgot to light the fire. *J'ai oublié d'allumer le feu.*

éclairer

This little street is very badly lit.
Cette petite rue est très mal éclairée.

like [laik] adj. : pareil, eille

My pen is like yours. *Mon stylo est pareil au tien (vôtre).*

comme

You must do it like that.
Tu dois (Vous devez) le faire comme ça.

to **like** v. : aimer

I don't like him to go out so late.
Je n'aime pas qu'il sorte si tard.
He likes her. *Elle lui plaît.*
How do you like him? *Comment le trouvez-vous?*

vouloir

She can do as she likes. *Elle peut faire comme elle veut.*

to **be like; to look like** : ressembler à

He is like no one else. *Il ne ressemble à personne d'autre.*
It looks like dead wood. *Ça ressemble à du bois mort.*

line [lain] n. : ligne f.

His uncle is an airline pilot. *Son oncle est pilote de ligne.*

rang m., rangée f.

There are six lines of leeks at the bottom of the garden.
Il y a six rangées de poireaux au fond du jardin.

linen ['linin] n. : linge m.

Go and hang the linen on the line.
Va étendre le linge sur le fil (la corde).

toile f.

Her handkerchiefs are made of fine Irish linen.
Ses mouchoirs sont en fine toile d'Irlande.

lion ['laiən] n. : lion m.

lip [lip] n. : lèvre f.

She uses lipstick. *Elle se sert de rouge à lèvres.*

to **listen (to)** ['lisn] v. : écouter

I listened, but I didn't hear.
J'ai écouté, mais je n'ai pas entendu.

little ['litl] adj. : petit, te

Little birds are hungry in winter.
Les petits oiseaux ont faim en hiver.

peu (de)

She eats little. *Elle mange peu.*
You have little work today. *Tu as peu de travail aujourd'hui.*

a **little** : un peu (de)

She is a little better. *Elle va un peu mieux.*
Can you wait a little? *Peux-tu (Pouvez-vous) attendre un peu?*

little one : petit m. (d'animal)

to **live** [liv] v. : vivre

What do they live on? *De quoi vivent-ils (vivent-elles)?*

habiter

My cousins live in Rome. *Mes cousins habitent Rome.*

living : vivant, te

Robinson Crusoe thought he was the only living man on his island.
Robinson Crusoé croyait qu'il était le seul homme vivant sur son île.

to **load** [loud] v. : charger

lock [lɔk] n. : serrure f.

to **lock** v. : fermer à clé

She could not get in because the door was locked.
Elle n'à pas pu entrer parce que la porte était fermée à clé.

long [lɔŋ] adj. : long, longue

long; a long time adv. : longtemps

This happened long (a long time) ago.
Ceci est arrivé il y a longtemps.

no longer, not any longer : ne ... plus

I no longer go there. *Je n'y vais plus.*

to **look** [luk] v. : paraître, avoir l'air

She looks tired. *Elle paraît fatiguée. Elle a l'air fatiguée.*

to **look (at)** : regarder

Look where you are walking. *Regarde où tu marches.*

to **look after** : surveiller

to **look for** : chercher

What are you looking for? *Que cherches-tu (cherchez-vous)?*

looking-glass : glace f.

lorry ['lɔri] (pl. **lorries**) n. : camion m.

to **lose** [lu:z] v. (58) : perdre

to **get lost** : se perdre

Don't get lost on the way! *Ne te perds pas en chemin!*

a lot of : beaucoup de

A lot of people watch television on Saturday night.
Beaucoup de gens regardent la télévision le samedi soir.

loud [laud] adj. : (sounds) haut, haute; fort, forte

A loud report shook the house.
Une forte détonation a ébranlé la maison.

love [lʌv] n. : amour m.

He is in love with my sister. *Il est amoureux de ma sœur.*

to **love** v. : aimer

Love one another. *Aimez-vous les uns les autres.*

low [lou] adj. : bas, basse

We went fishing at low tide.
Nous sommes allés pêcher à marée basse.

lower ['louə*] adj. : inférieur, re

Your marks are lower than his.
Tes notes sont inférieures aux siennes.

to **lower** v. : baisser

Wait until he lowers his prices. *Attendez qu'il baisse ses prix.*

to **be lucky** : avoir de la chance

luggage ['lʌgidʒ] n. : bagages m. pl.

lump [lʌmp] **(of sugar)** n. : morceau m. (de sucre)
How many lumps of sugar do you want in your coffee? *Combien de morceaux de sucre voulez-vous dans votre café?*

lunch [lʌntʃ] (pl. **lunches)** n. : déjeuner m.
What shall we have for lunch? *Qu'aurons-nous au déjeuner?*

to **lunch,** to **have lunch :** déjeuner
They will lunch at their aunt's. *Ils déjeuneront chez leur tante.*

M

machine [mə'ʃiːn] n. : machine f.
a washing-machine : *une machine à laver.*
machine-made : *fait à la machine.*

mad [mæd] adj. : fou, folle
He was mad with fright.
Il était fou de peur.

madam ['mædəm] n. : madame f.
You have forgotten your umbrella, Madam.
Vous avez oublié votre parapluie, madame.
Dear Madam, — *Chère Madame,* —

made [meid] : fait, faite; fabriqué, ée
Cheese is made from milk. *Le fromage est fait avec du lait.*
Made in England. *Fabriqué en Angleterre.*

made of : en
Their furniture is made of teak.
Leurs meubles sont en bois de teck.

main [mein] adj. : principal, le
Go down the main street, it's quicker.
Prenez la rue principale, c'est plus rapide.

to **make** [meik] v. (59) : faire, fabriquer
The baker makes bread. *Le boulanger fait du pain.*

to **make** + infinitive : faire + infinitif
I made him taste my jam. *Je lui ai fait goûter mes confitures.*

mammal ['mæməl] n. : mammifère m.

man [mæn] (pl. **men**) n. : homme m.

to **manage** ['mænidʒ) v. : s'arranger (pour)
Can you manage to bring back my record-player?
Peux-tu t'arranger pour rapporter mon tourne-disque?

many ['meni] : beaucoup (de); de nombreux, euses
Many foreigners visit Paris in spring.
De nombreux (Beaucoup d') étrangers visitent Paris au printemps.

as many ... as : autant de ... que
They did not collect as many shells as we did.
Ils (Elles) n'ont pas ramassé autant de coquillages que nous.

map [mæp] n. : carte f.

March [mɑːtʃ] n. : mars m.

mark [mɑːk] n. : note f.
Have you got good marks? *As-tu eu de bonnes notes?*

market ['mɑːkit] n. : marché m.

to **marry** ['mæri] v. : se marier
My brother will marry her. *Mon frère se mariera avec elle.*

master ['mɑːstə*] n. : maître m.
monsieur (jeune garçon)
Master Paul Watson... *Monsieur Paul Watson...*

match [mætʃ] (pl. **matches**) n. : allumette f.

material [mə'tiəriəl] n. : tissu m.

to **matter** ['mætə*] v. : avoir de l'importance
Do you think it matters?
Pensez-vous que ça a de l'importance?
It doesn't matter. *Ça ne fait rien. Ça n'a pas d'importance.*

may [mei] v. : pouvoir (permission)

May she go there with us? *Peut-elle y aller avec nous?*
(probabilité)
They may leave at any moment.
Ils peuvent partir à n'importe quel moment.

(conditional) **might**

Anything might happen. *Tout pourrait arriver.*
It might be too late. *Il pourrait être trop tard.*

May [mei] n. : mai m.

me [miː] : (compl.) me, m'

He asked me the time. *Il m'a demandé l'heure.*

moi

Tell me the whole story.
Racontez-moi (Dites-moi) toute l'histoire.

meadow ['medou] n. : pré m.

The cows are chewing the cud in the meadow.
Les vaches ruminent dans le pré.

meal [miːl] n. : repas m.

to **mean** [miːn] v. (60) : vouloir dire

What does this word mean? *Que veut dire ce mot?*

meaning ['miːniŋ] n. : sens m.

What is the meaning of this word?
Quel est le sens de ce mot?

means [miːnz] n. : moyen m.

The plane is the quickest means of transport.
L'avion est le moyen de transport le plus rapide.

to **measure** ['meʒə*] v. : mesurer

He is measuring the yard with a tape-measure.
Il mesure la cour avec un mètre à ruban.

meat [miːt] n. : viande f.

Vegetarians don't eat any meat.
Les végétariens ne mangent pas de viande.

medicine ['medsin] n. : médicament m.

to **meet** [miːt] v. (61) : (se) rencontrer

They met the postman at the station.
Ils ont rencontré le facteur à la gare.

to **melt** [melt] v. : fondre

Butter melts in the heat. *Le beurre fond à la chaleur.*

men : see MAN

to **mend** [mend] v. : réparer

The road has been badly mended.
La route a été mal réparée.

merry ['meri] adj. : joyeux, euse

John is a merry boy. *Jean est un joyeux garçon.*

gai, gaie

She is as merry as a cricket *(= grillon).*
Elle est gaie comme un pinson (= chaffinch).

mess [mes] n. : désordre

What a mess in this room!
Quel désordre dans cette pièce!
but : We are in a pretty mess!
Nous sommes dans de beaux draps!

metre ['miːtə*] n. : mètre m.

midday ['middei] n. : midi m.

middle ['midl] n. : milieu m.

Cut this pear through the middle.
Coupe cette poire par le milieu.

midnight ['midnait] n. : minuit m.

We'll come back about midnight.
Nous rentrerons vers minuit.

might : see MAY

milk [milk] n. : lait m.

The milkman brings the milk every day.
Le laitier apporte le lait chaque jour.

mill [mil] n. : moulin m.

to **mind** [maind] v. : faire attention à

Mind my feet! *(Fais) attention à mes pieds!*
◆ but : Do you mind my smoking?
— I don't mind.
— *Est-ce que ça vous dérange que je fume?*
— *Ça m'est égal.*

mine [main] : le mien, la mienne

Your shoes are next to mine.
Tes chaussures sont près des miennes.

à moi

It was mine, but I gave it to my sister.
C'était à moi, mais je l'ai donné(e) à ma sœur.

a(n) ... of mine : un(e) de mes ...

He is a friend of mine. *C'est un de mes amis.*

minute ['minit] n. : minute f.

Wait a minute! *Attends une minute!*

miss [mis] n. : mademoiselle f.

Yes, miss. *Oui, mademoiselle.*
Miss Simpson : *mademoiselle Simpson.*

misses : mesdemoiselles f. pl.

to **miss** [mis] v. : manquer

Let's hurry or we'll miss the boat.
Dépêchons-nous ou nous manquerons le bateau.

regretter

The children missed their grandmother badly.
Les enfants ont beaucoup regretté leur grand-mère.

mistake [mis'teik] n. : faute f.

His letter is full of mistakes. *Sa lettre est pleine de fautes.*

to **make a mistake** : se tromper

The postman has made a mistake : this letter is not for us.
Le facteur s'est trompé : cette lettre n'est pas pour nous.

to **be mistaken** : se tromper

You must be mistaken; Mr Smith doesn't live here.
Vous devez vous tromper ; M. Smith n'habite pas ici.

mistress ['mistris] n. : maîtresse, institutrice f.

Is your school-mistress married?
Votre maîtresse (institutrice) est-elle mariée?

modern ['mɔdən] adj. : moderne

Their house has got all modern conveniences.
Leur maison a tout le confort moderne.

moment ['moumənt] n. : moment m.

Don't wait a moment longer.
N'attendez pas un moment de plus.

Monday ['mʌndi] n. : lundi m.

money ['mʌni] n. : argent m.

Nicholas hadn't any money on him that morning.
Nicolas n'avait pas d'argent sur lui ce matin.

monkey ['mʌŋki] n. : singe m.

month [mʌnθ] n. : mois m.

We shall be back in a month's time.
Nous reviendrons dans un mois.

moon [mu:n] n. : lune f.

It will be full moon tomorrow.
Demain, ce sera la pleine lune.

more [mɔ:*] : plus

Stephen has had more than the others.
Stéphane en a eu plus que les autres.

encore

Who wants some more tea? *Qui veut encore du thé?*

not any more; no more : ne ... plus

morning ['mɔ:niŋ] n. : matin m.

There is often dew in the morning.
Il y a souvent de la rosée le matin.

mosquito [mɔs'ki:tou] n. : moustique m.

(the) **most** [moust] : le plus

He is the most intelligent boy in this class.
C'est le garçon le plus intelligent de la classe.

mother ['mʌðə*] n. : mère f.

My regards to your mother. *Mes respects à votre mère.*

motionless ['mouʃənlis] adj. : immobile

motor ['moutə*] n. : moteur m.

Our lawn mower has a new motor.
Le moteur de notre tondeuse est neuf.

(motor-)car : auto(mobile) f.

(motor-)coach : (auto)car m.

mountain ['mauntin] n. : montagne f.

mouse, pl. **mice** [maus, mais] n. : souris f.

mouth [mauθ] n. : bouche f.

Open your mouth and shut your eyes.
Ouvre la bouche et ferme les yeux.

gueule f.

The dog has a bone in its mouth.
Le chien a un os dans la gueule.

to **move** [mu:v] v. : remuer

to **move forward** : avancer

The ship is slowly moving forward into the harbour.
Le bateau avance lentement dans le port.

movie [mu:vi] n (U. S.) : film m.

He likes a good Chaplin movie.
Il aime un bon film de Chaplin.

movies ['mu:viz] : (U. S.) : cinéma m.

Did you go to the movies? *Es-tu allé(e) au cinéma?*

Mr ['mistə*] : monsieur (M.)

Good bye, Mr Chips! *Au revoir, M. Chips!*

Mrs : madame (Mme)

Mrs Adam : *madame (Mme) Adam.*

much [mʌtʃ] : beaucoup (de)

She has not much courage. *Elle n'a pas beaucoup de courage.*

as much ... as : autant de ... que

There is as much snow as last year.
Il y a autant de neige que l'année dernière.

mud [mʌd] n. : boue f.

There is mud on your shoes. *Il y a de la boue sur tes chaussures.*

mum, mummy [mʌm, 'mʌmi] n. : maman f.

Will you come with us, Mummy?
Viendras-tu avec nous, Maman?

music ['mju:zik] n. : musique f.

Our music teacher plays the organ.
Notre professeur de musique joue de l'orgue.

must [mʌst] : falloir

We must thank her. *Il faut que nous la remerciions.*

devoir

Cars must stop when the traffic lights are red.
Les voitures doivent s'arrêter quand les feux sont au rouge.

mutton ['mʌtn] n. : (viande de) mouton m.

my [mai] : ma, mon, mes

My aunt, my uncle and my cousins have come.
Ma tante, mon oncle et mes cousins sont venus.

myself [mai'self] : me, m'

I have helped myself. *Je me suis servi(e).*

moi-même

I shall not go myself. *Je n'irai pas moi-même.*

N

nail [neil] n. : ongle m.

Your nails are dirty, haven't you got a nail-file?
Tes ongles sont sales, n'as-tu pas de lime à ongles?

clou m.

I feel a nail in my shoe. *Je sens un clou dans ma chaussure.*

to **nail** v. : clouer

naked ['neikid] adj. : nu, nue

They saw naked savages on the little island.
Ils virent des sauvages nus dans la petite île.

name [neim] n. : nom m.

What's your name? *Quel est votre nom?*
surname : *nom de famille.*
Christian name : *prénom.*

to **be named** : se nommer

She is named Ingrid. *Elle s'appelle Ingrid.*

napkin ['næpkin] n. : serviette f.

We change our napkins and the table-cloth every Sunday.
Nous changeons de serviette et de nappe chaque dimanche.

narrow ['nærou] adj. : étroit, te

This quilt is too narrow for my bed.
Ce couvre-pieds est trop étroit pour mon lit.

nature ['neitʃə*] n. : nature f.

naughty [nɔːti] adj. : méchant, te

near [niə*] : près (de)

The dog is near its master. *Le chien est près de son maître.*

idée d'approcher

We must be getting near London.
Nous devons approcher de Londres.

nearly ['niə*li] : presque

It's nearly the same thing. *C'est presque la même chose.*

necessary ['nesəsəri] adj. : nécessaire

neck [nek] n. : cou m.

to **need** [ni:d] v. : avoir besoin (de)

This apron needs washing. *Ce tablier a besoin d'être lavé.*

needle ['ni:dl] n. : aiguille f.

neighbour ['neibə*] n. : voisin, ne (m. and f.)

We have a nurse for a neighbour.
Nous avons une infirmière pour voisine.

neighbouring ['neibəriŋ] adj. : voisin, ne

There is a lot of game in the neighbouring woods.
Il y a beaucoup de gibier dans les bois voisins.

neither ['naiðə*] : ni l'un ni l'autre; aucun, ne

— Do you know either of these girls? — Neither.
— *Connais-tu une de ces filles? — Aucune. — Ni l'une ni l'autre.*

neither ... nor : ni ... ni

Neither Henry nor James wants to do it.
Ni Henri ni Jacques ne veulent le faire.

never ['nevə*] : ne ... jamais

new [nju:] adj. : nouveau, nouvelle

It's the new fashion!
C'est la nouvelle mode!

neuf, neuve

They live in the new district. *Ils habitent le quartier neuf.*

news [nju:z] n. : nouvelle(s) f.

What's the news from America?
Quelles nouvelles d'Amérique?

(news)paper : journal m.

a daily newspaper : *un journal quotidien.*

next [nekst] adj. : prochain, ne

I shall be twelve next year.
J'aurai douze ans l'année prochaine.

suivant, te

He came again the next Saturday.
Il est revenu le samedi suivant.

nice [nais] adj. : gentil, ille

It was nice of you to come. *C'est gentil d'être venu.*

agréable

She lives in a nice little village.
Elle habite un agréable petit village.

bon, bonne

It's nice outside today. *Il fait bon dehors aujourd'hui.*

night [nait] n. : nuit f.

nine [nain] : neuf — **ninety** ['nainti] : quatre-vingt-dix

ninth [nainθ] : neuvième — **nineteen** ['nain'ti:n] : dix-neuf

no [nou] : pas de

They have no horses in their stables.
Ils n'ont pas de chevaux dans leurs écuries.

aucun, ne

You have no excuse. *Vous n'avez aucune excuse.*

non

She answered : "No!" *Elle a répondu : « Non! »*

◆ but : No admittance : *Défense d'entrer; Entrée interdite.*

nobody ['noubədi], **no one :** personne

Nobody (No one) understands him. *Personne ne le comprend.*

noise [nɔiz] n. : bruit m.

Don't make any noise when your father is asleep.
Ne fais (faites) pas de bruit quand ton (votre) père dort.

none [nʌn] : aucun, ne

None of them succeeded.
Aucun d'eux (Aucune d'elles) n'a réussi.

north [nɔːθ] n. : nord m.

nose [nouz] n. : nez m.

not [nɔt] : pas

— Is it true? — Why not?
— Est-ce vrai? — Pourquoi pas?

not (+ auxiliary) : ne ... pas

She will not come tonight. *Elle ne viendra pas ce soir.*

non

Will you take it or not? *Le (La) prendrez-vous ou non?*

not any : pas de

He hasn't got any Japanese stamps in his collection.
Il n'a pas de timbres japonais dans sa collection.

aucun, ne

You have not any excuse. *Vous n'avez aucune excuse.*

not at all : pas du tout

— Is it far? — Not at all.
— Est-ce loin? — Pas du tout.

not yet [nɔtjet] : pas encore

— Are you ready? — Not yet.
— Es-tu prêt(e)? — Pas encore.

(bank-)note : billet m. (de banque)

notebook : carnet m.

I wrote down your address in my notebook.
J'ai écrit votre adresse sur mon carnet.

nothing ['nʌθiŋ] : rien

He is good for nothing. *Il n'est bon à rien.*

November [nou'vembə*] n. : novembre m.

now [nau] : maintenant

nowhere ['nou(h)wεə*] : nulle part

I looked for it everywhere and could find it nowhere.
Je l'ai cherché(e) partout et ne l'ai trouvé(e) nulle part.

number ['nʌmbə*] n. : nombre; numéro (n^{o}) m.

The number one hundred and sixty-three.
Le nombre cent soixante-trois.

NUMBERS, LINES, SURFACES :
NOMBRES, LIGNES, SURFACES

An addition	Une addition	**Twenty-two**	Vingt-deux
To divide	Diviser	**One hundred and one**	Cent un
A division	Une division	**One thousand two hundred and one**	Mille deux cent un
A multiplication	Une multiplication		
To multiply	Multiplier		
To subtract	Soustraire		
A subtraction	Une soustraction	**A circle**	Un cercle
		(A pair of) Compasses	Un compas
A dozen	Une douzaine	**A cube**	Un cube
An even, odd number	Un nombre pair, impair	**A rectangle**	Un rectangle
A fraction	Une fraction	**A triangle**	Un triangle
A third	Un tiers	**A postcard**	Une carte postale
A billion	Un milliard	**Oval**	Ovale
A million	Un million	**Perpendicular**	Perpendiculaire
Twenty-one	Vingt et un	**Vertical**	Vertical(e)

numerous ['nju:mərəs] adj. : (de) nombreux, euse(s)

Numerous passers-by had gathered in the square.
De nombreux passants s'étaient rassemblés sur la place.

O

oak [ouk] n. : chêne m.

to **obey** [ə'bei] v. : obéir

You must obey your teacher. *Tu dois obéir à ton professeur.*

object ['ɔbdʒekt] n. : objet m.

ocean ['ouʃən] n. : océan m.

The Pacific Ocean is larger than the other oceans.
L'océan Pacifique est plus grand que les autres océans.

October [ɔk'toubə*] n. : octobre m.

of [ɔv], **of the** : de, d', de la, du, des

Give me a pound of tea. *Donnez-moi une livre de thé.*
Tomorrow is the last day of the year.
C'est demain le dernier jour de l'année.
From here, you can hear the noise of the waves.
D'ici, on entend le bruit des vagues.

off [ɔːf] : idée d'éloignement

The mill is three kilometres off. *Le moulin est à trois kilomètres.*
He fell off a ladder. *Il est tombé d'une échelle.*

idée d'enlever

He took off his hat. *Il enleva son chapeau.*

idée d'interruption

She was off duty when the accident happened.
Elle n'était pas de service quand l'accident est arrivé.

to **offer** ['ɔfə*] v. : offrir (à)

office ['ɔfis] n. : bureau m.

Apply to the enquiry office.
Adressez-vous au bureau de renseignements.

often ['ɔfən] : souvent

oil [ɔil] n. : huile f.

The French eat their salads with oil and vinegar.
Les Français mangent leurs salades à l'huile et au vinaigre.

pétrole m.

Texas is rich in oil. *Le Texas est riche en pétrole.*

o.k. ['ou'kei] (U.S.) : d'accord

old [ould] adj. : vieux, vieille

His house is full of old things.
Sa maison est pleine de vieilles choses.
◆ How old is your brother? *Quel âge a ton frère?*

on [ɔn] : sur

The boat sails on the lake. *Le bateau navigue sur le lac.*

à

Andrew was hit on the head. *André a été frappé à la tête.*

on ... : dessus

The police laid hands on him. *La police a mis la main dessus.*

verbe + **on :** idée de continuer

Let's not stop, let's go on. *Ne nous arrêtons pas, continuons.*
Go on! *Continue! Continuez!*

once [wʌns] : une fois

Once upon a time ... : *Il était une fois ...*

at once : tout de suite

He told us to go there at once.
Il nous a dit d'y aller tout de suite.

one [wʌn] adj. : un, une

Take one apple each. *Prenez une pomme chacun.*

one pr. : un, une

I've lost my rubber, have you got one?
J'ai perdu ma gomme, en as-tu une?

on

One can do nothing about it.
On n'y peut rien.

one of my, your, his, her, our, their
un(e) de mes, tes, ses, ses, nos, leur.
One of my friends. *L'un de mes amis.*

one another : se, s'
The pupils are waiting for one another at the street corner.
Les élèves s'attendent au coin de la rue.

one's : sa, son, ses
One must love one's parents. *On doit aimer ses parents.*
One must do one's duty. *On doit faire son devoir.*

oneself : se, s'
One washes oneself every morning.
On se lave chaque matin.

soi, soi-même
One should not live for oneself alone.
On ne devrait pas vivre pour soi seul.

only ['ounli] : seulement, ne ... que
She speaks only English.
Elle parle seulement anglais. Elle ne parle qu'anglais.

open ['oupən] adj. : ouvert, (te)

to **open** v. : ouvrir
It was broad daylight when I opened my eyes.
Il faisait grand jour quand j'ai ouvert les yeux.

opposite ['ɔpəzit] : en face de

or [ɔː*] : ou, ou bien
Are you playing or working?
Joues-tu ou (ou bien) travailles-tu?

orange ['ɔrindʒ] n. : orange f.

to **order** ['ɔːdə*] v. : ordonner
She was ordered to go to the mountains.
On lui a ordonné d'aller à la montagne.

commander
When will you order your new car?
Quand commanderez-vous votre nouvelle voiture?

other ['ʌðə*] adj. : autre

His other sisters are not here.
Ses autres sœurs ne sont pas ici.

other(s) pr. : autre

These eggs are not fresh, I want some others.
Ces œufs ne sont pas frais, j'en veux d'autres.

ought [ɔːt] **(to) :** devoir (conditional)

He ought to be in bed by this time.
Il devrait être au lit à cette heure.

our ['auə*] : notre, nos

We put our skates in our bag.
Nous mettons nos patins dans notre sac.

ours ['auəz] : le nôtre, à nous

— Whose car is this? — It's ours.
— *A qui est cette voiture? — Elle est à nous. C'est la nôtre.*

a(n) ... of ours : un(e) de nos ...

We spent a week with a relative of ours.
Nous avons passé une semaine chez un de nos parents.

ourselves : nous

We shut ourselves in to work.
Nous nous sommes enfermés pour travailler.

nous-mêmes

We shall tell him ourselves. *Nous le lui dirons nous-mêmes.*

out [aut] : dehors

Let us go out for a walk. *Allons nous promener dehors.*

idée de sortir

Take your hands out of your pockets.
Sors les mains de tes poches.

idée de fin

The fire was out when I came home.
Le feu était éteint quand je suis arrivé(e) à la maison.

idée d'effacer

Ink is difficult to rub out.
L'encre est difficile à effacer.

out of : par

He threw his toys out of the window.
Il a jeté des jouets par la fenêtre.

sur

She stays at home one day out of seven.
Elle reste à la maison un jour sur sept.

dans

He took a cigarette out of my packet.
Il a pris une cigarette dans mon paquet.

outside ['aut'said] : dehors, à l'extérieur

In summer, I prefer to be outside.
En été, je préfère être dehors (à l'extérieur).

over ['ouvə*] : sur

She has no influence over him.
Elle n'a pas d'influence sur lui.

au-dessus (de)

We flew over Le Havre. *Nous avons volé au-dessus du Havre.*

par-dessus

She was looking at us over her spectacles.
Elle nous regardait par-dessus ses lunettes.

fini, ie

The play is over. *La pièce est finie.*
That's over! *C'est fini!*

overcoat [-kout] n. : manteau m.

to **owe** [ou] v. : devoir

We owe the grocer a lot of money.
Nous devons beaucoup d'argent à l'épicier.

ox (pl. **oxen**) [ɔks, 'ɔksən] n. : bœuf m.

P

page [peidʒ] n. : page f.

Read the first two pages carefully.
Lisez attentivement les deux premières pages.

pail [peil] n. : seau m.

pain [pein] n. : douleur, mal

to have a pain in : avoir mal à

I had a pain in my back.
J'avais une douleur dans le dos. J'avais mal dans le dos.

pains : peine

"Without pains no gains." « *Pas de salaire sans peine.* »

paint, painting [peint, peintiŋ] n. : peinture f.

There is no painting by Van Dyck in this gallery.
Il n'y a pas de peinture de Van Dyck dans ce musée.

to **paint** v. : peindre

The walls are painted grey. *Les murs sont peints en gris.*

pair [pɛə] n. : paire f.

pan : see SAUCEPAN

paper ['peipə*] n. : papier m.

The sheets of paper have been scattered by the wind.
Les feuilles de papier ont été dispersées par le vent.

(news)paper : journal m.

parcel ['pɑːsl] n. : paquet m.

parents ['pɛərənts] n. pl. : parents (father and mother) m. pl.

He lost both his parents in the accident.
Il perdit ses parents dans l'accident.

part [pɑːt] n. : partie f.
The major part of his story is true.
La plus grande partie de son histoire est vraie.

party ['pɑːti] n. : fête f.
Will you go to John's birthday party?
Iras-tu à la fête d'anniversaire de Jean?

to **pass** [pɑːs] v. : passer
We passed in front of his house.
Nous sommes passés devant sa maison.

passage ['pæsidʒ] n. : couloir m.
My (bed)room is at the end of the passage.
Ma chambre est au bout du couloir.

passenger ['pæsindʒə*] n. : passager, ère m. and f.
This deck is for first class passengers.
Ce pont est réservé aux passagers de première classe.
voyageur, euse
The passengers were getting off the train.
Les voyageurs descendaient du train.

past [pɑːst]
I'll come at twenty past ten. *Je viendrai à dix heures vingt.*

pavement [peivmənt] n. : trottoir m.
Please, walk on the pavement.
Marchez sur le trottoir, s'il vous plaît.

pay [pei] n. (62) : paye f.
Saturday is payday. *Le samedi est jour de paye.*

to **pay (for)** v. : payer
How much did he pay for it? *Combien l'a-t-il payé(e)?*

pea [piː] n. : pois m.
I laid aside two tins of green peas.
J'ai mis de côté deux boîtes de petits pois.

peace [piːs] n. : paix f.

peach [piːtʃ] n. : pêche f.

pear [pɛə*] n. : poire f.

peasant ['pezənt] n. : paysan m.

pen [pen] n. : plume f., stylo m.

(fountain-)pen : stylo m.

pencil ['pensl] n. : crayon m.

people ['pi:pl] : gens m. pl.

Rich people have servants.
Les gens riches ont des domestiques.

personnes f. pl.

How many people were there?
Combien de personnes y avait-il?

monde m.

Did you see many people at the show?
Avez-vous vu beaucoup de monde au spectacle?

on

In France, people dance in the streets on the fourteenth of July. *En France, on danse dans les rues le 14-Juillet.*

people(s) : peuple m.

Democracy is the government of the people by the people.
La démocratie est le gouvernement du peuple par le peuple.

perhaps [pə'hæps] : peut-être

Perhaps I shall come tomorrow. *Je viendrai peut-être demain.*

person ['pə:sn] n. : personne

Do you know this person?
Connais-tu (Connaissez-vous) cette personne?

pet [pet] n. : animal (m.) familier

Dogs, cats, parrots are pet animals.
Les chiens, les chats, les perroquets sont des animaux familiers.

petrol ['petrəl] n. : essence f.

photo(graph) ['foutəgrɑːf] n. : photo(graphie) f.
Did you take many photos in Spain?
Avez-vous pris beaucoup de photos en Espagne?

to **photograph** v. : photographier
Keep still while I photograph you.
Arrête de remuer pendant que je te photographie.

to **pick** [pik] v. : cueillir
Let's go and pick some gooseberries.
Allons cueillir des groseilles à maquereau.

to **pick up** : ramasser
Where did you pick up these snails?
Où avez-vous ramassé ces escargots?

picture ['piktʃə*] n. : image f.
Jack received a lovely picture-book for Christmas.
Jeannot a reçu un beau livre d'images pour Noël.

tableau m.

Who painted this picture? *Qui a peint ce tableau?*

pictures n. : cinéma m.

pie [pai] n. : pâté m.

piece [piːs] n. : morceau m.

pig [pig] n. : cochon, porc m.
They rear Yorkshire pigs on their farm.
Ils élèvent des porcs du Yorkshire dans leur ferme.

pin [pin] n. : épingle f.
The needles are in the pincushion.
Les aiguilles sont sur la pelote à épingles.

pine(-tree) [paintriː] n. : pin m.

pink [piŋk] adj. : rose

place [pleis] n. : place f.
It's my place! *C'est ma place!*

endroit m.

No place suits him. *Aucun endroit ne lui convient.*

plain [plein] adj. : simple

(aero)plane ['ɛərəplein] n. : avion m.

The plane flew past as quick as lightning.
L'avion est passé, rapide comme l'éclair.

plant [plɑːnt] n. : plante f.

to **plant** v. : planter

plate [pleit] n. : assiette f.

Their plates are made of china.
Leurs assiettes sont en porcelaine.

platform ['plætfɔːm] n. : quai m.

to **play** [plei] v. : jouer

I'd like to hear him play the violin.
J'aimerais l'entendre jouer du violon.

s'amuser

Go and play with your brother.
Va t'amuser (= jouer) avec ton frère.

to **please** [pliːz] v. : plaire (à)

Do as you please. *Fais comme il te plaît.*

(if you) please : s'il vous plaît

Please, Sir, may I ask you a question?
S'il vous plaît, Monsieur, puis-je vous poser une question?

pleasant ['pleznt] adj. : agréable

It's more pleasant to watch television than to go out in this cold.
Il est plus agréable de regarder la télévision que d'aller dehors par ce froid.

pleased [pliːzd] adj. : content, te

He is pleased with his new job.
Il est content de son nouveau travail.

pleasure ['pleʒə*] n. : plaisir m.

plenty ['plenti] **of :** beaucoup de

There will be plenty of cherries this year.
Il y aura beaucoup de cerises cette année.

plum [plʌm] n. : prune f.

p.m. (post meridiem) : de l'après-midi (heure)

pocket ['pɔkit] n. : poche f.

He arrived with his hands in his pockets.
Il arriva, les mains dans les poches.

point [pɔint] n. : pointe f.

I pricked my finger with the point of the scissors.
Je me suis piqué le doigt avec la pointe des ciseaux.

policeman [pə'li:smən] (pl. **policemen**) n. : agent m. (de police)

The policemen are running after the thief.
Les agents courent après le voleur.

to **polish** ['pɔliʃ] v. : cirer

Polish your shoes before going out.
Cire tes chaussures avant de sortir.

frotter

This morning, I polished the furniture of my room.
Ce matin, j'ai frotté les meubles de ma chambre.

polite [pə'lait] adj. : poli, ie

pool [pu:l] (pond) n. : mare f.

swimming-pool : piscine f.

poor [puə*] adj. : pauvre

We flew over a poor region.
Nous avons survolé une région pauvre.

mauvais, aise

His health is poor. *Sa santé est mauvaise.*

pork [pɔ:k] n. : (viande de) porc m.

port [pɔ:t] n. : port m.

Portsmouth is a naval port. *Portsmouth est un port de guerre.*

possible ['pɔsibl] adj. : possible

I shall come as soon as possible.
Je viendrai aussitôt que possible.

post-office ['poust,ɔfis] n. : poste f.

THE POST-OFFICE : LE BUREAU DE POSTE			
The collection	La levée	**The telegraph**	Le télégraphe
The counter	Le guichet	**A telegram**	Un télégramme
The delivery	La distribution	**The telephone directory**	L'annuaire du téléphone
The mail	Le courrier		
A postcard	Une carte postale		
The postmark	Le cachet de la poste	**To deliver**	distribuer
		To post	Poster
A postal parcel	Un colis postal	**To ring up**	Appeler (au téléph.)
The telephone box	La cabine téléphonique	**To stamp**	Affranchir

postman ['poustmən] n. : facteur m.

The postmen are leaving the post-office.
Les facteurs sortent du bureau de poste.

pot [pɔt] n. : pot m.

◆ but : a teapot : *une théière.*

potato [pə'teitou] (pl. **potatoes**) n. : pomme de terre f.

Have you peeled the potatoes?
As-tu épluché les pommes de terre?

to **pour** [pɔː*] v. : verser

The waiter pours coffee into our cups.
Le garçon verse le café dans nos tasses.

to **pray** [prei] v. : prier

prayer [prεə*] n. : prière f.

to **prefer** [pri'fəː*] v. : préférer

Take the one you prefer. *Prends celui (celle) que tu préfères.*

to **prepare** [pri'pεə*] v. : préparer

present ['preznt] n. : cadeau m.

to **present (with)** v. : offrir

What will you present her with for her birthday?
Que lui offriras-tu pour son anniversaire?

to **press** [pres] v. : appuyer (sur)

Press the accelerator gently when the engine is cold.
Appuyez légèrement sur l'accélérateur quand le moteur est froid.

pretty ['priti] adj. : jolie, ie

to **prevent** [pri'vent] **(from)** v. : empêcher (de)

Prevent him from going too far. *Empêche-le d'aller trop loin.*

price [prais] n. : prix m.

to **prick** [prik] v. : piquer

Careful! This brooch may prick you!
Attention! Cette broche peut vous piquer!

priest [pri:st] n. : prêtre m.

prize [praiz] n. : prix m.

We have won the first prize.
Nous avons gagné le premier prix.

probably ['prɔbəbli] : sans doute

promise ['prɔmis] n. : promesse f.

Try to keep your promise. *Essaie de tenir ta promesse.*

to **promise** v. : promettre

He was promised a bicycle. *On lui a promis une bicyclette.*

to **prove** [pru:v] v. : prouver

Prove it if you can. *Prouve-le si tu peux.*

to **pull** [pul] v. : tirer

Pull hard on the rope.
Tire fort sur la corde.

to **pull down** : démolir

to **punish** ['pʌniʃ] v. : punir

He was punished for lying.
Il était puni pour avoir menti.

pupil ['pjuːpl] n. : élève m. or f.

on purpose ['pəːpəs] : exprès

This was done on purpose and not by accident.
Cela a été fait exprès et non par accident.

purse [pəːs] n. : porte-monnaie m. (U.S. : sac à main)

to **push** [puʃ] v. : pousser

to **put** [put] v. (63) : mettre

Don't put your elbows on the table!
Ne mets pas tes (les) coudes sur la table!

to **put away** : ranger

You should put away your toys better than that.
Tu devrais ranger tes jouets mieux que ça.

to **put on** : mettre (vêtements)

Have you put on your woollen socks?
As-tu mis tes chaussettes de laine?

to **put out** : éteindre

I forgot to put out the fire before leaving.
J'ai oublié d'éteindre le feu avant de partir.

Q

to **quarrel** [kwɔrəl] v. : se disputer

quarter ['kwɔːtə*] n. : quart m.

It was a quarter past two when he arrived.
Il était deux heures un quart quand il est arrivé.

quay [kiː] n. : quai m.

queen [kwiːn] n. : reine f.

Queen Elizabeth I reigned for forty-five years.
La reine Elisabeth Ire a régné pendant quarante-cinq ans.

question ['kwestʃən] n. : question f.

He refused to answer my question.
Il a refusé de répondre à ma question.

to **queue** [kjuː] v. : faire la queue

Queue here for the bus. *Faites la queue ici pour l'autobus.*

quick [kwik] adj. : rapide

quickly ['kwikli] adv. : rapidement, vite

You did your sum too quickly and you were wrong.
Vous avez fait votre problème trop vite (rapidement) et vous vous êtes trompé(s).

quiet ['kwaiət] adj. : tranquille

to **be quiet** : se taire

to **keep quiet** : rester tranquille

Keep quiet while I do your hair.
Reste tranquille pendant que je te coiffe.

quite [kwait] : tout à fait

I have not quite finished. *Je n'ai pas tout à fait fini.*

R

rabbit ['ræbit] n. : lapin m.

Bunny the rabbit ran off into the garden.
Jeannot lapin s'est sauvé dans le jardin.

race [reis] n. : course f.

radio ['reidiou] n. : radio f.

I heard it on the radio. *Je l'ai entendu à la radio.*

railway ['reilwei] n. : chemin de fer m.

TRAVELLING BY RAIL : LES VOYAGES EN CHEMIN DE FER

A dining-car	Un wagon-restaurant	**The left-luggage office**	La consigne
An express train	Un express	**A platform ticket**	Un ticket de quai
A local train	Un omnibus	**The subway**	Le passage souterrain
A sleeping-car	Un wagon-lit	**The terminus**	Le terminus
A door	Une portière	**The timetable**	L'horaire
A sleeping-berth	Une couchette	**The waiting-room**	La salle d'attente
The booking-office	Le guichet	**The railway**	Le chemin de fer
To book seats	Louer des places	**A tunnel**	Un tunnel

rain [rein] n. : pluie f.

to **rain** v. : pleuvoir

It's going to rain. *Il va pleuvoir.*

raincoat ['reinkout] n. : imperméable m.

to **raise** [reiːz] v. : lever

I raise my glass to your happiness.
Je lève mon verre à votre bonheur.

élever

They raised a monument in memory of John Kennedy.
On a élevé un monument à la mémoire de John Kennedy.

rather ['rɑːðə*] : plutôt

Well! Working is rather tiring!
Eh bien! Le travail est plutôt fatigant!

assez

It is rather a large village. *C'est un assez grand village.*

raw [rɔː] adj. : cru, crue

to **reach** [riːtʃ] v. : atteindre

The baby can't reach the box.
Le bébé ne peut atteindre la boîte.

to **read** [riːd] v. (64) : lire

ready ['redi] adj. : prêt, prête

Your television set is ready to work.
Votre appareil de télévision est prêt à marcher.

reasonable ['riːzənəbl] adj. : raisonnable

It's the most reasonable thing to do.
C'est la chose la plus raisonnable à faire.

to **receive** [ri'siːv] v. : recevoir

What sum did he receive? *Quelle somme a-t-il reçue?*

record ['rekɔːd] n. : disque m.

They offered me a long-playing record.
Ils m'ont offert un disque de longue durée.

to **recover** [ri'kʌvə*] v. : guérir

He has completely recovered by now.
Il est maintenant tout à fait guéri.

red [red] adj. : rouge

refrigerator [ri'fridʒəreitə*] n. : réfrigérateur m.

to **refuse** [ri'fjuːz] v. : refuser

One can't refuse her anything. *On ne peut rien lui refuser.*

relative ['relətiv] n. : parent m. (family)

She is a relative of mine. *C'est une de mes parentes.*

religion [ri'lidʒən] n. : religion f.

remains [ri'meinz] n. pl. : restes m. pl.

to **remain** v. : rester

In spite of his age, he remained the same.
Malgré son âge, il est resté le même.

to **remember** [ri'membə*] v. : se rappeler

Remember that you must go to the bank.
Rappelle-toi que tu dois aller à la banque.

se souvenir (de)

I remember my first day at school.
Je me souviens de mon premier jour de classe.

to **repair** [ri'pɛə*] v. : réparer

to **repeat** [ri'pi:t] v. : répéter

I'll tell you, but don't repeat it.
Je vais vous le dire, mais ne le répétez pas.

reptile ['reptail] n. : reptile m.

rest [rest] n. : repos m.

to **rest,** to **have a rest** v. : se reposer

Let us rest here. *Reposons-nous ici.*

return [ri'tə:n] n. : retour m.

Many happy returns of the day! *Bon anniversaire!*

to **return** v. : retourner

— Where are you going? — I'm returning home.
— Où allez-vous? — Je retourne à la maison.

rendre

Did I return the book you lent me?
T'ai-je rendu le livre que tu m'as prêté?

ribbon ['ribən] n. : ruban m.

rice [rais] n. : riz m.

rich [ritʃ] adj. : riche

to **ride** [raid] v. (63) : aller à cheval, à bicyclette

The Queen rode on horseback to Whitehall.
La reine est allée à cheval à Whitehall.

all right [rait] : d'accord

right adj. : droit, droite

She broke her right arm. *Elle s'est cassé le bras droit.*

bon, bonne

We arrived at the right moment.
Nous sommes arrivés au bon moment.

juste

(on, to the) right : (à) droite

to **be right** : avoir raison

They were right and we were wrong.
Ils avaient raison et nous avions tort.

to **ring** [riŋ] v. (66) : sonner

Who's ringing the door-bell? *Qui sonne à la porte?*

to **ring up** : téléphoner

ripe [raip] adj. : mûr, mûre

Are the strawberries ripe? *Les fraises sont-elles mûres?*

to **ripen** ['raipən] v. : mûrir

to **rise** [raiz] v. (67) : se lever

The sun rises behind the mountains.
Le soleil se lève derrière les montagnes.

river ['rivə*] n. : rivière f.

There is an old inn by the river.
Il y a une vieille auberge près de la rivière.

fleuve m.

What is the longest river in the world?
Quel est le plus long fleuve du monde?

road [roud] n. : route f.

TRAVELLING BY ROAD : LES VOYAGES PAR LA ROUTE

A car	Une voiture	**A breakdown**	Une panne
A moped	Un vélomoteur	**A motorway**	Une autoroute
A fire-engine	Une auto de pompier	**No entry**	Sens interdit
A motor-bike	Une motocyclette	**Parking**	Le stationnement
A motor-scooter	Un scooter	**A signpost**	Un poteau indicateur
A racing car	Une voiture de course	**No through road**	Voie sans issue
A taxi (-cab)	Un taxi	**One-way street**	Sens unique
A van	Une camionnette	**A mechanic**	Un mecanicien
A bend	Un virage		

to rob [rɔb] v. : voler

I've been robbed of my money. *On m'a volé mon argent.*

robber ['rɔbə*] n. : voleur m., euse f.

roof [ruːf] n. : toit m.

James's house has a red-tiled roof.
La maison de Jacques a un toit de tuiles rouges.

room [rum] n. : place f.

You take up a lot of room! *Tu prends beaucoup de place!*

pièce f.

How many rooms are there in their house?
Combien de pièces y a-t-il dans leur maison?

salle f.

I have painted the bath-room blue.
J'ai peint la salle de bains en bleu.

chambre f.

Our room is sunny. *Notre chambre est ensoleillée.*

root [ruːt] n. : racine f.

rope [roup] n. : corde f.

rose [rouz] n. : rose f.

round [raund] adj. : rond, ronde

The clock dial is round. *Le cadran de l'horloge est rond.*

adv. : autour (de)

There is a path round the pond.
Il y a une allée autour de l'étang.

row [rou] n. : rang m., rangée f.

Our house is the third in the first row.
Notre maison est la troisième de la première rangée.

to **rub** [rʌb] v. : (se) frotter

The cat is hungry, she is rubbing against my leg.
Le chat a faim, il se frotte contre ma jambe.

to **rub out** : effacer

rule [ru:l] n. : règle f.

to **run** [rʌn] v. (68) : courir

Don't run across the street.
Ne cours pas en traversant la rue.

(faire) couler

Run some cold water in your bath.
Fais couler de l'eau froide dans ton bain.

to **run over** : écraser

I very nearly ran over a dog yesterday evening.
J'ai bien manqué écraser un chien hier soir.

to **be run over** : être écrasé, se faire écraser

Poor animal! it was run over by a car.
Pauvre bête! elle a été écrasée par une voiture.

to **run away** : se sauver

S

's : de, des, de la, du (possessive case)

Dad's tools are in the cupboard.
Les outils de Papa sont dans le placard.
The pupils' books have been distributed.
Les livres des élèves ont été distribués.

celui de, celle de

This napkin is not mine, it is my sister's.
Cette serviette n'est pas la mienne, c'est celle de ma sœur.

ceux de, celles de

Use your own pencils and leave your brother's.
Sers-toi de tes crayons et laisse ceux de ton frère.

sad [sæd] adj. : triste

safe [seif] adj. : sûr, sûre

to **sail** [seil] v. : naviguer

sailor ['seilə*] n. : marin m.

He is a good sailor. *Il a le pied marin.*

salad ['sæləd] n. : salade f.

sale [seil] n. : vente f.

Sales have been low this month.
Les ventes ont été faibles ce mois-ci.

salt [sɔlt] n. : sel m.

to **salt** v. : saler

same [seim] : même

We live in the same house as our parents.
Nous habitons la même maison que nos parents.

sand [sænd] n. : sable m.

Saturday ['sætədei] n. : samedi m.

(sauce)pan ['sɔːspən] n. : casserole f.

to **saw** [sɔː] v. (69) : scier

I was told to saw the board. *On m'a dit de scier la planche.*

to **say** [sei] v. (70) : dire

He says you must go and see him immediately.
Il dit que tu dois aller le voir immédiatement.

réciter

May I say my lesson? *Puis-je réciter ma leçon?*

scales [skeilz] n. pl. : balance f.

Are your scales right? *Votre balance est-elle juste?*

school [skuːl] n. : école f.

My little brother is too young to go to school.
Mon petit frère est trop jeune pour aller à l'école.

classe f.

Is Saturday a school-day in your country?
Le samedi est-il un jour de classe dans votre pays?

school-bag : cartable m.

schoolboy, girl : écolier m., écolière f.

(school)master : instituteur; maître (d'école) m.

(school)mistress : institutrice; maîtresse (d'école) f.

Their teacher (schoolmistress) took them out for a walk. *Leur institutrice (maîtresse) les a emmenés promener.*

science ['saiəns] n. : science f.

scissors ['sizəz] n. pl. : ciseaux m. pl.

to **scratch** [skrætʃ] v. : (se) gratter

The dog is scratching at the door. *Le chien gratte à la porte.*

(se) griffer

Joan scratched her cheek. *Jeanne s'est griffée à la joue.*

sea [siː] n. : mer f.

AT THE SEASIDE : AU BORD DE LA MER

The cliff	La falaise	**A pedal-boat**	Un Pédalo
High, low tide	La marée haute, basse	**To sun-bathe**	Prendre le soleil
A pebble	Un galet	**To dive**	Plonger
A rock	Un rocher	**To float**	Flotter
A sand-bank	Un banc de sable	**To get tanned**	Brunir
		To paddle	Barboter
The shore	Le rivage	**To row**	Ramer
A bather	Un baigneur		
A bathing costume	Un costume de bain	**A crab**	Un crabe
		A lobster	Un homard
A deck-chair	Une chaise longue	**A mussel**	Une moule
		An oyster	Une huître
The diving board	Le plongeoir	**A sea-urchin**	Un oursin
The life guard	Le maître nageur	**A shell**	Un coquillage
		A shrimp	Une crevette

season ['siːzn] n. : saison f.

When does the football season start?
Quand commence la saison du football?

seat [siːt] n. : place f.

I've booked two seats for "Macbeth".
J'ai pris deux places pour « Macbeth ».

second ['sekənd] adj. : second, de
Did you take a first or second-class ticket?
As-tu pris un billet de première ou de seconde classe?

deux   Elizabeth the Second. *Elisabeth II.*

deuxième

He was punished for the second time.
Il a été puni pour la deuxième fois.

to **see** [siː] v. (71) : voir
Can cats really see at night?
Les chats voient-ils réellement la nuit?

to **seem** [siːm] v. : paraître, sembler
Things are not what they seem.
Les choses ne sont pas ce qu'elles paraissent.
It seems to me that you haven't learnt your lesson.
Il me semble que vous n'avez pas appris votre leçon.

avoir l'air

She doesn't seem to be much interested in her work.
Elle n'a pas l'air de s'intéresser beaucoup à son travail.

to **sell** [sel] v. (72) : vendre
She sells sea-shells on the seashore.
Elle vend des coquillages sur la plage.

best-seller : le mieux vendu
This novel is the month's best-seller.
Ce roman est le mieux vendu du mois.

to **send** [send] v. (73) : envoyer

to **send for** : envoyer chercher
He felt sick and sent for the doctor.
Il s'est senti malade et a envoyé chercher le docteur.

sensible ['sensibl] adj. : raisonnable
She is a sensible girl. *C'est une fille raisonnable.*

September [sep'tembə*] n. : septembre m.

to **serve** [səːv] v. : servir

My umbrella will serve me as a parasol.
Mon parapluie me servira d'ombrelle.
but : It serves you right!
C'est bien fait pour toi!

set [set] n. : appareil m.

service (tea, coffee) m.

He presented me with a tea-set. *Il m'a offert un service à thé.*

seven ['sevn] : sept — **seventh** ['sevnθ] : septième

seventeen ['sevn'tiːn] : dix-sept

seventy ['sevənti] : soixante-dix

several ['sevrəl] : plusieurs

He read it several times. *Il l'a lu(e) plusieurs fois.*

to **sew** [sou] v. : coudre

shade [ʃeid] n. : ombre f.

It is cooler in the shade. *Il fait plus frais à l'ombre.*

shadow ['ʃædou] n. : ombre f.

He is afraid of his own shadow. *Il a peur de son ombre.*

to **shake** [ʃeik] v. (74) : secouer

Shake the plum-tree to shake the plums down.
Secoue le prunier pour faire tomber les prunes.

trembler

Your story makes me shake with fear.
Votre histoire me fait trembler de peur.
Shake hands with him. *Donne-lui une poignée de main.*

shall [ʃæl] : future (1st persons)

We shall have a car soon.
Nous aurons bientôt une voiture.
I shall not be afraid. *Je n'aurai pas peur.*
Shall we see her at her brother's wedding?
La verrons-nous au mariage de son frère?

shape [ʃeip] n. : forme f.

My hat is out of shape. *Mon chapeau n'a plus de forme.*

to **share** [ʃɛə*] v. : partager

sharp [ʃɑːp] adj. : pointu, ue

The mouse has a sharp nose. *La souris a un nez pointu.*

to **sharpen** [ʃɑːpn] v. : tailler

she [ʃiː] : elle

— Where is she? — She is in the garden.
— *Où est-elle? — Elle est dans le jardin.*

she is : c'est

She is a teacher. *C'est un professeur.*

sheep [ʃiːp] n. inv. : mouton m.

The shepherd has lost two sheep.
Le berger a perdu deux moutons.

sheet [ʃiːt] n. : feuille (de papier) f.
drap m.

The sheets are drying outside. *Les draps sèchent dehors.*

to **shine** [ʃain] v. (75) : briller

The sun shines when there are no clouds.
Le soleil brille quand il n'y a pas de nuages.

ship [ʃip] n. : navire, bateau m.

There are two warships in the harbour.
Il y a deux navires (bateaux) de guerre dans le port.

shirt [ʃəːt] n. : chemise f.

to **shiver** ['ʃivə*] v. : trembler

She was shivering with cold. *Elle tremblait de froid.*

shocking ['ʃɔkiŋ] adj. : choquant, te; scandaleux, euse

shoe [ʃuː] n. : chaussure f., soulier m.

Take your shoes to the shoemaker's.
Porte tes chaussures chez le cordonnier.

to **shoot** [ʃuːt] v. (76) : tirer

Hands up or I'll shoot you! *Haut les mains ou je tire sur vous!*

shop [ʃɔp] n. : boutique f.

This shop is well stocked. *Cette boutique est bien garnie.*

magasin m.

A clothing shop will open soon in the main street.
Un magasin de vêtements va bientôt ouvrir dans la grand-rue (rue principale).

shopping ['ʃɔpiŋ] n. : achats m. pl., commissions f. pl.

to **go shopping** : (aller) faire des achats, des ...

Mummy is not at home; she has gone out shopping.
Maman n'est pas à la maison; elle est allée faire des achats (des commissions).

shop-keeper ['ʃɔp,kiːpə*] n. : commerçant, te m. and f.

This shop-keeper is honest.
Ce commerçant (Cette commerçante) est honnête.

shop-window [ʃɔp'windou] n. : vitrine f.

short [ʃɔːt] adj. : court, te

Her dress has become too short.
Sa robe est devenue trop courte.

petit, te

He is too short to reach the shelf.
Il est trop petit pour atteindre l'étagère.

should [ʃud] : conditional (1st persons)

We should have arrived earlier if it had not rained.
Nous serions arrivés plus tôt s'il n'avait pas plu.

to **shout** [ʃaut] v. : crier

shovel ['ʃʌvl] n. : pelle f.

Take this shovel and shift this heap of sand.
Prends cette pelle et déplace ce tas de sable.

to **show** [ʃou] v. (77) : montrer

to **shut** [ʃʌt] v. (78) : fermer

to **shut in** : enfermer

Didn't you shut the cat in the cellar?
N'as-tu pas enfermé le chat dans la cave?

sick [sik] adj. : malade

He was sick all night. *Il a été malade toute la nuit.*
◆ but : He was seasick. *Il a eu le mal de mer.*

side [said] n. : côté m.

On what side of the square is the town hall?
De quel côté de la place est la mairie (l'hôtel de ville)?

bord m.

We'll go to the seaside. *Nous irons au bord de la mer.*

sight [sait] n. : vue f.

She has weak sight and wears spectacles.
Elle a la vue faible et porte des lunettes.

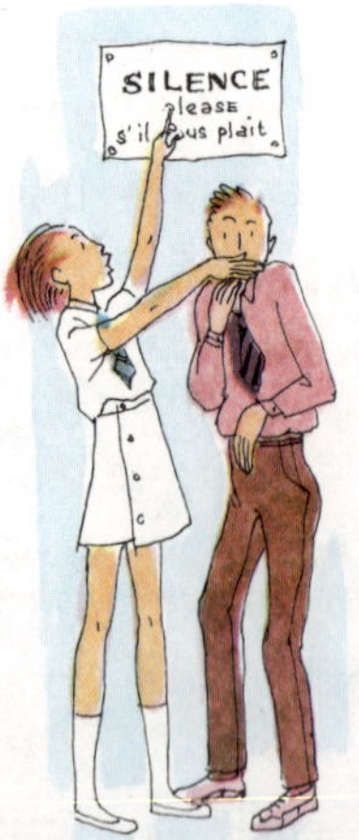

silence ['sailəns] n. : silence m.

Silence, please! *Silence, s'il vous plaît!*

silk [silk] n. : soie f.

Where have I put my silk scarf?
Où ai-je mis mon écharpe de soie?

silver ['silvə*] n. : argent m.

simple ['simpl] adj. : simple

My parents are simple people.
Mes parents sont des gens simples.

since [sins] : depuis (que)

They have been living in the village since 1976.
Ils habitent le village depuis 1976.

puisque

Stay here, since you don't want to come with us.
Reste ici puisque tu ne veux pas venir avec nous.

to **sing** [siŋ] v. (79) : chanter

single ['siŋgl] adj. : seul, seule

There was not a single one left.
Il n'en restait pas un seul (une seule).

simple

Do you want a single or a return ticket?
Voulez-vous un billet simple ou un billet d'aller et retour?

sir [sə:*] n. : monsieur m. (conversation)

— Have you learnt your lesson, John? — No, Sir, I haven't.
— Jean, as-tu appris ta leçon? — Non, monsieur.

sister ['sistə*] n. : sœur f.

Do you get on well with your sister?
T'entends-tu bien avec ta sœur?

to **sit down** [sit] v. (80) : s'asseoir

She sat down on a bench. *Elle s'assit (s'est assise) sur un banc.*

to **be sitting :** être assis

sitting-room : salon m.

They bought two armchairs and a sofa for their sitting-room.
Ils ont acheté deux fauteuils et un canapé pour leur salon.

six [siks] : six — **sixth** [siksθ] : sixième

sixteen ['siks'ti:n] : seize — **sixty** ['siksti] : soixante

to **skate** [skeit] v. : patiner

The lake was frozen and you could skate on it.
Le lac était gelé et on pouvait patiner dessus.

skilful ['skilful] adj. : adroit, te

skin [skin] n. : peau f.

Babies have a fine skin.
Les bébés ont la peau fine.

skirt [skəːt] n. : jupe f.

sky [skai] n. : ciel m.

skyscraper : gratte-ciel m.

New York skyscrapers are famous.
Les gratte-ciel de New York sont célèbres.

sleep [sliːp] n. : sommeil m.

He talks in his sleep. *Il parle pendant son sommeil.*

to **sleep** v. (81) : dormir, coucher

They will sleep at their grandmother's.
Ils dormiront (coucheront) chez leur grand-mère.

to **go to sleep** : s'endormir

He went to sleep as soon as he was in bed.
Il s'endormit aussitôt qu'il fut couché.

to **be,** to **feel sleepy** : avoir sommeil

I feel sleepy because I went to bed late last night.
J'ai sommeil parce que je me suis couché tard la nuit dernière.

sleeve [sliːv] n. : manche f.

Her dress is sleeveless. *Sa robe est sans manches.*

slice [slais] n. : tranche f.

to **slide** [slaid] v. (82) : glisser, faire des glissades

The children are sliding on the frozen canal.
Les enfants font des glissades (glissent) sur le canal gelé.

slipper ['slipə*] n. : pantoufle f.

slow [slou] adj. : lent, te

His progress is slow. *Ses progrès sont lents.*

slowly ['slouli] : lentement

The clouds were moving forward slowly.
Les nuages avançaient lentement.

to **be slow** : retarder (clock)

No, my watch isn't slow. *Non, ma montre ne retarde pas.*

small [smɔːl] adj. : petit, te

smell [smel] n. : odeur f.

to **smell** v. (83) : sentir

The room smells of cooking. *La pièce sent la cuisine.*

to **smile** [smail] v. : sourire

smoke [smouk] n. : fumée f.

to **smoke** v. : fumer

The old sailor smokes a pipe.
Le vieux marin fume la pipe.

smooth [smuːð] adj. : doux, douce

snake [sneik] n. : serpent m.

Are you afraid of snakes? *As-tu peur des serpents?*

snow [snou] n. : neige f.

to **snow** v. : neiger

so [sou] : ainsi

Why did he speak so? *Pourquoi a-t-il parlé ainsi?*

si

You are so nice!
Tu es si gentille (gentil)!

aussi

He will come tomorrow and so shall we.
Il viendra demain et nous aussi.

le, l'

— Will you be able to find your way? — Yes, I think so.
— *Pourras-tu trouver ton chemin? — Oui, je le crois.*

not so ... as : pas aussi ... que

She is not so tall as her mother.
Elle n'est pas aussi grande que sa mère.

so many : tant de

I did not think there were so many teachers.
Je ne croyais pas qu'il y avait tant de professeurs.

so much : tant de

soap [soup] n. : savon m.

Who has been using my toilet-soap?
Qui s'est servi de mon savon de toilette (ma savonnette)?

sock [sɔk] n. : chaussette f.

soft [sɔft] adj. : mou, molle; doux, douce

My bed is soft. *Mon lit est doux. Mon lit est mou.*

soil [sɔil] n. : terre f.

The soil of these flower-pots wants changing.
La terre de ces pots de fleurs a besoin d'être changée.

some [sʌm] : de, de la, du, des

I have some old papers to throw out.
J'ai de vieux papiers à jeter.
Give me some tea. *Donne-moi du thé.*

(les) uns

He kept some and gave us the others.
Il a gardé les uns et nous a donné les autres.

en

I have no milk, would you like to give me some?
Je n'ai pas de lait, voudriez-vous m'en donner?

somebody ['sʌmbɔdi], **someone** ['sʌmwʌn] : quelqu'un

I think this is someone else's hat.
Je crois que c'est le chapeau de quelqu'un d'autre.

on

Somebody took my pen. *On (= quelqu'un) a pris mon stylo.*

something ['sʌmθiŋ] : quelque chose

— Did you bring anything? — Yes, I brought something good.
— As-tu apporté quelque chose? — Oui, j'ai apporté quelque chose de bon.

sometimes ['sʌmtaimz] : quelquefois

He sometimes goes this way.
Il prend quelquefois cette direction (ce chemin).

somewhere ['sʌmwɛə*] : quelque part

Yes, I hid it somewhere and you won't find it.
Oui, je l'ai caché(e) quelque part et tu ne le (la) trouveras pas.

son [sʌn] n. : fils m.

It's my son's birthday today.
C'est l'anniversaire de mon fils aujourd'hui.

song [sɔŋ] n. : chant m., chanson f.

I don't know this bird's song.
Je ne connais pas le chant de cet oiseau.

soon [suːn] : bientôt

See you soon! *A bientôt!*

tôt

It is too soon to go to bed.
Il est trop tôt pour aller se coucher.

as soon as : aussitôt que

sorrow ['sɔrou] n. : peine f.

His failure gave them much sorrow.
Son échec leur a fait beaucoup de peine.

douleur f.

Her sorrow was great. *Sa douleur était grande.*

to **be sorry** ['sɔri] : être désolé, regretter

I'm sorry to trouble you.
Je regrette (Je suis désolé) de vous déranger.
◆ Sorry! *Pardon!*

sound [saund] n. : son m.

The sound of the bells awoke us.
Le son des cloches nous a réveillés.

soup [suːp] n. : soupe f.

south [sauθ] n. : sud m.

Brazil is in South America. *Le Brésil est en Amérique du Sud.*

to **speak (to)** [spi:k] v. (84) : parler (à)
I'll speak to your teacher. *Je parlerai à ton professeur.*

spectacle ['spektəkl] n. : spectacle m.

spectacles ['spektəklz] n. pl. : lunettes f. pl.

speed [spi:d] n. : vitesse f.

to **speed** v. : faire de la vitesse
He was fined for speeding.
Il a eu une amende pour excès de vitesse.

to **spend** [spend] v. (85) : dépenser
She doesn't spend all (that) she earns.
Elle ne dépense pas tout ce qu'elle gagne.

passer
Where will you spend your holiday?
Où passerez-vous vos vacances?

spider ['spaidə*] n. : araignée f.

spoon [spu:n] n. : cuiller f.

sport [spɔ:t] n. : sport m.

SPORT : LES SPORTS

Athletics	L'athlétisme	**The goal-keeper**	Le gardien de but
An athlete	Un athlète	**The kick-off**	Le coup d'envoi
A champion	Un champion	**Golf**	Le golf
Gymnastics	La gymnastique	**Judo**	Le judo
A team	Une équipe	**Rugby football**	Le rugby
The track	La piste	**Skating**	Le patinage
A bicycle race	Une course de bicyclettes	**Tennis**	Le tennis
Basketball	Le basket	**The net**	Le filet
Boxing	La boxe	**A racket**	Une raquette
A car race	Une course automobile	**A set**	Une manche
Cricket	Le cricket	**To miss a goal**	Manquer un but
Football	Le football	**The referee**	L'arbitre
A goal	Un but	**The score**	La marque
		To score	Marquer (un but)

spot [spɔt] n. : endroit m.

This is the spot where Mary Stuart died.
Voici l'endroit où mourut Marie Stuart.

bouton m.

He gets spots when he eats fish.
Il a des boutons quand il mange du poisson.

spring [spriŋ] n. : printemps m.

The sun looks nicer in spring.
Le soleil paraît plus agréable au printemps.

spring n. : source f.

square [skwɛə*] adj. : carré, (ée)

Is your watch round or square?
Ta montre est-elle ronde ou carrée?

n. : carré

The square of four is sixteen. *Le carré de quatre est seize.*

place f.

Trafalgar Square is famous.
La place de Trafalgar est célèbre.

to **squeeze** [skwi:z] v. : serrer

stain [stein] n. : tache f.

to **stain** v. : tacher

Don't stain the carpet with your dirty feet.
Ne tache pas le tapis avec tes pieds sales.

stairs [stɛəz] n. pl. : escalier m.

stamp [stæmp] n. : timbre m.

She sent me a letter without a stamp.
Elle m'a envoyé une lettre sans timbre.

to **stand** [stænd] v. (86) : être debout

I'm tired of standing. *Je suis fatigué(e) d'être debout.*

to **stand up** : se lever

The Mayor stood up and drank the Queen's health.
Le maire se leva et but à la santé de la reine.

star [stɑː*] n. : étoile f.

We saw plenty of shooting stars that autumn.
Nous avons vu beaucoup d'étoiles filantes cet automne.

to **start** [stɑːt] v. : commencer

— Have you finished? — No, I've just started shaving.
— *As-tu fini? — Non, je viens de commencer à me raser.*

partir

The engine won't start. *Le moteur ne veut pas partir.*

to **start again** : recommencer

state [steit] n. : État m.

The United States of America (U.S.A.) is made up of fifty states.
Les États-Unis sont composés de cinquante États.

station ['steiʃən] n. : poste m.

There is a first-aid station at the cross-roads.
Il y a un poste de secours au carrefour.

station f.

Mr Smith catches the tube at Marble Arch station every day.
M. Smith prend tous les jours le métro à la station Marble Arch.

gare f.

The train is in the station. *Le train est en gare.*

to **stay** [stei] v. (87) : rester

How long did you stay in Italy?
Combien de temps êtes-vous resté en Italie?

steak [steik] n. : bifteck m.

to **steal** [stiːl] v. (88) : voler

The kids stole apples in our orchard.
Les gamins ont volé des pommes dans notre verger.

steam [stiːm] n. : vapeur f.

Stevenson invented the steam-engine.
Stevenson inventa la machine à vapeur.

steep [stiːp] adj. : raide

step [step] n. : marche f.

How many steps do you need to climb to get to the top?
Combien de marches faut-il monter pour arriver en haut?

pas m.

It's only a few steps from here. *Ce n'est qu'à quelques pas d'ici.*

stick [stik] n. : bâton m.

John cut a stick with his knife.
Jean a coupé un bâton avec son couteau.

to **stick** v. (89) : coller

Resin sticks to one's fingers. *La résine colle aux doigts.*
"Stick no bills." « *Défense d'afficher.* »

still [stil] : encore

What! You are still in bed! You are not dressed yet!
Quoi! Tu es encore au lit! Tu n'es pas encore habillé(e)!

toujours

He still has his milk-teeth. *Il a toujours ses dents de lait.*

to **sting** [stiŋ] v. (90) : piquer (insects)

What stung you on the forehead?
Qu'est-ce qui t'a piqué(e) au front?

stocking ['stɔkiŋ] n. : bas m.

stone [stoun] n. : pierre f.

The stone walls were covered with ivy.
Les murs de pierre étaient couverts de lierre.

stop [stɔp] n. : arrêt m.

You'll get off at the next stop.
Vous descendrez au prochain arrêt.

to **stop** v. : (s') arrêter

The workers stop at noon. *Les ouvriers s'arrêtent à midi.*

to **stop up** : boucher

The wash basin is blocked (stopped up). *Le lavabo est bouché.*

(department) store [stɔː*] n. : (grand) magasin m.

Is there a department store in your town?
Y a-t-il un grand magasin dans votre ville?

storm [stɔːm] n. : orage m.

story ['stɔːri] n. : histoire f.

But that's another story. *Mais c'est une autre histoire.*

stove [stouv] n. : poêle m.

straight [streit] : droit

After school, go straight home.
Après l'école, allez tout droit à la maison.

straw [strɔː] n. : paille f.

strawberry ['strɔːbəri] (pl. **strawberries**) n. : fraise f.

stream [striːm] n. : rivière f.

street [striːt] n. : rue f.

We live in (U. S. : on) Victory Street.
Nous habitons rue de la Victoire.

strength [streŋθ] n. : force f.

to **strike** [straik] v. (91) : frapper

His head struck the kerb. *Sa tête a frappé le bord du trottoir.*
◆ but : I have nothing to strike my match on.
Je n'ai rien pour frotter mon allumette.

string [striŋ] n. : ficelle f.

strong [strɔŋ] adj. : fort, forte

study ['stʌdi] n. : étude f.

to **study** v. : étudier

He likes studying insects very much.
Il aime beaucoup étudier les insectes.

suburbs ['sʌbəːbs] n. pl. : banlieue f.

subway ['sʌbwei] n. : (U.S.) métro m.

to **succeed** [sək'siːd] v. : réussir

The prisoner succeeded in escaping.
Le prisonnier a réussi à s'évader.

such [sʌtʃ] : tel, telle

There was such a storm that we stayed at home.
Il y avait un tel orage que nous sommes restés à la maison.

all of a sudden ['sʌdn] : tout à coup

All of a sudden, the sea became rough.
Tout à coup, la mer devint houleuse.

to **suffer** ['sʌfə*] v. : souffrir

Our garden did not suffer from the storm.
Notre jardin n'a pas souffert de l'orage.

sugar ['ʃugə*] n. : sucre m.

Did you put sugar in your tea? *As-tu mis du sucre dans ton thé?*

to **suit** [sjuːt] v. : aller bien

The colour of this dress suits your complexion.
La couleur de cette robe va bien avec votre teint.

suit n. : complet m.

He has a new suit. *Il porte un complet nouveau.*

suit-case ['sjutkeis] n. : valise f.

summer ['sʌmə*] n. : été m.

Days are longer in summer than in winter.
Les jours sont plus longs en été qu'en hiver.

sun [sʌn] n. : soleil m.

A sunbeam crept through the shutters.
Un rayon de soleil se glissait à travers les volets.

Sunday ['sʌndi] n. : dimanche m.

Accidents are numerous on Sundays.
Les accidents sont nombreux le dimanche.

sure [ʃuə*] adj. : sûr, sûre

surely [ʃuəli] : sûrement

You surely don't mean it.
Vous ne voulez sûrement pas dire ça (cela).

to **surprise** [sə'praiz] v. : étonner, surprendre

I should not be surprised if it snowed.
Je ne serais pas surpris (étonné) s'il neigeait.

surprising [sə'praiziŋ] adj. : étonnant, te

What you tell me is so surprising that I can't believe it.
Ce que tu me dis est si étonnant que je ne peux pas le croire.

swallow ['swɔlou] n. : hirondelle f.

to **sweep** [swi:p] v. (92) : balayer

Go and sweep away the snow. *Va (Allez) balayer la neige.*

sweet [swi:t] adj. : doux, douce

The band was playing sweet music.
L'orchestre jouait de la musique douce.

sweet n. : bonbon m.

Sweets are bad for your teeth.
Les bonbons sont mauvais pour les dents.

dessert (plat sucré) m.

What will you have for a sweet : rice pudding or ice-cream?
Que voulez-vous pour dessert : du gâteau de riz ou une glace?

to **swim** [swim] v. (93) : nager

swimmer ['swimə*] n. : nageur, euse m., f.

My sister is a good swimmer.
Ma sœur est une bonne nageuse (nage bien).

swimming-pool : piscine (en plein air) f.

switch [switʃ] n. : bouton (électrique) m.

to **switch on** : allumer (électricité)

to **switch off** : éteindre (électricité)

I switched off the lamp and I switched on the night-light.
J'ai éteint la lampe et allumé la veilleuse.

T

table ['teibl] n. : table f.

(table-)cloth n. : nappe f.

to **take** [teik] v. (94)' : prendre

to **take (away) :** emmener

Take her away from here. *Emmenez-la d'ici.*

enlever, ôter

Take away these boxes and clean the floor.
Enlevez (Otez) ces caisses et nettoyez le plancher.

to **take off :** enlever, ôter (vêtements)

He helped her to take off her coat.
Il l'aida à enlever (ôter) son manteau.

to **talk** [tɔ:k] v. : parler

talkative [tɔ:kətiv] adj. : bavard (e)

tall [tɔ:l] adj. : grand, grande

The sequoia is the tallest tree of all.
Le séquoia est le plus grand de tous les arbres.

to **taste** [teist] v. : goûter

taxi ['tæksi] n. : taxi m.

tea [ti:] n. : thé m.

Come on, children, it's tea-time.
Venez, les enfants, c'est l'heure du thé.

to **teach** [ti:tʃ] v. (95) : apprendre

I can't teach him to keep silent.
Je ne peux pas lui apprendre à se taire.

enseigner

What will she teach in her new school?
Qu'enseignera-t-elle dans sa nouvelle école?

teacher ['tiːtʃə*] n. : professeur m.

tear [tiə*] n. : larme f.

These are only crocodile tears. *Ce sont des larmes de crocodile.*

to **tear** [tɛə*] v. (96) : déchirer

She tore her dress on a nail. *Elle a déchiré sa robe à un clou.*

teeth : see TOOTH

(tele)phone ['telifoun] n. : téléphone m.

There is a telephone call for you.
On vous demande au téléphone.

television ['teliviʒən] n. : télévision f.

to **tell** [tel] v. (97) : raconter

He told me all about his journey.
Il m'a raconté tout son voyage.

dire

Could you tell us how this happened?
Pourriez-vous (Pourrais-tu) nous dire comment c'est arrivé?

temperature ['temprətʃə*] n. : température f.

The temperature is mild today.
La température est douce aujourd'hui.

fièvre

Has he a temperature? *A-t-il de la fièvre?*

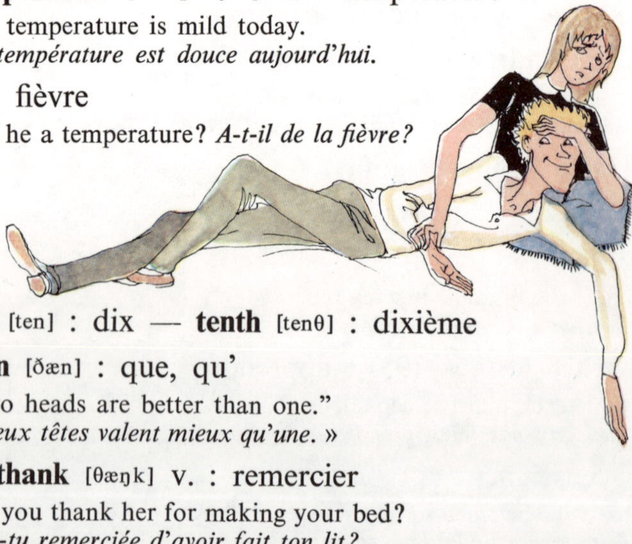

ten [ten] : dix — **tenth** [tenθ] : dixième

than [ðæn] : que, qu'

"Two heads are better than one."
« *Deux têtes valent mieux qu'une.* »

to **thank** [θæŋk] v. : remercier

Did you thank her for making your bed?
L'as-tu remerciée d'avoir fait ton lit?

thanks; thank you : merci

that ['ðæt] pr. : ce, ce ...-là

That boy is not a thief.
Ce garçon (Ce garçon-là) n'est pas un voleur.
Who was that? *Qui était-ce?*

cet, cette; cet ...-là, cette ...-là

That man came last week.
Cet homme (Cet homme-là) est venu la semaine dernière.
They will live in that house. *Ils habiteront cette maison-là.*

ça, cela

Put that in your pocket. *Mets ça (cela) dans ta poche.*
That must be done quickly.
Cela (Ça) doit être fait rapidement.

conj. : que, qu'

The bag is so heavy that I can't carry it.
Le sac est si lourd que je ne peux pas le porter.

that one : celui-là, celle-là

Don't take this chair, take that one.
Ne prends pas cette chaise, prends celle-là.

that is : c'est, voilà

That's right. *C'est juste.*
That was what I wanted to tell you.
C'était (Voilà) ce que je voulais vous dire.

the [ðe] : le, l', la, les

The boys, the man and the dog are on the beach.
Les garçons, l'homme et le chien sont sur la plage.

theatre ['θiətə*] n. : théâtre m.

their [ðεə*] : leur

theirs [ðεə*z] : le leur, la leur, les leurs

Our car is bigger than theirs.
Notre voiture est plus grande que la leur.

à elles, à eux

It was theirs, but they gave it to me.
C'était à eux (à elles), mais ils (elles) me l'ont donné.

a(n) ... of theirs : un(e) de leurs ...
He is a cousin of theirs. *C'est un de leurs cousins.*

them [ðem] : eux, elles
I always think of them first.
Je pense toujours d'abord à eux (à elles).

les
Look at them playing on the sand.
Regarde-les jouer sur le sable.

leur
Tell them to come later. *Dites-leur de venir plus tard.*

themselves [ðəm'selvz] : se, s'
Mary and John are drying themselves in the sun.
Marie et Jean se sèchent au soleil.

eux-mêmes, elles-mêmes
They did it themselves.
Ils l'ont fait eux-mêmes. Elles l'ont fait elles-mêmes.

then [ðen] : alors
Then, I shouted louder and he heard me.
Alors, j'ai crié plus fort et il m'a entendu(e).

puis
Then I didn't see her any more. *Puis je ne l'ai plus vue.*

there [ðɛə*] : là
I was not there when he arrived.
Je n'étais pas là quand il est arrivé.

y
We went to their house, but they were not there.
Nous sommes allés chez eux, mais ils n'y étaient pas.

from there : en, de là

They will go to Rome and from there they will fly to New York.
Ils iront à Rome et de là ils s'envoleront pour New York.

there is, there are : il y a

There is nothing to eat. *Il n'y a rien à manger.*
There are nine cars in the garage.
Il y a neuf voitures dans le garage.

voilà

There they are. *Les voilà.*

these [ðiːz] : ces, ces ...-ci

Whose socks are these? *A qui sont ces chaussettes?*

ceux-ci, celles-ci

— Which shoes do you want? — I'll take these.
— *Quelles chaussures voulez-vous? — Je prendrai celles-ci.*

these are : voici

These are your new school-fellows.
Voici vos nouveaux camarades (de classe).

they [ðei] : ils

The boys have left because they were in a hurry.
Les garçons sont partis parce qu'ils étaient pressés.

eux, elles

We are older than they (are).
Nous sommes plus vieux qu'eux. Nous sommes plus vieilles qu'elles.
These girls are cheerful; they are going to the pictures.
Ces filles sont joyeuses; elles vont au cinéma.

on

They let that child do anything.
On laisse cet enfant faire n'importe quoi.

they are : ce sont

thick [θik] adj. : épais, épaisse

The thick fog did not lift until noon.
L'épais brouillard ne s'est pas levé avant midi.

thief [θi:f] (pl. **thieves**) n. : voleur, euse m., f.
Stop thief! *Au voleur!*

thin [θin] adj. : mince

thing [θiŋ] n. : chose f.
What a lot of things to do before going!
Que de choses à faire avant de partir!

things [θiŋz] n. pl. : affaires f. pl.
I'll leave my things at Peter's.
Je laisserai mes affaires chez Pierre.

to **think** [θiŋk] v. (98) : penser
What do you think of this book?
Que pensez-vous de ce livre?

croire

— Has he arrived? — I think so.
— *Est-il arrivé? — Je le crois.*

third [θə:d] : troisième — **thirteen** ['θə:'ti:n] : treize

thirst [θə:st] n. : soif f.
We were dying of thirst. *Nous mourions de soif.*

to **be thirsty** : avoir soif

thirty ['θə:ti] : trente

this [ðis] : ce, ce ...-ci
This little boy is my cousin. *Ce petit garçon est mon cousin.*
Read this chapter attentively.
Lisez attentivement ce chapitre-ci.

cet, cette; cet ...-ci, cette ...-ci

Do you like this girl? *Aimes-tu cette fille?*

ceci

Say this rather than that. *Dites ceci plutôt que cela.*

this one : celui-ci, celle-ci
Of all these monkeys, this one is the funniest.
De tous ces singes, celui-ci est le plus drôle.
This one looks like Helen's dress.
Celle-ci ressemble à la robe d'Hélène.

this is : voici

This is Cathy and that is Dorothy.
Voici Cathy et voilà Dorothée.

those [ðouz] : ces, ces ...-là

Whose sheep are those? *A qui sont ces moutons?*

ceux-là, celles-là

I like these plates better than those.
J'aime mieux ces assiettes-ci que celles-là.

those are : voilà

Those are your shoes. *Voilà tes chaussures.*

thousand ['θauzənd] : mille

They did more than two thousand kilometres.
Ils ont fait plus de deux mille kilomètres.

thread [θred] n. : fil m.

Sew the button on with a stronger thread.
Couds le bouton avec du fil plus fort.

three [θriː] : trois

through [θruː] : à travers

Can you see through this paper?
Vois-tu à travers ce papier?

par

Will it go through the door? *Passera-t-il par la porte?*

to **throw** [θrou] v. (99) : jeter

You have just thrown off your shoes again!
Tu as encore jeté tes chaussures n'importe où!

lancer

I threw the ball over the wall.
J'ai lancé la balle par-dessus le mur.

thumb [θʌm] n. : pouce m.

Thursday ['θəːzdi] n. : jeudi m.

ticket ['tikit] n. : billet, ticket m.

to **tidy** ['taidi] **up** v. : ranger, mettre en ordre

tie [tai] n. : cravate f.

to **tie** v. : attacher

Tie your shoe-strings. *Attache tes lacets.*

tiger ['taigə*] n. : tigre m.

till, until [til, ʌn'til] : jusque, jusqu'

Work until I come back. *Travaille jusqu'à ce que je revienne.*
I'll wait for you till tomorrow. *Je t'attendrai jusqu'à demain.*

time [taim] n. : temps m.

They all spoke at the same time.
Ils ont tous parlé en même temps.

heure f.

It's time to go. *Il est l'heure de partir.*

fois f.

He drinks tea four times a day.
Il boit du thé quatre fois par jour.

TIME : LE TEMPS (DUREE)

The next day	Le lendemain	**Half an hour**	Une demi-heure
The day after tomorrow	Après-demain	**It is six o'clock**	Il est six heures
The day before yesterday	Avant-hier	**Ten to six**	Six heures moins dix
The day before	La veille	**Ten past six**	Six heures dix
Today	Aujourd'hui	**A quarter past six**	Six heures et quart
A century	Un siècle	**Half past six**	Six heures et demie
The future	Le futur, l'avenir	**6 a.m.**	6 heures du matin
The past	Le passé	**6 p.m.**	6 heures du soir
A second	Une seconde		
A quarter of an hour	Un quart d'heure		

tin [tin] n. : boîte f.

a tin of green peas : *une boîte de petits pois.*

tip [tip] n. : bout m., pointe f.

He walked on tiptoe, holding a spider between his finger-tips.
Il marchait sur la pointe des pieds, tenant une araignée du bout des doigts.

tired ['taiə*d] adj. : fatigué, ée

to [tu] : à, à la, au, aux

I didn't go to Dublin. *Je ne suis pas allé à Dublin.*
The farmer is going to the fields. *Le fermier va aux champs.*

de la, de l', du, des

What's the way to the woods, to the village?
Quel est le chemin des bois, du village?

pour

I'm too tired to run. *Je suis trop fatigué pour courir.*

en

She went to town. *Elle est allée en ville.*

jusque, jusqu'

I read your book to the end. *J'ai lu votre livre jusqu'au bout.*

(marque de l'infinitif)

to eat : *manger* - to drink : *boire* - to sleep : *dormir...*
I am going to learn French. *Je vais apprendre le français.*

moins (heure)

It is twenty to six. *Il est six heures moins vingt.*

to ...'s (house, shop...) : chez

Henry is going to Peter's (house). *Henri va chez Pierre.*
I'll go to the chemist's (shop) if I have time.
J'irai chez le pharmacien si j'ai le temps.

tobacco [tə'bækou] n. : tabac m.

today [tə'dei] : aujourd'hui

together [tə'geðə*] : ensemble

tomorrow [tə'mɔrou] : demain

I shall go and see him tomorrow morning.
J'irai le voir demain matin.

tongue [tʌŋ] n. : langue f.

tonight [te'nait] : ce soir, cette nuit

We'll come back late tonight.
Nous rentrerons tard ce soir (cette nuit).

too [tuː] : aussi

She lost her bag and her key, too.
Elle a perdu son sac et aussi sa clé.

trop

It is too difficult for her. *C'est trop difficile pour elle.*

too many : trop de

There are too many pupils in this school.
Il y a trop d'élèves dans cette école.

too much : trop de

Don't put too much coal on the fire.
Ne mets pas trop de charbon dans le feu.

tool [tuːl] n. : outil m.

tooth (pl. **teeth**) [tuːθ, tiːθ] : n. : dent f.

top [tɔp] n. : haut m.

From the top of the hill, you can see the sea.
Du haut de la colline, on peut voir la mer.

at the top : en haut

The nightingale is singing at the top of the tree.
Le rossignol chante en haut de l'arbre.

to **touch** [tʌtʃ] v. : toucher

I was deeply touched by her kindness.
J'ai été profondément touché(e) par sa gentillesse.

towards [tɔːdz] : vers

We shall come back towards the end of the month.
Nous reviendrons vers la fin du mois.

towel ['tauəl] n. : serviette f.

Take a clean towel and get washed.
Prends une serviette propre et fais ta toilette.

tower ['tauə*] n. : tour f.

The Tower of London is very old.
La Tour de Londres est très vieille.

town [taun] n. : ville f.

THE TOWN : LA VILLE			
An avenue	Une avenue	**The tube-station**	La station de métro
A district	Un quartier		
Paving-stone, pavement	Un pavé	**A building**	Un immeuble
A park	Un parc	**A museum**	Un musée
The roadway	La chaussée	**A newspaper stall**	Un kiosque à journaux
The traffic	La circulation		
The traffic-island	Le refuge	**A pedestrian**	Un piéton
		A walker	Un promeneur

town-hall ['taun'hɔːl] n. : mairie f., hôtel de ville m.

toy [tɔi] n. : jouet m.

trade [treid] n. : métier m.

"Every man to his trade." « *A chacun son métier.* »

commerce m.

The fur trade is slack in summer.
Le commerce de la fourrure est ralenti en été.

traffic ['træfik] n. : circulation f.

train [trein] n. : train m.

to **translate** [træns'leit] v. : traduire

Translate this sentence into French.
Traduisez cette phrase en français.

translation [træns'leiʃən] n. : traduction f.

travel ['trævl] n. : voyage m.

to **travel** v. : voyager

He travelled by train during his holidays.
Il a voyagé par le train pendant ses vacances.

traveller ['trævlə*] n. : voyageur, euse m., f.

The travellers arrived late at the hotel.
Les voyageurs sont arrivés tard à l'hôtel.

tree [triː] n. : arbre m.

Apple-tree : *pommier* - cherry-tree : *cerisier...*

to **tremble** ['trembl] v. : trembler

trouble ['trʌbl] n. : peine f.
He didn't take the trouble to answer my letter.
Il n'a pas pris la peine de répondre à ma lettre.

to **trouble** v. : déranger

trousers ['trauzəz] n. pl. : pantalon m.
Oh! Your trousers are dirty!
Oh! Ton pantalon est sale!

truck [trʌk] n. : wagon m.

true [tru:] adj. : vrai, vraie
There is nothing true in his story.
Il n'y a rien de vrai dans son histoire.

truth [tru:θ] n. : vérité f.
He always tells the truth. *Il dit toujours la vérité.*

to **try** [trai] v. : essayer
Try to come earlier. *Essayez (Essaie) de venir plus tôt.*

to **try on** : essayer (vêtements)

tube [tju:b] n. : tube m.
My tube of tooth-paste is empty.
Mon tube de pâte dentifrice est vide.

(G.-B.) métro m.
Londoners call their underground railway "the Tube".
Les Londoniens appellent leur métropolitain « le Tube ».

Tuesday ['tju:zdi] n. : mardi m.
Shrove Tuesday : *Mardi gras.*

turn [tə:n] n. : tour m.
It's your turn to play. *C'est à ton tour de jouer.*

to **turn** v. : (se) tourner

to **turn off** : fermer, éteindre (le gaz, l'eau)
You turned off the water, didn't you?
Tu as fermé l'eau, n'est-ce pas?

to **turn on** : ouvrir (le gaz, l'eau)

to **do a good turn** : rendre service

He did me a good turn. *Il m'a rendu service.*

twelve [twelv] : douze

twelve (o'clock) : midi m.

He won't arrive until half past twelve.
Il n'arrivera pas avant midi et demi.

twenty ['twenti] : vingt

twice [twais] : deux fois

He came to see me twice last week.
Il est venu me voir deux fois la semaine dernière.

to **twist** [twist] v. : (se) tordre

two [tuː] : deux

Break this stick in two. *Casse ce bâton en deux.*

tyre ['taiə*] n. : pneu m.

U

ugly ['ʌgli] adj. : laid, laide

umbrella [ʌm'brelə] n. : parapluie m.

What's an umbrella for? *A quoi sert un parapluie?*

unable [ʌn'eibl] adj. : incapable

I was unable to move. *J'étais incapable de remuer.*

under ['ʌndə*] : sous

under (it) : dessous, par-dessous

If you can't jump over the fence, go under it.
Si tu ne peux pas sauter par-dessus la clôture, passe par-dessous.

underground (railway) : métro m.

to **understand** ['ʌndə'stænd] v. (100) : comprendre

Do you understand what he is saying?
Comprends-tu ce qu'il dit?

to **undo** [ʌn'du] v. (101) : défaire

to **undress** [ʌn'dres] v. : (se) déshabiller

We undress quickly in winter.
Nous nous déshabillons vite en hiver.

unfortunate [ʌn'fɔːtʃənit] adj. : malheureux, euse

unhappy [ʌn'hæpi] adj. : malheureux, euse

— I am not happy here. — Are you so unhappy?
— Je ne suis pas heureux ici. — Es-tu si malheureux?

until [ʌn'til] : see TILL

up [ʌp] : levé, ée, debout

She is not up yet. *Elle n'est pas encore levée (debout).*
The sun is up. *Le soleil est levé.*

idée de monter

Walk up the stairs if you like, I'm taking the lift.
Monte l'escalier à pied si tu veux, je prends l'ascenseur.

idée de finir

Drink up your milk before you leave the table.
Finis de boire ton lait avant de quitter la table.

upon [ə'pɔn] : see ON

upper ['ʌpə*] adj. : supérieur, eure

From the upper deck, you can see the coast better.
Du pont supérieur, on voit mieux la côte.

upstairs ['ʌp'stɛəz] : en haut (maison)

My bedroom is upstairs. *Ma chambre est en haut.*

us [ʌs] : nous (compl.)

to **use** [juːz] v. : se servir de

useful ['juːsful] adj. : utile

He made himself useful in the garden.
Il s'est rendu utile dans le jardin.

useless ['juːslis] adj. : inutile

to **be used to :** être habitué à

I am used to his ways. *Je suis habitué(e) à ses manières.*

usually ['juːʒuəli] : d'habitude

We usually go there on Saturday.
Nous y allons le samedi d'habitude.

V

veal [viːl] n. : (viande de) veau f.

vegetable ['vedʒitəbl] n. : légume m.

I'm fond of vegetable soup. *J'aime la soupe aux légumes.*

very ['veri] : très

They go to the theatre very often.
Ils vont très souvent au théâtre.

view [vjuː] n. : vue f.

From here, you have a good view of the sea.
D'ici, vous avez une bonne vue sur la mer.

village ['vilidʒ] n. : village m.

The villagers are gathered on the village square.
Les villageois sont rassemblés sur la place du village.

violet ['vaiəlit] adj. : violet, ette

violet n. : violette f.

There are many violets in his wood.
Il y a beaucoup de violettes dans son bois.

visit ['vizit] n. : visite f.

to **visit** v. : visiter

Did you visit Hampton Court when you were in London? *Avez-vous visité Hampton Court quand vous étiez à Londres?* Are all the visitors here? *Les visiteurs sont-ils tous ici?*

voice [vɔis] n. : voix f.

She has a beautiful voice. *Elle a une jolie voix.*

W

to **wait** [weit] **(for)** v. : attendre

Wait until the rain stops. *Attends que la pluie s'arrête.*

to **wake** [weik] **up** v. : (se) réveiller

On waking up, she looked at the clock. *En se réveillant, elle a regardé l'heure.*

walk [wɔːk] n. : marche, promenade f.

We took long walks through the woods. *Nous avons fait de longues marches (promenades) à travers les bois.*

to **go for a walk** : aller se promener

to **walk** v. : marcher

The baby walks on all fours. *Le bébé marche à quatre pattes.*

se promener

I'll walk in the garden while you are getting ready. *Je vais me promener dans le jardin pendant que vous vous préparez.*

wall [wɔːl] n. : mur m.

to **want** [wɔnt] v. : vouloir

I want you to do it at once. *Je veux que tu le (la) fasses tout de suite.*

war [wɔː*] n. : guerre f.

The war broke out in 1939. *La guerre éclata en 1939.*

wardrobe ['wɔːdroub] n. : armoire f.

warm [wɔːm] adj. : chaud, chaude

to **warm** v. : chauffer

The dog is warming itself in the sunshine.
Le chien se chauffe au soleil.

to **wash** [wɔʃ] v. : (se) laver

Go and wash your hands before eating.
Va te laver les mains avant de manger.

to **get washed** : faire sa toilette

She is spending a lot of time getting washed.
Elle en met du temps à faire sa toilette.

to **wash up** : faire la vaisselle

Who is going to wash up today?
Qui va faire la vaisselle aujourd'hui?

washing ['wɔʃiŋ] n. : lessive f.

to **do one's washing** : faire sa lessive

She is doing her washing.
Elle fait sa lessive.

watch [wɔtʃ] n. : montre f.

to **watch** v. : regarder

James spends his time watching the stars in his telescope.
Jacques passe son temps à regarder les étoiles dans son télescope.

water ['wɔːtə*] n. : eau f.

sea-, rain-, spring-water : *eau de mer, de pluie, de source.*

wave [weiv] n. : vague f.

The heatwave lasted two weeks.
La vague de chaleur a duré deux semaines.

way [wei] n. : chemin m.

We shall take the shortest way.
Nous prendrons le chemin le plus court.

direction f.

Go this way. *Allez (Va) dans cette direction.*

moyen m.

Crying is not the way to succeed, you must work hard.
Pleurer n'est pas le moyen de réussir, tu dois travailler dur.

façon f.

He will do it, one way or another.
Il le (la) fera, d'une façon ou d'une autre.

way in : entrée f.

way out : sortie f.

we [wi:] : nous

Are we alone? *Sommes-nous seuls (seules)?*

on

We drink tea in England. *On boit du thé en Angleterre.*

to **wear** [wɛə*] v. (102) : porter (vêtements)

We wear cotton dresses in summer.
Nous portons des robes de coton en été.

avoir (vêtements)

Does she still wear the same coat as last year?
A-t-elle le même manteau que l'année dernière?

to **wear out :** user

My shoes are worn out; I must buy new ones.
Mes chaussures sont usées; il faut que j'en achète des neuves.

weather ['weðə*] n. : temps m.

He goes out in all weathers. *Il sort par tous les temps.*

THE WEATHER : LE TEMPS (CIEL)

Dew	La rosée	**A clap of thunder**	Un coup de tonnerre
A draught	Un courant d'air	**Cloudy**	Nuageux
Drought	La sécheresse	**Rainy**	Pluvieux
A flood	Une inondation	**To get wet**	Se faire mouiller
Frost	Le gel	**To shelter**	S'abriter
Hail	La grêle	**It is raining cats and dogs**	Il pleut à verse
The mist	La brume	**What awful weather!**	Quel vilain temps!
A shower	Une averse		
A storm	Une tempête		
Thaw	Le dégel		

Wednesday ['wenzdi] n. : mercredi m.

week [wi:k] n. : semaine f.

week-end : fin (f.) de semaine, week-end (m.)

to **weep** [wi:p] v. (103) : pleurer

to **weigh** [wei] v. : peser

weight [weit] n. : poids m.

welcome ['welkəm] : bienvenue f.

well [wel] : bien
Henry is a well brought up boy.
Henri est un garçon bien élevé.

west [west] n. : ouest m.

The Far West : *l'Extrême Ouest* - western : *de l'ouest.*

wet [wet] adj. : mouillé, ée

Your apron is wet; hang it out to dry on the line.
Ton tablier est mouillé; mets-le à sécher dehors sur la corde (à linge).

humide

Clean the table with a wet sponge.
Nettoie la nappe avec une éponge humide.

what ...? [(h)wɔt] : que ...?

What do you think of this boy? *Que pensez-vous de ce garçon?*

... quoi ...?

What shall we begin with? *Par quoi commencerons-nous?*

qu'est-ce que ...?

What do you want?
Qu'est-ce que vous voulez? (= que voulez-vous?)

qu'est-ce qui...?

What happened?
Qu'est-ce qui est arrivé? (= qu'est-il arrivé?)

quel ...?, quelle ...?

What film shall we see? *Quel film verrons-nous?*

wheat [(h)wi:t] n. : blé m.

wheel [(h)wi:l] n. : roue f.

when [(h)wen] : quand

It was raining when I went out.
Il pleuvait quand je suis sorti(e).

où

There are days when we don't feel like working.
Il y a des jours où nous n'avons pas envie de travailler.

where [(h)wɛə*] : où

I don't know where Jane is hidden.
Je ne sais pas où Jeanne est cachée (s'est cachée).

whether ['(h)weðə*] : si

which ...? [(h)witʃ] : quel ...?, quelle ...?

Which shoes do you want? *Quelles chaussures voulez-vous?*

lequel ...?, lesquels ...?

Which of those books will you buy?
Lequel (Lesquels) de ces livres achèterez-vous?

laquelle ...?, lesquelles ...?

Here are two brooches; which do you like better?
Voici deux broches; laquelle aimes-tu le mieux?

which : qui

Bring me the coat which is hanging in the hall.
Apporte-moi le manteau qui est accroché dans le vestibule.

que

The parcel which I sent has arrived.
Le paquet que j'avais envoyé est arrivé.

lequel, laquelle, etc.

The caves which they went into were immense.
Les grottes dans lesquelles ils sont allés étaient immenses.

prép. + **which** : dont

The book, the title of which I have forgotten, is in my room.
Le livre, dont j'ai oublié le titre, est dans ma chambre.

while [(h)wail] : pendant que

whistle ['(h)wisl] n. : sifflet m.

to **whistle** v. : siffler

white [(h)wait] adj. : blanc, blanche

The President of the U. S. A. lives in the "White House".
Le président des États-Unis habite la « Maison-Blanche ».

who [hu:] : qui

The artist who gave me this picture is little known.
L'artiste qui m'a donné ce tableau est peu connu.

who ...? : qui ...?, qui est-ce qui ...?

Who brought this letter?
Qui (Qui est-ce qui) a apporté cette lettre?
Who is it? *Qui est-ce?*

whole [houl] adj. : entier, ière

The whole world knew it in a few hours.
Le monde entier l'a su en quelques heures.

tout, toute

Tell me the whole story. *Racontez-moi toute l'histoire.*

whom [hu:m] : (à, de) qui

The teacher to whom I wrote answered me.
Le professeur à qui j'ai écrit m'a répondu.

que, qu'

The gentleman whom they met was Mr Smith.
Le monsieur qu'ils ont rencontré était M. Smith.

whom ...? : qui ...?, qui est-ce que ...?

Whom did you see on the beach?
Qui as-tu vu sur la plage? (Qui est-ce que tu as vu...)

prép. + **whom :** dont

The pupil of whom you complained was severely punished.
L'élève dont vous vous êtes plaint a été sévèrement puni.

whose [hu:z] : dont

Do you know a girl whose name begins with "P"?
Connaissez-vous une fille dont le nom commence par « P »?

(à, de) qui

Whose gloves are these? *A qui sont ces gants?*
Whose voice can you hear? *La voix de qui entends-tu?*

why [whai] : pourquoi

Tell me why you didn't come.
Dis-moi pourquoi tu n'es pas venu(e).

wide [waid] adj. : large

The new bridge is wider than the old one.
Le nouveau pont est plus large que l'ancien.

width [widθ] n. : largeur f.

Our room is four metres in width.
Notre chambre a quatre mètres de largeur (= de large).

wife [waif] : n. femme f.

She became my wife. *Elle est devenue ma femme.*

wild [waild] adj. : sauvage

Kim could understand the language of wild animals.
Kim pouvait comprendre le langage des bêtes sauvages.

will [wil] : vouloir

Will you pass me the salt?
Voulez-vous (Veux-tu) me passer le sel?

future

I hope they will not come. *J'espère qu'ils ne viendront pas.*
What will you do tomorrow?
Que ferez-vous (feras-tu) demain?

to **win** [win] v. (104) : gagner

She won all the prizes. *Elle a gagné tous les prix.*

wind [wind] n. : vent m.

window ['windou] n. : fenêtre f.

window-pane n. : vitre f.

wine [wain] n. : vin m.

winter ['wintə*] n. : hiver m.

to **wipe** [waip] v. : essuyer

Didn't you forget to wipe your feet?
N'as-tu pas oublié d'essuyer tes pieds?

effacer (avec un chiffon)

wire ['waiə*] n. : fil (de métal) m.

to **wish** [wiʃ] v. : souhaiter

I wish you (a) good night. *Je vous souhaite (une) bonne nuit.*

vouloir

Do you wish me to bring you anything from the store?
Veux-tu que je te rapporte quelque chose du magasin?

with [wið] : avec

You'll catch nothing with this net.
Tu n'attraperas rien avec ce filet.

à, à la, au, aux

Did you see the man with a wooden leg?
As-tu vu l'homme à la jambe de bois?

de

He blushed with shame. *Il rougit de honte.*

chez

Will you stay the night with us?
Voulez-vous rester la nuit chez nous?

sur

Have you a penknife with you? *As-tu un canif sur toi?*

par

Let us begin with a song. *Commençons par une chanson.*
§ Don't speak to me with your hands in your pockets.
Ne me parle pas les mains dans les poches.

without [wi'ðaut] : sans

Can you go to the Continent without crossing the Channel?
Peut-on aller sur le continent sans traverser la Manche?

wolf (pl. **wolves**) [wulf, wulvz] n. : loup m.

woman (pl. **women**) ['wuman, 'wimin] n. : femme f.

This is not a job for a woman.
Ce n'est pas un travail pour une femme.

to **wonder** ['wʌndə*] **(at)** v. : se demander

He wondered if it was true. *Il se demanda si c'était vrai.*

wood [wud] n. : bois m.

An old man is gathering dead wood.
Un vieillard ramasse du bois mort.

wool [wul] n. : laine f.

word [wəːd] n. : mot m.

Will you please say this word again, sir?
Voulez-vous répéter ce mot, s'il vous plaît, monsieur?

work [wəːk] n. : travail m.

Do your work and keep quiet. *Fais ton travail et tais-toi.*

to **work** v. : travailler

He worked late into the night.
Il a travaillé tard dans la nuit.

marcher (mechanics)

I can't make this washing-machine work.
Je ne peux pas faire marcher cette machine à laver.

worker ['wəːkə*] n. : ouvrier m.

Workers sometimes come out on strike.
Les ouvriers se mettent quelquefois en grève.

world [wəːld] n. : monde m.
I won't do it for anything in the world.
Je ne le ferai pour rien au monde.

worm [wəːm] n. : ver (de terre) m.
The hen is looking for worms. *La poule cherche des vers.*

to **worry** ['wʌri] v. : (s') inquiéter
His bad health worries me a lot.
Sa mauvaise santé m'inquiète beaucoup.

to **be worth** [wəːθ] v. : valoir
This film is worth seeing. *Ce film vaut (la peine) d'être vu.*

would [wud] : conditional (2d and 3d persons)
He would buy a boat if he had enough money.
Il achèterait un bateau s'il avait assez d'argent.
What would you do if the door was locked?
Que ferais-tu si la porte était fermée à clé?

wound [wuːnd] n. : blessure f.
Her wound healed quickly.
Sa blessure guérit rapidement.

to **wound** v. : blesser
His father had been badly wounded during the war.
Son père avait été gravement blessé pendant la guerre.

to **wrap** [ræp] v. : envelopper

to wring [riŋ] v. (105) : tordre

to **write** [rait] v. (106) : écrire

writing ['raitiŋ] n. : écriture f.
I can't read your writing. *Je ne peux pas lire votre écriture.*

wrong [rɔŋ] adj. : faux, fausse
Dad! Your sum was wrong!
Papa! Ton problème était faux!

mauvais, aise
He backed the wrong horse.
Il a parié sur le mauvais cheval.

to **be wrong** : avoir tort

I was wrong to trust him.
J'ai eu tort de lui faire confiance.

to **take the wrong ...** : se tromper de

You are taking the wrong hat. *Vous vous trompez de chapeau.*

Y

yard [jɑːd] n. : cour f.

The car is parked in the yard.
La voiture est garée dans la cour.

year [jəː*] n. : an m., année f.

I saw her two years ago. *Je l'ai vue il y a deux ans.*

yellow ['jelou] adj. : jaune

In autumn, the leaves of the trees turn yellow.
En automne, les feuilles des arbres deviennent jaunes.

yes [jes] : oui, si

— Are you coming? Yes, I am.
— *Viens-tu? — Oui.*
— You don't understand. — Yes, I do.
— *Tu ne comprends pas. — Si (je comprends).*

yesterday ['jestədi] : hier m.

You worked well yesterday. *Vous avez bien travaillé hier.*

you [juː] : (sujet) vous, tu

You are naughty!
Tu es vilain! Vous êtes vilain! Vous êtes vilains! Tu es vilaine...

on

You never can find her at home.
On ne peut jamais la trouver à la maison.

(compl.) vous, te, t'

I often told you to come earlier.
Je t'ai dit souvent de venir plus tôt. (Je vous ai dit...)

vous, toi

I picked it for you. *Je l'ai cueillie pour toi (pour vous).*

young [jʌŋ] adj. : jeune

He is younger than you. *Il est plus jeune que vous (que toi).*

a young lady : une jeune fille

a young man : un jeune homme

young one : petit (d'animal)

your [jɔː*] : ta, tes, ton; votre, vos

Have you taken your toothbrush, your soap and your towels?
As-tu pris ta brosse à dents, ton savon et tes serviettes?
Avez-vous pris votre brosse à dents, votre savon et vos serviettes?

yours [jɔːz] : à toi, à vous

This ball is not mine, it is yours.
Cette balle n'est pas à moi, elle est à toi (à vous).

le tien, la tienne, le vôtre, la vôtre

You must take yours with you.
Tu dois prendre le tien (la tienne) avec toi. Vous devez prendre le vôtre (la vôtre) avec vous.

a(n) ... of yours : un(e) de tes ...; un(e) de vos ...

A friend of yours is asking for you.
Un de tes amis te demande. Un de vos amis vous demande.

yourself [jɔː'self] : vous, te, t'

Did you hurt yourself when you fell?
T'es-tu blessé(e) en tombant? Vous êtes-vous blessé(e) en tombant?

vous, toi

Help yourself. *Servez-vous. Sers-toi.*

vous-même, toi-même

Couldn't you do it yourself?
Ne pouviez-vous pas le faire vous-même? Ne pouvais-tu pas le faire toi-même?

yourselves [jɔː'selvz] : vous

Help yourselves. *Servez-vous.*

vous-mêmes

And now, children, do it yourselves.
Et maintenant, les enfants, faites-le vous-mêmes.

youth [ju:θ] n. : jeunesse f.

In his youth, he played football.
Dans sa jeunesse, il jouait au football.

Z

zero ['ziərou] : zéro

Water freezes at zero degree C.
L'eau gèle à zéro degré (centésimal).

zoo [zu:] n. : zoo m.

At the zoo, children like giving bread to the elephants.
Au zoo, les enfants aiment donner du pain aux éléphants.

Larousse Dictionnaire

Français-Anglais Anglais-Français

Marthe Fonteneau
Claude Gauvin
agrégé de l'Université

Margaret Melrose, M.A. (Edimbourg)

Illustrations de S.-E. Bagge

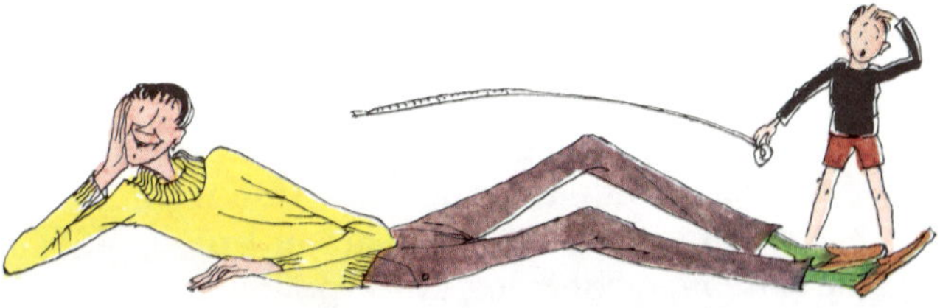

Avant-propos

Ce dictionnaire s'adresse à des débutants, mais les "anciens" auront sans doute l'occasion d'y découvrir mainte expression oubliée ou ignorée . . .

Il présente deux particularités essentielles:

L'élève trouve, rassemblés en un seul volume, un lexique français-anglais et un lexique anglais-français. La plupart des mots y sont illustrés par des phrases qui indiquent leurs emplois dans le sens donné à la souche; lorsque, à un mot donné, correspondent plusieurs termes dans l'autre langue, autant de phrases montrent ses différents emplois.

◆ Les mots choisis – environ 1600 pour chaque lexique – l'ont été en tenant compte des vocabulaires usuels de chaque langue et de leur adaptation aux intérêts et à la vie quotidienne d'enfants de 10 à 14 ans. Ceux qui ont été rassemblés dans des tableaux-vocabulaires sont d'un emploi facile et plus spécialisé.

Aucune règle de grammaire n'est indiquée; la règle est seulement suggérée par des exemples dans lesquels le jeune utilisateur trouvera confirmation du cours de son professeur.

Enfin, la prononciation – conforme à l'alphabet phonétique international – accompagne chaque mot-souche; elle n'a qu'un but: éviter au lecteur de prononcer le mot selon les habitudes de sa langue maternelle.

Ainsi, le mot n'est plus isolé et sans vie pour l'élève. Dès le début de l'initiation de l'élève à une langue nouvelle, les mots auront leur place et leur signification dans un ensemble cohérent, correspondant aux formes habituelles de la langue parlée ou écrite.

à [a], **à la, au, aux** [o] : at

Nous déjeunons à midi. *We have lunch at noon.*

to

Va-t-il à l'école? *Does he go to school?*

in

Elle vit à la campagne. *She lives in the country.*

on

Vous irez à pied. *You will go on foot.*

by

Elle vend les œufs à la douzaine. *She sells eggs by the dozen.*

with

Ils boivent du thé à leurs repas.
They drink tea with their meals.

à + infinitif : to + infinitive

Donnez-leur quelque chose à faire.
Give them something to do.

d'abord [abɔːr] : first

Que feras-tu d'abord? *What will you do first?*

accident [aksidɑ̃] m. : accident

d'accord [akɔːr] : all right (U. S. : O.K.)

D'accord, allons au cinéma. *All right, let's go to the pictures.*

accrocher [akrɔʃe] v. (1) : to hang

Il a accroché sa peinture au mur.
He hung his picture on the wall.

faire des achats [aʃa] : to go shopping

acheter [aʃte] v. (5) : to buy

adresse [adrɛs] f. : address

adroit, oite [adrwa, waːt] adj. : skilful

Je ne suis pas aussi adroite que toi. *I am not as skilful as you.*

affaires [afɛːr] f. pl. : business

Occupe-toi de tes affaires.
Mind your own business.

things

Mets tes affaires en ordre. *Tidy up your things.*

âge [ɑːʒ] m. : age

◆mais : Quel âge a-t-il? *How old is he?*

agent [aʒɑ̃] **de police** : policeman

agréable [agreabl] adj. : nice, pleasant

Quel temps agréable! *What nice weather!*
Ce fut une soirée agréable. *It was a pleasant evening.*

aider [ɛde] v. (1) : to help

aiguille [egɥiːj] f. : needle

Veux-tu enfiler mon aiguille? *Will you thread my needle?*

hand

La petite aiguille marque les heures.
The hour-hand shows the hours.

ailleurs [ajœːr] : elsewhere

aimer [ɛme] v. (1) : to love

Les enfants aiment leurs parents.
Children love their parents.

to like

Aime-t-elle skier? *Does she like skiing?*

to be fond of

J'aime les glaces à l'ananas.
I'm fond of pineapple ice-cream.

aîné, e [ɛne] adj. : eldest

L'aîné conduit ses frères à l'école.
The eldest boy takes his brothers to school.

(de deux) : elder

Leur fille cadette s'est mariée avant l'aînée.
Their younger daughter got married before the elder.

ainsi [ɛ̃si] : so

air [ɛːr] m.: air

avoir l'air : to look

Comme tu as l'air joyeux! *How happy you look!*

to seem

Il a l'air de dormir, mais il écoute.
He seems to be sleeping, but he is listening.

ajouter [aʒute] v. (1) : to add

aller [ale] v. (11) : to go

Ne va pas si vite, je ne peux pas te suivre.
Don't go so fast, I can't follow you.
Il n'ira pas en Amérique cette année.
He will not go to America this year.
mais : Où es-tu allé? *Where have you been?*

aller (= se porter) : to be

Comment allez-vous? (= Comment vous portez-vous?)
How are you?

aller (bien) : to suit

Ce chapeau ne vous va pas, il vous vieillit.
This hat does not suit you, it makes you look older.

aller (bien) : to fit

Ces chaussures me vont bien.
These shoes fit me.

aller + infinitif : to go and + verbe.

Va voir s'il dort. *Go and see if he is sleeping.*

s'en aller : to go away

Je m'en vais. *I'm going away.*

aller (= futur proche) :
to be going + infinitif

Viens, le film va commencer.
Come on, the film is going to start.

allumer [alyme] v. (1) : to light

Allumez votre cigarette avec mon briquet.
Light your cigarette with my lighter.

(électricité) : to switch on

allumette [alymɛt] f. : match

Veux-tu frotter une allumette? *Will you strike a match?*

alors [alɔːr] : then

américain, aine [amerikɛ̃, ɛn] adj. : American

un **Américain** : an American

les **Américains** : the Americans

Amérique [amerik] f. : America

Il a longtemps vécu en Amérique du Nord.
He lived in North America for a long time.

ami, ie [ami] : friend

— Est-elle ton amie? — Oui, c'est une de mes amies.
— Is she your friend? — Yes, she is a friend of mine.

amour [amur] m. : love

amusant, ante [amyzɑ̃, ɑ̃:t] adj. : funny

s'amuser [amyze] v. (1) : to enjoy oneself

Les enfants s'amusent au cirque.
Children enjoy themselves at the circus.

(= jouer) : to play

Il s'amuse dans le jardin. *He is playing in the garden.*

an [ɑ̃] m., **année** [ane] f. : year

Quand commence l'année scolaire?
When does the school year begin?

âne [ɑ:n] m. : ass, donkey

Ne fais pas l'âne! *Don't be an ass!*
Le petit âne est dans le pré. *The little donkey is in the meadow.*

anglais, aise [ɑ̃glɛ, ɛ:z] adj. : English

un **Anglais** : an Englishman

une **Anglaise** : an Englishwoman

Écoute-la, ce doit être une Anglaise.
Listen to her, she must be an Englishwoman.

les **Anglais** : the English

Je préfère le thé comme le font les Anglais.
I prefer tea as the English make it.

Angleterre [ɑ̃glətɛːr] f. : England

animal [animal] **(aux)** m. : animal

Le kangourou est un animal sauvage.
The kangaroo is a wild animal.

année f. : voir AN

anniversaire [anivɛrsɛːr] m. : birthday

Demain, ce sera ton anniversaire.
It's your birthday tomorrow.

août [u] m. : August

apparaître [aparɛːtr] v. (19) : to appear

appareil [aparɛːj] m. : set

Un appareil de télévision : *a television-set.*
◆ mais : Un appareil photographique : *a camera.*
Qui est à l'appareil? *Who's speaking?*

appartement [apartəmɑ̃] m. : flat (U.K.)

appartenir [apartəniːr], **appartenir à :** v. (47) : to belong to

La voiture appartient à mon oncle.
The car belongs to my uncle.

appeler [aple] v. (8) : to call

Qui appelle dehors? *Who is calling outside?*

s'appeler : to be called

Elle s'appelle Anne. *She is called Ann.*

apporter [apɔːrte] v. (1) : to bring

Nous vous apporterons une tarte aux pommes.
We shall bring you an apple-tart.

apprendre [aprɑ̃ːdr] v. (42) : to learn

Pierre apprend à conduire. *Peter is learning to drive.*

to teach

Papa lui apprend le Code de la route.
Dad teaches him the Highway Code.

(s') approcher [aprɔʃe] **(de)** v. (1) : to come near, to go near

N'approchez pas de la rivière.
Don't go near (Don't come near) the river.

appuyer (sur) [apɥije] v. (9) : to press

(s') appuyer : to lean

L'infirme s'appuie sur son bâton.
The cripple is leaning on his stick.

après [aprɛ] : after, beyond

Vous trouverez la blanchisserie juste après la banque.
You will find the laundry just beyond the bank.

après-midi [aprɛmidi] m. : afternoon

araignée [arɛɲe] f. : spider

L'araignée a tissé sa toile dans le rosier.
The spider spun its web in the rose bush.

arbre [arbr] m. : tree

Le bûcheron abattra ce vieil arbre.
The woodman will fell this old tree.

argent [arʒɑ̃] m. : money

A-t-il de l'argent? *Has he got any money?*

silver

As-tu vu les nouvelles pièces d'argent?
Have you seen the new silver coins?

armée [arme] f. : army

armoire [armwa:r] f. : wardrobe

Son armoire est jolie, mais un peu petite.
Her wardrobe is pretty, but a bit too small.

s'arranger pour [arɑ̃ʒe] v. (7) : to manage

Je m'arrangerai pour venir ce soir.
I can manage to come tonight.

arrêt [arɛ] m. : stop

(s') arrêter [arɛte] v. (1) : to stop

arrière [arjɛ:r] m. : back

Il a heurté l'arrière de la voiture.
He banged into the back of the car.

en arrière : behind

arriver [arive] v. (1) : to arrive

Quand arriverez-vous? *When will you arrive?*

to happen

J'étais là quand l'accident est arrivé.
I was there when the accident happened.

s'asseoir [aswa:r] v. (12) : to sit down

Le maître leur a dit « Asseyez-vous » et ils se sont assis.
The master said to them "Sit down" and they sat down.

être assis : to be sitting

Nous étions assis sur le divan quand il est entré.
We were sitting on the sofa when he entered.

assez [ase] : enough

As-tu assez d'argent? *Have you enough money?*

(= plutôt) : rather

Je suis assez fatiguée. *I am rather tired.*

assiette [asjɛt] f. : plate

Ils mangent dans une assiette à soupe.
They eat out of a soup plate.

attacher [ataʃe] v. (1) : to tie

atteindre [atɛ̃:dr] v. (13) : to reach

attendre [atɑ̃:dr] v. (4) : to wait (for)

Henri attend le train. *Henry is waiting for the train.*

attention [atɑ̃sjɔ̃] **à**

Attention à la marche. *Mind the step.*

Attention au chien.
Beware of the dog.

faire attention (à) : to pay attention to

Fais attention à ton travail. *Pay attention to your work.*

to mind

Fais attention à ce que tu fais. *Mind what you are doing.*

to take care

Fais attention à ton stylo. *Take care of your fountain-pen.*

attraper [atrape] v. (1) : to catch

aucun, une [okœ̃, yn] : none

— Combien avez-vous de filles? — Aucune.
— *How many daughters have you? None.*

no; not any

Je n'ai vu aucune personne.
I saw no people, no one at all.

neither (= aucun des deux)

Il n'a parlé à aucun de nous. *He spoke to neither of us.*

aujourd'hui [oʒurdɥi] : today

aussi [osi] : also, too

Elle l'a rencontré aussi. *She also met him.*

so

Tu es une sotte et moi aussi! *You are a silly girl and so am I!*

aussi ... que : as ... as

Une fille est-elle aussi forte qu'un garçon?
Is a girl as strong as a boy?

pas aussi ... que : not so ... as

Il n'est pas aussi riche que vous. *He is not so rich as you.*

aussitôt que : as soon as

Je me lève aussitôt que le réveil sonne.
I get up as soon as the alarm-clock rings.

autant de ... que : (sing.) as much ... as

Il a autant d'argent que moi. *He has as much money as I have.*

pl. : as many ... as

Il y avait autant de gens qu'hier.
There were as many people as yesterday.

autobus [otobyːs] m. : bus

(auto)car [(oto)kaːr] m. : (motor-)coach (U.S.: bus)

Irez-vous par le train ou par le car?
Will you go by train or by coach?

automne [otɔn] m. : autumn (U.S.: fall)

auto(mobile) [oto(mɔbil)] f. : (motor-)car (U.S.: automobile)

Cette auto est-elle à vous? *Is this car yours?*

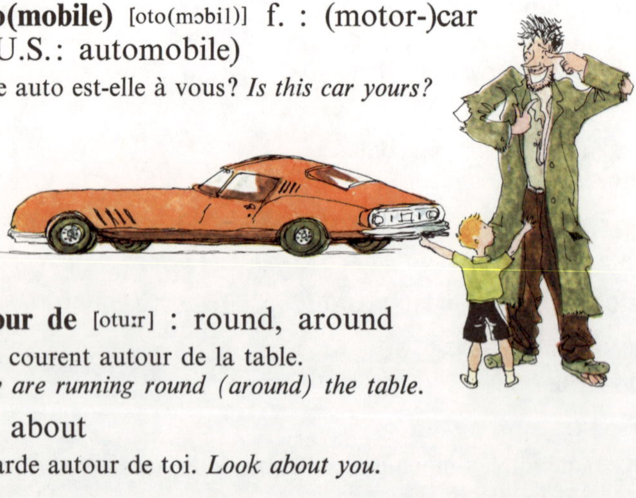

autour de [otuːr] : round, around

Elles courent autour de la table.
They are running round (around) the table.

about

Regarde autour de toi. *Look about you.*

autre [o:tr] adj. : other

Donne-moi les autres livres. *Give me the other books.*

pr. : other(s)

Donne-moi les autres. *Give me the others.*

un autre : another

Donne-m'en un autre. *Give me another.*

avancer [avɑ̃:se] v. (6) : to move forward

Le cortège avançait le long du boulevard.
The procession was moving forward along the boulevard.

(heure) : to be fast

Votre montre n'avance-t-elle pas? *Isn't your watch fast?*

en avance : early

avant (de) : before

Fais tes devoirs avant de jouer.
Do your homework before playing.

avec [avɛk] : with

Viens avec moi. *Come with me.*

aveugle [avœgl] adj : blind

aveugle m. et f. : blind man; blind woman

aviateur [avjatœ:r] m. : airman

avion [avjɔ̃] m. : (aero)plane (U.S.: airplane)

avoir [avwar] v. (14) : to have

Nous avons trois enfants. *We have three children.*
Qu'est-ce que tu as? *What is the matter with you?*

to have got

Avez-vous une allumette? *Have you got a match?*

(v. auxiliaire)

Ils ont fait tout leur travail. *They have done all their work.*

to be

J'ai faim. *I am hungry.*
Nous avions soif. *We were thirsty.*
Aura-t-il froid? *Will he be cold?*

avoir (= porter des vêtements) : to wear

Quel drôle de chapeau elle a!
What a funny hat she is wearing!

avoir à : to have to

Tu as à travailler. *You have to work.*

avril [avril] m. : April

B

bagages [baga:ʒ] m. pl. : luggage (U.S.: baggage)

Mes bagages sont à la consigne.
My luggage is in the left-luggage office.

(se) baigner [bɛɲe] v. (1) : to bathe

J'ai baigné mon doigt dans de l'eau chaude.
I bathed my finger in hot water.

baignoire [bɛɲwa:r] f. : bath

Ferme le robinet avant que la baignoire déborde.
Turn the tap off before the bath overflows.

bain [bɛ̃] m. : bath

Il prend un bain chaud tous les matins.
He has a hot bath every morning.

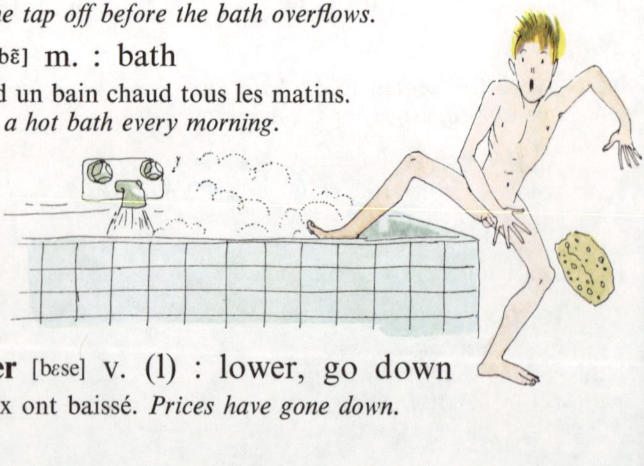

baisser [bɛse] v. (1) : lower, go down

Les prix ont baissé. *Prices have gone down.*

se baisser : to bend down

balai [balɛ] m. : broom

Le manche du balai est cassé. *The broom-stick is broken.*

balance [balɑ̃ːs] f. : scales

balayer [balɛje] v. (10) : to sweep (away)

balle [bal] f.; **ballon** [balɔ̃] m. : ball

Les petites filles aiment jouer à la balle.
Little girls like to play ball.

banc [bɑ̃] m. : bench

banlieue [bɑ̃ljø] f. : suburbs

Nous habiterons la banlieue de Paris.
We'll live in the suburbs of Paris.

bas [bɑ] m. : stocking

Son bas a filé. *She has a ladder in her stocking.*

bottom

Il y a un dessin au bas de la page.
There is a drawing at the bottom of the page.

en bas (maison) : downstairs

Il lit en haut pendant qu'elle tricote en bas.
He is reading upstairs while she is knitting downstairs.

bas, basse [bɑ, bɑːs] adj. : low

Ils parlent à voix basse. *They are speaking in a low voice.*

bateau(x) [bato] m. : boat

Papa va acheter un bateau à voile.
Dad is going to buy a sailing-boat.

ship

Le paquebot *Canberra* est un superbe bateau.
The liner Canberra *is a splendid ship.*

bâtiment [bɑtimɑ̃] m. : building

bâtir [bɑtiːr] v. (2) : to build

L'usine a été bâtie (= construite) en moins de dix mois.
The factory was built in less than ten months.

bâton [bɑtɔ̃] m. : stick

battre [batr] v. (15) : to beat

se battre : to fight

Ces deux garçons se battent toujours!
These two boys are always fighting!

bavard, arde [bavaːr, aːrd] adj. : talkative, to be

Que ces filles sont bavardes! *How talkative these girls are!*

beau(x) [bo], **bel, belle** [bɛl, bɛːl] adj. : beautiful

C'est une belle ville. *It is a beautiful town.*

(temps) : fine

S'il fait beau, nous irons canoter.
If it is fine, we'll go for a row.

beaucoup [boku] **(de) :** (sing.) much; (pl.) many

J'ai beaucoup d'élèves et beaucoup de travail.
I have many pupils and much work.

plenty of, a lot of

Il y a eu beaucoup de neige l'hiver dernier.
There was plenty of snow last winter.

bébé [bebe] m. : baby

avoir besoin [bəzwɛ̃] **(de) :** to need

Prête-moi ton dictionnaire, j'en ai besoin.
Lend me your dictionary, I need it.

bête [bɛːt] f. : beast

beurre [bœːr] m. : butter

Veux-tu du beurre avec tes carottes?
Will you have butter with your carrots?

bibliothèque [bibliɔtɛk] f. : library

On emprunte des livres à la bibliothèque.
Books are borrowed from the library.

bookcase

Il n'y a pas de place pour ces livres dans ma bibliothèque.
There is no room for these books in my bookcase.

bicyclette [bisiklɛt] f. : bicycle

LA BICYCLETTE : THE BICYCLE			
La chaîne	The chain	**Le timbre**	The bell
Le frein	The brake	**Aller à bicyclette**	To ride a bicycle
Le guidon	The handlebar	**Déraper**	To skid
Une pédale	A pedal	**Freiner**	To apply the brakes
Le phare	The headlight	**Pédaler**	To pedal
La pompe	The pump	**J'ai crevé**	I have got a puncture
Le porte-bagages	The carrier		
La selle	The saddle		

bien [bjɛ̃] adv. : well

— Comment allez-vous? — Très bien, merci.
— *How are you? — Very well, thank you.*

n. m. : good

Cela te fera du bien. *It will do you good.*

bien sûr : of course

— Viendrez-vous? — Bien sûr!
— *Will you come? — Of course, I will.*

bientôt [bjɛ̃to] : soon

bière [bjɛːr] f. : beer

Je voudrais un verre de bière bien fraîche.
I would like a glass of cool beer.

billet [bijɛ] m. : ticket

Prends un billet d'aller et retour. *Buy a return ticket.*

billet (de banque) : (bank-)note

blanc, blanche [blɑ̃, blɑ̃ʃ] adj. et n. : white

Nous préférons le pain blanc. *We prefer white bread.*

blé [ble] m. : corn, wheat

Le blé était encore vert en juillet.
The corn was still green in July.
La récolte de blé sera bonne cette année.
The wheat crop will be good this year.

(se) blesser [blɛse] v. (1) : to hurt

Je me suis blessé au pied. *I have hurt my foot.*

to wound

Quatre personnes ont été blessées dans l'accident.
Four people were wounded in the accident.

blessure [blɛsyːr] f. : wound

bleu, bleue [blø] adj. : blue

blond, blonde [blɔ̃, blɔ̃ːd] adj. : fair

Il est blond. *He is fair-haired.*

bœuf [bœf] m., **bœufs** [bø] pl. : ox

Deux bœufs tirent la charrue. *Two oxen are pulling the plough.*

(boucherie) : beef

Je voudrais un rôti de bœuf. *I would like a joint of beef.*

boire [bwaːr] v. (16) : to drink

bois [bwɑ] m. : wood

Nous nous promenions dans le bois.
We were walking in the wood.

boisson [bwasɔ̃] f. : drink

boîte [bwaːt] f. : box, tin (U.S.: can)

La boîte à lettres est en bois. *The letter-box is made of wood.*
Une boîte de sardines : *A tin of sardines.*

bon, bonne [bɔ̃, bɔn] adj. : good
Elle fait du bon thé, mais du mauvais café.
She makes good tea but bad coffee.

nice
Ça sent bon! *It smells nice!*

kind
Elle a bon cœur. *She is kind-hearted.*

right
Sommes-nous sur la bonne route? *Are we on the right road?*

bonbon [bɔ̃bɔ̃] m. : sweet (U.S.: candy)

bonjour [bɔ̃ʒuːr] m. : good morning, good afternoon, good day

bon marché : cheap
Les cerises sont bon marché en ce moment.
Cherries are cheap at the moment.

bonsoir [bɔ̃swaːr] m. : good evening, good night

bord [bɔr] m. : edge
Il est défendu de marcher sur le bord de la falaise.
It is forbidden to walk on the edge of the cliff.

bank
Les bords de la rivière étaient boueux.
The banks of the river were muddy.

side
Ma voiture est au bord de la route. *My car is by the roadside.*
mais : Le bord du trottoir : *the kerb.*

bouche [buːʃ] f. : mouth

boucher [buʃe] v. (1) : to cork
J'ai bouché la bouteille de vin. *I corked the bottle of wine.*

to block
Bouche le trou par où est passée la souris.
Block the hole the mouse went into.

boucher m. : butcher

boucherie [buʃri] f. : butcher's (shop)
Va chez le boucher. Va à la boucherie. *Go to the butcher's.*

bouchon [buʃɔ̃] m. : cork

boue [bu] f. : mud
Il est tombé dans la boue. *He fell in the mud.*

(faire) **bouillir** [bujiːr] v. (17) : to boil
Le lait a bouilli sans déborder.
The milk boiled without boiling over.

boulanger [bulɑ̃ːʒe] m. : baker
Notre boulanger fait du bon pain.
Our baker makes good bread.

boulangerie [bulɑ̃ʒri] f. : baker's (shop)

bouquet [bukɛ] m. : bunch

bout [bu] m. : end
Pour vous, j'irais au bout du monde.
For you, I would go to the ends of the earth.

tip
Il a un bouton sur le bout du nez.
He has a spot on the tip of his nose.

(morceau) : bit
Le jeune chien joue avec un bout de bois.
The puppy is playing with a bit of wood.

bouteille [butɛːj] f. : bottle

boutique [butik] f. : shop (U.S.: store)

bouton [butɔ̃] m. : button
J'ai perdu un bouton de mon manteau.
I have lost a button off my coat.

bud

Ce bouton de rose est si joli! *This rosebud is so pretty!*

switch

Il ne pouvait trouver le bouton dans l'obscurité.
He could not find the switch in the dark.

(sur la peau) : spot

Philippe était couvert de boutons quand il a eu la varicelle.
Philip was covered with spots when he had chicken-pox.

branche [brɑ̃ːʃ] f. : branch

Les enfants ont grimpé sur les branches basses du sapin.
The children climbed on the lower branches of the fir-tree.

bras [bra] m. : arm

brillant, ante [brijɑ̃, ɑ̃ːt] adj. : bright

Quelle est l'étoile la plus brillante?
Which is the brightest star?

briller [brije] v. (1) : to shine

brosse [brɔs] f. : brush

brosser [brɔse] v. (1) : to brush

Je me brosse les cheveux. *I'm brushing my hair.*

brouillard [brujaːr] m. : fog

A Londres, un brouillard épais est appelé « purée de pois ».
In London, thick fog is called a "pea-souper".

bruit [brɥi] m. : noise

Qui a fait du bruit? *Who made a noise?*

(se) brûler [bryle] v. (1) : to burn

Il y a quelque chose qui brûle dans la cuisine.
There is something burning in the kitchen.

brun, brune [brœ̃, bryn] adj. : brown

L'ours brun a fait de la bicyclette.
The brown bear rode a bicycle.

dark

Il est aussi brun que sa sœur est blonde.
He is as dark as his sister is fair.

bureau(x) [byro] m. : desk

Vous le trouverez dans un tiroir de mon bureau.
You'll find it in a drawer of my desk.

office

Papa travaille dans un bureau de poste.
Dad works in a post-office.

C

c' : voir C'EST

çà et là : here and there

Des feuilles sont tombées çà et là sur la pelouse.
Leaves have fallen here and there on the lawn.

about

Le jeune chien court çà et là dans la cour.
The puppy is running about the yard.

(se) cacher [kaʃe] v. (1) : to hide

Il s'est caché sous le lit. *He hid under the bed.*

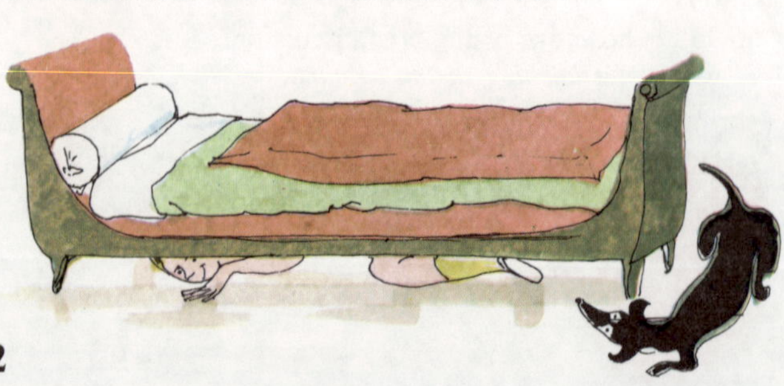

cadeau(x) [kado] m. : gift
Elle l'a eu en cadeau. *She had it as a gift.*

present
Grand-mère m'a fait cadeau d'une bague.
Grandmother made me a present of a ring.

café [kafe] m. : coffee

cahier [kaje] m. : exercise-book
J'ai perdu mon cahier d'anglais.
I have lost my English exercise-book.

caisse [kɛːs] f. : crate
La caisse est trop lourde. *The crate is too heavy.*

cash-desk
Payez à la caisse, s'il vous plaît.
Please, pay at the cash-desk.

camarade [kamarad] m. et f. : friend
J'ai invité trois camarades à dîner.
I asked three friends to dinner.

camion [kamjɔ̃] m. : lorry (U.S.: truck)
Nous avons doublé un énorme camion.
We overtook a huge lorry.

campagne [kɑ̃paɲ] f. : country

canard [kanaːr] m. : duck
Ils sont partis chasser le canard sauvage.
They went to shoot wild duck.

être **capable** [kapabl] **de :** to be able to
Il n'est pas capable de porter une si grosse valise.
He is not able to carry such a big suitcase.

car m. : voir AUTOCAR

carnet [karnɛ] m. : note-book

carré [kare] m. : square
Pierre dessine des carrés sur le sable.
Peter is drawing squares on the sand.

carré, ée adj. : square

Toutes ces boîtes sont carrées. *All these boxes are square.*

carrefour [karfuːr] m. : voir CROISEMENT

cartable [kartabl] m. : satchel

J'ai oublié mon cartable. *I've forgotten my satchel.*

carte [kart] f. : map

Cherche le chemin sur la carte avant de te mettre en route.
Look up the way on the map before setting off.

card

Veux-tu jouer aux cartes avec nous?
Do you want to play cards with us?

casquette [kaskɛt] f. : cap

(se) casser [kaːse] v. (1) : to break

Jeanne a cassé une assiette. *Joan broke a plate.*

casserole [kasrɔl] f. : (sauce)pan

Fais attention! La poignée de la casserole est chaude.
Be careful! The handle of the pan is hot.

à cause [koːz] **de :** because of

cave [kaːv] f. : cellar

ce [sə], **cet, cette** [sɛt]; **ce ...-ci, cet ...-ci :** this

Ce seau et cette pelle sont à lui. *This pail and this shovel are his.*
— Quand irez-vous en vacances? — Ce mois-ci.
— *When will you go on holiday? — This month.*

ce, cet, cette; ce ...-là, cet ...-là : that

Avez-vous aimé ce roman? *Did you like that novel?*
Dans ce temps-là, l'électricité était inconnue.
At that time, electricity was unknown.

ceci [səsi] : this

Ceci ne lui plaît pas. *This does not please her (him).*

cela [səla]; **ça** [sa] : that; it

Que pensez-vous de ça (cela)? *What do you think of that?*
Ça ira. *It will do.*

ces [sɛ]; **ces ...-ci** : these

On ne vous voit pas souvent ces jours-ci.
We don't see you often these days.

ces; ces ...-là : those

Ces gens(-là) ne sont pas honnêtes.
Those people are not honest.

c'est [sɛ] : he is, she is, it is

C'est un brave homme. *He is a good man.*
Ce n'est pas ma tante. *She is not my aunt.*
C'est tout à fait vrai. *It is quite true.*

that is

C'est lui. *That's him.*

ce sont [səsɔ̃] : they are

Ce sont des imbéciles. *They are fools.*

celui-ci, celle-ci : this one

Celui-ci vient d'être pondu. *This one has just been laid.*

ceux-ci, celles-ci : these

Ceux-ci sont mes meilleurs élèves. *These are my best pupils.*

celui-là, celle-là : that one

Ce n'est pas cet enfant qui a jeté la pierre, c'est celui-là.
It is not this child who threw the stone, it is that one.

ceux-là, celles-là : those

Je n'ai pas pris celles-là parce qu'elles étaient trop lourdes.
I didn't take those because they were too heavy.

celui de, celle de : (possessif) 's

Mon stylo est neuf, celui de Jacques aussi.
My fountain-pen is new, so is James's.

ceux de, celles de : (possessif) 's

Ces pantoufles ne sont pas les tiennes, ce sont celles de Maman.
These slippers are not yours, they are Mother's.

ceinture [sɛ̃tyːr] f. : belt

Elle a trop serré sa ceinture. *She tightened her belt too much.*

cent [sɑ̃] m. : hundred

Commencez page deux cent sept.
Begin at page two hundred and seven.

cerise [səriːz] f. : cherry

chacun, une [ʃakœ̃, yn] : each

Donnez-leur un franc à chacun. *Give them a franc each.*

everybody, everyone

Chacun a pu l'entendre. *Everybody could hear him (her).*

chaîne [ʃɛːn] f. : chain

chaise [ʃɛːz] f. : chair

(forte) **chaleur** [ʃɑlœːr] f. : heat

La vague de chaleur n'a pas duré longtemps.
The heat wave didn't last long.

CHALEUR ET LUMIÈRE : HEAT AND LIGHT

Une bûche	A log	**Une ampoule**	a (light) bulb
Des cendres	Ashes	**Une bougie**	a candle
La chaudière	The boiler	**Une lampe électrique**	An electric torch
Le chauffage central	The central heating	**Une pile**	A battery
Une étincelle	A spark	**Une prise de courant**	A plug
Une explosion	An explosion	**Un radiateur électrique**	An electric radiator
Un pompier	A fireman		
Une pompe à incendie	A fire-engine		
Le feu s'éteint, s'est éteint, est éteint	The fire is going out, has gone out, is out	**Brûlant**	Burning
		Rafraîchir	To cool
		Réchauffer	To warm up

chambre (à coucher) [ʃɑ̃ːbr] f. : (bed)room

chameau(x) [ʃamo] m. : camel

champ [ʃɑ̃] m. : field

Le champ est bordé de pierres.
The field is edged with stones.

avoir de la chance [ʃɑ̃ːs] : to be lucky

J'ai de la chance! *I'm lucky!*

changer [ʃɑ̃ʒe] **(de)** v. (7) : to change
Change tes draps une fois par semaine.
Change your sheets once a week.

chanson [ʃɑ̃sɔ̃] f.; **chant** [ʃɑ̃] m. : song
Je ne connais pas le chant de cet oiseau.
I don't know this bird's song.

chanter [ʃɑ̃te] v. (1) : to sing

chapeau(x) [ʃɑpo] m. : hat

chaque [ʃak] : each
Chaque homme portait son fusil.
Each man was carrying his gun.

every
Corrigez chaque faute. *Correct every mistake.*

charbon [ʃarbɔ̃] m. : coal
Nous avons besoin de charbon. *We need some coal.*

charger [ʃarʒe] v. (7) : to load
Il était trop chargé. *He was too heavily loaded.*

chat [ʃa] m. : cat
Le chat fait ses griffes sur l'arbre.
The cat sharpens its claws on the tree.

château [ʃɑto] m. : castle
Il y a un concours de châteaux de sable.
There is a sand castle competition.

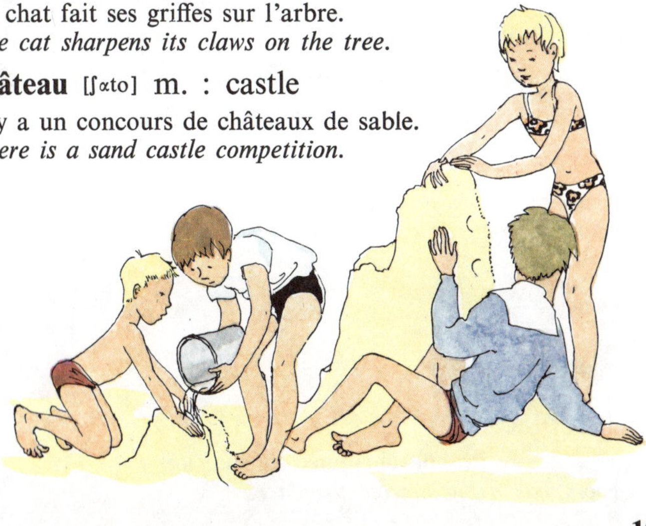

chaud, chaude [ʃo, ʃoːd] adj. : warm
Il fait bon et chaud ici. *It's nice and warm here.*

hot

C'était trop chaud et je me suis brûlé la main.
It was too hot and I burnt my hand.

chauffer [ʃofe] v. (1) : to warm
Venez vous chauffer. *Come and warm yourself (yourselves).*

to heat

Va faire chauffer de l'eau dans la casserole.
Go and heat some water in the saucepan.

chaussette [ʃosɛt] f. : sock

chaussure [ʃosyːr] f. : shoe
Je fais mes chaussures moi-même. *I clean my own shoes.*

chef [ʃɛf] m. : leader
Ils ont choisi comme chef le garçon le plus âgé.
They chose the oldest boy as a leader.

chief

Le grand chef des Indiens a été fait prisonnier.
The big chief of the Indians has been taken prisoner.

chemin [ʃəmɛ̃] m. : way
Montre-lui le chemin. *Show him (her) the way.*

chemin de fer m. : railway (U.S.: railroad)

cheminée [ʃəmine] f. : chimney
La fumée monte dans la cheminée.
The smoke is going up the chimney.

fireplace

La pièce a une grande cheminée de marbre.
The room has a big marble fireplace.

chemise [ʃəmiz] f. : shirt

chêne [ʃɛːn] m. : oak

cher, chère [ʃɛːr] adj. : dear

Mon cher ami... *My dear friend...*

expensive

Cette voiture est trop chère. *This car is too expensive.*

chercher [ʃɛrʃe] v. (1) : to look for

Je cherche mes billes. *I'm looking for my marbles.*

aller chercher : to go and fetch

Allez chercher le docteur. *Go and fetch the doctor.*

cheval [ʃəval] **(aux)** m. : horse

Voici le cheval qui a gagné la course.
This is the horse which won the race.

aller à cheval : to ride (on horseback)

Y est-il allé à cheval ou à pied?
Did he ride there or did he walk?

cheveu(x) [ʃəvø] m.; **chevelure** [ʃəvlyːr] f. : hair

chèvre [ʃɛːvr] f. : goat

chez [ʃe] : at ...'s (house, shop)

Je l'ai rencontré chez son cousin.
I met him at his cousin's (house).

to ...'s (house, shop)

Elle court chez l'épicier. *She is running to the grocer's (shop).*

with

Cette élève vit chez sa grand-mère.
This pupil lives with her grandmother.

(at) home

Il est chez lui tous les jours à sept heures.
He is at home every day at seven.

chien [ʃjɛ̃] m. : dog

Notre chien est un bon chien de garde.
Our dog is a good watch-dog.

chiffre [ʃifr] m. : figure

chocolat [ʃɔkɔla] m. : chocolate

Il m'a envoyé une boîte de chocolats.
He sent me a box of chocolates.

choisir [ʃwazir] v. (2) : to choose

chose [ʃo:z] f. : thing

Que de choses à faire avant de partir!
What a lot (of things) to do before leaving!

chou(x) [ʃu] m. : cabbage

ciel [sjɛl] m., **cieux** [sjø] pl. : sky

Le ciel est couvert. *The sky is overcast.*

cigarette [sigarɛt] f. : cigarette

cinéma [sinema] m. : pictures (U.S.: movies)

Ils vont au cinéma chaque samedi soir.
They go to the pictures every Saturday night.

cinema

Il y a un cinéma dans notre rue.
There is a cinema in our street.

cinq [sɛ̃k] : five; **cinquième** [sɛ̃kjɛm] : fifth;

cinquante [sɛ̃kɑ̃:t] : fifty

circulation [sirkylasjɔ̃] f. : traffic

Circulation à sens unique. *One way traffic.*

cirer [sire] v. (1) : to polish

ciseaux [sizo] m. pl. : scissors

citron [sitrɔ̃] m. : lemon

clair, re [klɛ:r] adj. : light

En été, elle s'habille en clair.
In summer, she dresses in light colours.

clear

L'eau est claire : on voit le lit de la rivière.
The water is clear : you can see the river-bed.

classe [klaːs] f. : class

La classe est attentive ce matin.
The class is attentive this morning.

school

Oui, il va en classe. *Yes, he goes to school.*

form

Isabelle est en classe de sixième. *Isabel is in the first form.*

clé [kle] f. : key

« Fermer la porte à clé » se dit "*to lock the door*".
"*To lock the door*" *means* « fermer la porte à clé ».

client [klijɑ̃] m., **cliente** [klijɑ̃ːt] f. : customer

cloche [klɔʃ] f. : bell

« Big Ben » est la plus célèbre cloche d'Angleterre.
"*Big Ben*" *is the most famous bell in England.*

clou [klu] m. : nail

clouer [klue] v. (1) : to nail

J'ai cloué le couvercle de la grande caisse.
I nailed down the lid of the big crate.

cochon [kɔʃɔ̃] m. : pig

C'est un vrai petit cochon! *He is a real little pig!*

cœur [kœːr] m. : heart

Je sais ma leçon par cœur. *I know my lesson by heart.*

se coiffer [kwafe] v. (1) : to do one's hair

Elle se coiffe très bien. *She does her hair very well.*

coiffeur [kwafœːr] m. : hairdresser

coin [kwɛ̃] m. : corner

L'épicerie est au coin de la rue.
The grocer's is on the corner of the street.

en **colère** [kɔlɛːr] : angry

coller [kɔle] v. (1) : to stick

As-tu collé le timbre sur l'enveloppe?
Have you stuck the stamp on the envelope?

colline [kɔlin] f. : hill

combien [kɔ̃bjɛ̃] **(de)** : how much

Combien d'argent as-tu? *How much money have you got?*

how many

Combien serez-vous dans la voiture?
How many will you be in the car?

how long

Combien de temps es-tu resté dans cette maison?
How long did you stay in that house?

how far

Combien (Quelle distance) y a-t-il de Lille à la frontière?
How far is it from Lille to the border?

how + adj.

Combien mesurez-vous? *How tall are you?*

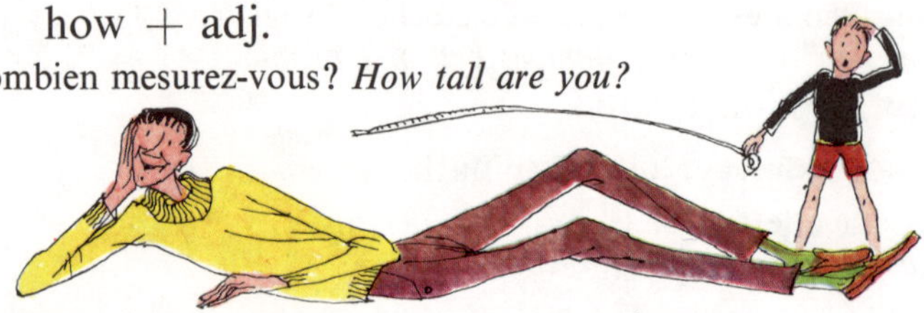

commander [kɔmɑ̃de] v. (1) : to order

comme [kɔm] : as

As-tu fait comme je te l'ai dit? *Did you do as I told you?*

like

Il est comme un poisson dans l'eau. *He is like a fish in water.*

comme...! : how...!

Comme il a grandi! *How he has grown!*

commencement [kɔmɑ̃smɑ̃] m. : beginning

« Il y a un commencement à tout. »
"*Everything has a beginning.*"

commencer [kɔmɑ̃se] v. (6) : to begin

La pièce commence à neuf heures. *The play begins at nine.*

to start

La cloche commence à sonner. *The bell starts ringing.*

comment [komɑ̃] : how

Savez-vous comment c'est arrivé?
Do you know how it happened?

commerçant [kɔmɛrsɑ̃] m. : shopkeeper

commerce [kɔmɛrs] m. : trade

Le commerce extérieur de ce pays est-il important?
Is the export trade of this country important?

business

Il tient un commerce de vins. *He runs a wine business.*

(aller) **faire des commissions** : to go shopping

Je fais les commissions de Maman. *I go shopping for Mummy.*

complet, ète [kɔ̃plɛ, ɛt] adj. : full up

Complet! *Full up!*

comprendre [kɔ̃prɑ̃dr] v. (42) : to understand

Il ne comprend pas l'anglais. *He does not understand English.*

compter [kɔ̃te] v. (1) : to count

Comptez vos fautes. *Count your mistakes.*

conducteur [kɔ̃dyktœːr] m. : driver

conduire [kɔ̃dɥiːr] v. : (18) to drive

La petite fille conduit les vaches aux champs.
The little girl drives the cows to the fields.

to lead

Le chien conduit l'aveugle.
The dog is leading the blind man.

se conduire : to behave (oneself)

Il se conduit bien d'habitude. *He usually behaves well.*

connaître [kɔnɛːtr] v. (19) : to know

Nous les connaissons depuis longtemps.
We have known them for a long time.

confiture(s) [kɔ̃fityːr] f. : jam

construire [kɔ̃strɥiːr] v. (18) : voir BÂTIR

content, ente [kɔ̃tɑ̃, ɑ̃ːt] adj. : glad, pleased

— Es-tu content? — Oui. — *Are you glad? — Yes, I am.*

continuer (à) [kɔ̃tinɥe] v. (1) : to go on

Ils ont continué à jouer. *They went on playing.*

verbe + on

Continuez à lire, s'il vous plaît. *Please, read on.*

au contraire [kɔ̃trɛːr] : on the contrary

Au contraire, je préfère rester avec vous.
On the contrary, I prefer to stay with you.

contre [kɔ̃ːtr] : against

Ne t'appuie pas contre la vitre. *Don't lean against the window.*

copier [kɔpje] v. (1) : to copy

Elle l'a copié sur sa voisine. *She copied it from her neighbour.*

coq [kɔk] m. : cock (U.S.: rooster)

corde [kɔrd] f. : rope

corps [kɔːr] m. : body

LE CORPS HUMAIN : THE HUMAN BODY

Un cil	An eyelash	**La cheville**	The ankle
Le crâne	The skull	**La cuisse**	The thigh
La gorge	The throat	**Le mollet**	The calf
Le menton	The chin	**Un orteil**	A toe
Une paupière	An eyelid	**Le talon**	The heel
Un sourcil	An eyebrow		
		La colonne vertébrale	The spine
L'annulaire	The ring-finger		
L'auriculaire	The little finger	**Une côte**	A rib
Le coude	The elbow	**Une épaule**	A shoulder
L'index (m.)	The forefinger	**L'estomac**	The stomach
Le majeur	The second finger	**La hanche**	The hip
		La poitrine	The breast
Le poignet	The wrist	**Un nerf**	A nerve
Le poing	The fist	**Une veine**	A vein

costume [kɔsty:m] m. : suit, dress

Son costume a été acheté tout fait.
His suit (Her dress) was bought ready-made.

côte [ko:t] f. : coast

La côte de la Bretagne est pittoresque.
The coast of Brittany is picturesque.

hill.

La côte est raide. *The hill is steep.*

côté [kote] m. : side

Ce côté-ci de la rue est ensoleillé.
This side of the street is sunny.

à côté de : beside

Elle est assise à côté de son fiancé.
She is sitting beside her fiancé.

cou [ku] m. : neck

Il porte une écharpe de coton autour du cou.
He is wearing a cotton scarf round his neck.

coucher [kuʃe] v. (1) : to sleep

Nous avons couché à la belle étoile. *We slept in the open.*

se coucher : to lie down

être couché : to lie

Le chien est couché devant sa niche.
The dog is lying in front of its kennel.

aller se coucher : to go to bed

coudre [kudr] v. (20) : to sew

Mets un dé pour coudre. *Use a thimble for sewing.*

couler [kule] v. (1) : to flow

De quel côté la rivière coule-t-elle?
Which way does the river flow?

to run

L'eau coule dans l'évier. *Water is running in the sink.*

couleur [kulœːr] f. : colour (U.S.: color)
C'est un film en couleurs. *It is a colour film.*

couloir [kulwaːr] m. : passage

coup [ku] m. : blow
◆ mais : Un coup de pied : *a kick*; un coup de fusil : *a shot...*

(se) couper [kupe] v. (1) : to cut
Je me suis coupé au pouce.
I have cut my thumb.

cour [kuːr] f. : yard

courage [kuraːʒ] m. : courage
J'ai autant de courage que lui.
I have as much courage as he has.

courageux, euse [kuraʒø, øːz] adj. : courageous

courir [kuriːr] v. (21) : to run
Où cours-tu? *Where are you running to?*

cours [kuːr] m. : lesson

course [kurs] f. : (sport) race
Ils attendent le départ de la course.
They are waiting for the race to start.

court, courte [kuːr, kuːrt] adj. : short
En hiver, les jours sont plus courts qu'en été.
In winter, the days are shorter than in summer.

cousin, ine [kuzɛ̃, in] m. et f. : cousin
Ils sont cousins germains. *They are first cousins.*

couteau(x) [kuto] m. : knife

coûter [kute] v. (1) : to cost
Ça coûte trop cher. *It costs too much.*

couvercle [kuvɛrkl] m. : lid

Pose le couvercle sur la casserole. *Put the lid on the saucepan.*

couverture [kuvɛrtyːr] f. : cover

La couverture de ce livre est sale.
The cover of this book is dirty.

blanket

Mon manteau me servira de couverture.
I will use my coat as a blanket.

couvrir [kuvriːr] v. (38) : to cover

La neige couvrait les collines. *The snow was covering the hills.*

cravate [kravat] f. : tie

Marc a une cravate neuve. *Mark is wearing a new tie.*

crayon [krɛjɔ̃] m. : pencil

Écrivez ça au crayon. *Write that in pencil.*

crême [krɛm] f. : cream

creuser [krøze] v. (1) : to dig

Les enfants creusent des trous dans le sable.
The children are digging holes in the sand.

creux, creuse [krø, krøːz] adj. : hollow

crier [krije] v. (1) : to shout

Elles criaient de joie. *They were shouting for joy.*

croire [krwaːr] v. (22) : to believe

Elle le dit, mais je ne la crois pas.
She says so, but I don't believe her.

to think

Je crois que c'est vrai. *I think it is true.*

croisement [krwazmɑ̃] m. : cross-roads

Il n'y a pas de feux à ce croisement.
There are no traffic-lights at this cross-roads.

croix [krwa] f. : cross

cru, crue [kry] adj. : raw

cueillir [kœjiːr] v. (23) : to gather

Nous avons cueilli (= ramassé) beaucoup de champignons.
We gathered a lot of mushrooms.

to pick

J'ai cueilli un plein panier de cerises.
I picked a basketful of cherries.

cuiller [kɥijɛːr] f. : spoon

Une cuiller à soupe : *a tablespoon;* une cuiller à dessert : *a dessert-spoon;* une cuiller à café : *a teaspoon.*

cuir [kɥiːr] m. : leather

Le sac de Maman est en cuir noir.
Mummy's handbag is made of black leather.

(faire) **cuire** [kɥiːr] v. (18) : to cook

Le dîner est en train de cuire. *The dinner is cooking.*

to boil, to fry, to bake

Le veux-tu frit ou cuit à l'eau? *Do you want it fried or boiled?*
Le boulanger cuit le pain dans un four.
The baker bakes bread in an oven.

cuisine [kɥizin] f. : (pièce) kitchen; (action) cooking

La cuisine est la pièce utilisée pour faire la cuisine.
The kitchen is the room used for cooking.

LA CUISINE ET LE MÉNAGE : COOKING AND HOUSEKEEPING

La bassine : The washing-up-bowl
Une bouilloire : A kettle
Une cocotte : A stew-pan
Une cuisinière : A stove
Un entonnoir : A funnel
Un évier : A sink
Un four : An oven
Une marmite : A pot
Une passoire : A strainer
La poubelle : The dust-bin
Un réchaud à gaz : A gas cooker

Éplucher : To peel
Griller : To grill
Passer : To strain

Une éponge : A sponge
Un essuie-meubles : A duster
Une machine à laver : A washing-machine
Une planche à repasser : An ironing-board

Cirer : To polish
Rincer : To rinse
Savonner : To soap

curieux, euse [kyrjø, ø:z] adj. : inquisitive
Tu es vraiment trop curieux. *You are really too inquisitive.*

D

d' : voir DE

dame [dam] f. : lady

La vieille dame marche lentement.
The old lady is walking slowly.

danger [dɑ̃ʒe] m. : danger

Sa vie était en danger. *His (Her) life was in danger.*

dangereux, euse [dɑ̃ʒrø, øːz] adj. : dangerous

dans [dɑ̃] : (sans mouvement) in

Il y a une mouche dans la soucoupe.
There is a fly in the saucer.

(avec mouvement) : into

Versez le lait dans la soucoupe. *Pour the milk into the saucer.*

out of

Le chat boit dans sa soucoupe. *The cat drinks out of its saucer.*

danse [dɑ̃ːs] f. : dance

Il aime beaucoup la musique de danse.
He is very fond of dance music.

danser [dɑ̃se] v. (1) : to dance

date [dat] f. : date

de [də], **de la, du, des :** of, of the

Veux-tu une tasse de chocolat?
Will you have a cup of chocolate?
La forme de la Lune change chaque jour.
The shape of the moon changes every day.

to

Pouvez-vous me montrer le chemin de la plage?
Can you show me the way to the beach?

(cas possessif) : 's

C'est la maison de mon amie. *It is my friend's house.*

from

La boutique est fermée de midi à deux heures.
The shop is closed from noon until two p.m.

any, some

Avez-vous du foie de veau? *Have you any calf's liver?*
J'ai acheté de la farine. *I bought some flour.*

with

Il est couvert de poussière. *He is covered with dust.*
§ La porte du jardin : *the garden gate.*
§ Dis-lui de venir. *Tell him (her) to come.*

de, au sujet de : about

débarrasser [debarase] v. (1) : to clear

Aide ta sœur à débarrasser la table.
Help your sister to clear the table.

debout [debu] : (= levé) up

Nous étions debout (levés) à six heures ce matin.
We were up at six this morning.

être debout : to stand

Ne restez pas debout, asseyez-vous.
Don't stay standing, sit down.

décembre [desɑ̃ːbr] m. : December

déchirer [deʃire] v. (1) : to tear

Le chien a déchiré le journal. *The dog has torn the newspaper.*

découvrir [dekuvriːr] v. (37) : to discover

dedans [dədɑ̃] : inside

défaire [defɛːr] v. (30) : to undo

Je déferai l'ourlet de ma jupe. *I'll undo the hem of my skirt.*

défendre [defɑ̃ːdr] v. (4) : to forbid

Il est défendu de parler en classe.
It is forbidden to talk in class.

se défendre : to defend oneself

défense de :

Défense de stationner : *No parking here ; No waiting.*

dehors [dəɔːr] : out, outside

Jette le dehors. *Throw it out.*

déjà [deʒa] : already

Oui, il a déjà fini ses devoirs.
Yes, he has already finished his homework.

déjeuner [dejœne] m. : lunch

Ici, le déjeuner est servi à une heure.
Lunch is served here at one o'clock.

déjeuner v. (1) : to lunch, to have lunch

Aujourd'hui, Papa déjeune à la maison.
Dad is having lunch at home today.

petit déjeuner : breakfast

Ils prennent leur petit déjeuner.
They are having their breakfast.

demain [dəmɛ̃] : tomorrow

Où seront-ils demain? *Where will they be tomorrow?*

demander [dəmɑ̃de] v. (1) : to ask (for)

Il a demandé à boire. *He asked for a drink.*
Demande ton chemin à ce monsieur.
Ask this gentleman the way.

se demander : to wonder

demi, ie [dəmi]; **à demi :** half

— Combien en voulez-vous? Trois kilos et demi.
— How much do you want? — Three and a half kilos.
J'espère arriver à trois heures et demie.
I hope to arrive at half past three.
Tu achèteras une demi-douzaine d'œufs.
You'll buy half a dozen eggs.
« Ne faites pas les choses à demi. » "*Never do things by halves.*"

démolir [demɔliːr] v. (2) : to pull down

Ils viennent de démolir le mur.
They have just pulled down the wall.

dent [dɑ̃] f. : tooth

Nettoie tes dents avant d'aller te coucher.
Clean your teeth before going to bed.

se dépêcher [depɛʃe] v. (1) : to hurry (up)

Si tu ne te dépêches pas, tu manqueras ton autobus.
If you don't hurry, you'll miss your bus.

dépenser [depɑ̃se] v. (1) : to spend

J'ai dépensé beaucoup d'argent pendant les vacances.
I spent a lot of money during my holiday.

depuis [dəpɥi] : (= il y a) for

Il neige depuis deux jours. Il y a deux jours qu'il neige.
It has been snowing for two days.

depuis que : since

Nous sommes tristes depuis qu'il est parti.
We have been sad ever since he left.

déranger [derɑ̃ʒe] v. (7) : to trouble

Désolé de vous déranger! *Sorry to trouble you!*

dernier, ière [dɛrnje, jɛːr] adj. : last, latest

Je l'ai rencontré le mois dernier. *I met him last month.*
C'est la dernière mode! *It's the latest fashion!*

derrière [dɛrjɛːr] : behind

Il y a quelqu'un derrière la porte.
There is someone behind the door.

descendre [desɑ̃:dr] v. (4) : to go down

J'ai senti que l'avion descendait. *I felt the plane going down.*

(maison) : to go downstairs

Descends aider ton frère. *Go downstairs and help your brother.*

to get down, to get off

Descends de cette chaise! *Get down from that chair!*
Où dois-je descendre? *Where do I get off?*

(se) déshabiller [dezabije] v. (1) : to undress

désobéir [dezɔbei:r] v. (2) : to disobey

désolé, ée [dezɔle] adj. : sorry

Il est désolé de ne pouvoir venir demain.
He is sorry he can't come tomorrow.

dessert [desɛ:r] m. : dessert

Nous aurons des fruits comme dessert.
We'll have fruit for a dessert.

(plat sucré) : sweet

Vous aurez une tarte pour votre dessert.
You'll have a tart for your sweet.

dessin [desɛ̃] m. : drawing

Notre professeur de dessin est un artiste.
Our drawing-master is an artist.
Un dessin animé : *a (an animated) cartoon.*

dessiner [dɛsine] v. (1) : to draw

dessous [dəsu], **par-dessous :** under

Votre tasse est très chaude, mettez une soucoupe dessous.
Your cup is very hot, put a saucer under it.

au-dessous de : below

Au-dessous de nous, la mer était bleue.
Below us, the sea was blue.

dessus [dəsy] : on ..., upon

— Où est mon chapeau? — Tu es assis dessus!
— *Where is my hat? — You are sitting on it!*

au-dessus de : above, over

Le soleil est encore au-dessus de l'horizon.
The sun is still above the horizon.
Les oiseaux chantaient au-dessus de nos têtes.
The birds were singing over our heads.

par-dessus : over

Le cheval a sauté par-dessus la barrière.
The horse jumped over the fence.

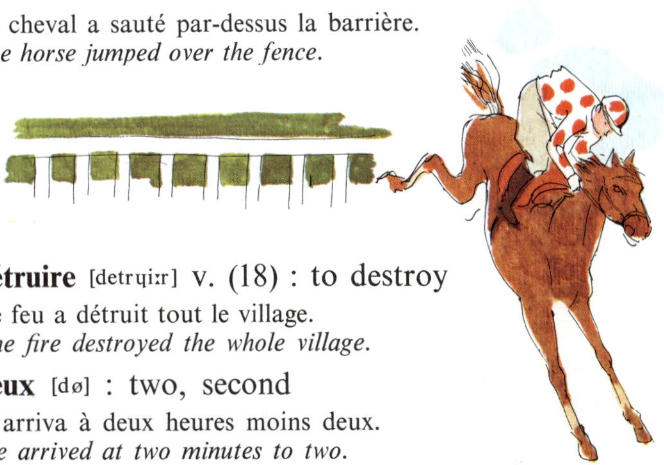

détruire [detrɥiːr] v. (18) : to destroy

Le feu a détruit tout le village.
The fire destroyed the whole village.

deux [dø] : two, second

Il arriva à deux heures moins deux.
He arrived at two minutes to two.
Elle partira le deux juin.
She will go on the second of June (=2nd June).

les deux, tous les deux : both

Les deux enfants étaient en retard. *Both children were late.*

deuxième [døsjɛm] : second

Il ne voyage jamais en deuxième classe.
He never travels second class.

devant [dəvɑ̃] : (prép.) in front of

Il y a queue devant le cinéma.
There is a queue in front of the cinema.

devenir [dəvniːr] v. (47) : to become

Napoleon devint empereur en 1804.
Napoléon became emperor in 1804.

to get

Elle devient sourde. *She is getting deaf.*

deviner [dəvine] v. (1) : to guess

devoir [dəwaːr] v. (24) : (argent) to owe

Combien vous dois-je? *How much do I owe you?*

(obligation) : must, to have to

Je dois me lever de bonne heure.
I must get up early. I have to get up early.

(verbe au condit.) : ought to, should

Vous devriez être plus prudents. *You ought to be more careful.*
Tu ne devrais pas dire ça. *You should not say that.*

devoirs [dəvwaːr] m. pl. : homework

As-tu fini tes devoirs? *Have you finished your homework?*

dictionnaire [diksjɔnɛːr] m. : dictionary

Dieu [djø] m. : God

Dieu vous bénisse! *God bless you!*

différence [diferɑ̃ːs] f. : difference

Voyez-vous la différence, maintenant?
Do you see the difference now?

différent, ente [diferɑ̃, ɑ̃ːt] adj. : different

difficile [difisil] adj. : difficult

C'est trop difficile à comprendre.
It is too difficult to understand.

dimanche [dimɑ̃ːʃ] m. : Sunday

Je ne viendrai pas le dimanche de Pâques.
I shall not come on Easter Sunday.

dîner [dine] m. : dinner

Le dîner est prêt. *Dinner is ready.*

dîner v. (1) : to dine, to have dinner

Il est en train de dîner. *He is dining (having dinner)*

dire [diːr] v. (25) : to say
Comment dit-on cela en anglais?
How do you say that in English?

to tell
Dites-moi tout ce que vous savez. *Tell me all you know.*

vouloir dire : to mean

direction [dirɛksjɔ̃] f. : direction
Ils se sauvèrent dans toutes les directions.
They ran away in all directions.

way
Dans quelle direction allez-vous? *Which way are you going?*

disparaître [disparɛːtr] v. (19) : to disappear

se disputer [dispyte] v. (1) : to quarrel
Ils se disputent du matin au soir.
They quarrel from morning to night.

disque [disk] m. : record

distance [distɑ̃ːs] f. : distance

(à) quelle distance ...? : how far ...?
Quelle distance y a-t-il de Paris à New York?
How far is it from Paris to New York?

dix [di, dis] : ten, tenth
Le dix octobre. *The tenth of October.*

dixième [dizjɛm] : tenth; **dix-huit :** eighteen

dix-neuf : nineteen; **dix-sept :** seventeen

docteur [dɔktœːr] m. : doctor
Nous sommes allés chez le docteur. *We went to the doctor's.*

doigt [dwa] m. : finger

donner [dɔne] v. (1) : to give

Donne-moi la main. *Give me your hand.*

dont [dɔ̃] : (personnes) whose

L'aveugle, dont le bâton est tombé, nous appelle.
The blindman, whose stick has fallen, is calling us.

prép. + whom

L'homme dont vous parlez est un de mes amis.
The man of whom you are speaking is a friend of mine.

(choses) : prép. + which

J'ai jeté le livre dont plusieurs pages manquaient.
I threw out the book several pages of which were missing.

dormir [dɔrmiːr] v. (26) : to sleep

Elle a dormi toute la nuit. *She slept all night.*

dos [do] m. : back

doucement [dusmɑ̃] : gently

Appuyez doucement sur le bouton. *Gently press the button.*

douleur [dulœːr] f. : (physique) pain

J'ai une douleur dans le bras. *I have a pain in my arm.*

(morale) : sorrow

Je prends part à votre douleur. *I share in your sorrow.*

sans doute [dut] : probably

Tu as sans doute raison. *You are probably right.*

doux, douce [du, duːs] adj. : soft

Il parlait d'une voix douce. *He was speaking in a soft voice.*

sweet

Cette orange est très douce. *This orange is very sweet.*

smooth

Sa fourrure est douce comme du velours.
Its fur is as smooth as velvet.

gentle

Notre nièce est une enfant très douce
et affectueuse.
Our niece is a very gentle, affectionate girl.

douze [du:z] : twelve, twelfth

J'aurai douze ans le douze mai.
I'll be twelve on the twelfth of May.

drap [dra] m. : sheet

droit, droite [drwa, drwat] adj. : right

Levez votre jambe droite. *Lift your right leg.*

adv. : straight

La balle est allée droit au but.
The ball went straight into the goal.

(à) droite : (on, to the) right

Tournons-nous à droite ou à gauche? *Do we turn right or left?*

drôle [dro:l] adj. : funny

dur, e [dy:r] adj. : hard

durer [dyre] v. (1) : to last

Cette année-là, l'hiver a duré cinq mois.
Winter lasted five months that year.

E

eau(x) [o] f. : water

Est-ce de l'eau potable? *Is this drinking water?*

échelle [eʃɛl] f. : ladder

éclairer [eklɛre] v. (1) : to light not filed

Éclairez le chemin, s'il vous plaît! *Please light the way!*

éclater [eklate] v. (1) : to break (out) not filed

L'orage était sur le point d'éclater.
The storm was on the point of breaking.

to burst

— Votre voiture est-elle en panne? — Non, un pneu a éclaté.
— *Has your car broken down? — No, one of our tyres burst.*

L'ÉCOLE : THE SCHOOL

Une école maternelle, primaire, privée	An infant-school, a primary school, a private school
Le lycée	The secondary school
Le collège	The college
Un(e) étudiant(e)	A student
Un(e) externe	A day-boy, -girl
Un(e) interne	A boarder
Le professeur	The teacher
Le proviseur	The principal, headmaster
Une composition	A term-exam
La récréation	Break, playtime
La retenue	Detention
Un trimestre	A term
Un casier	A pencil-box
Un crayon à bille	A ballpoint pen
Un pupitre	A desk
Un taille-crayon	A pencil-sharpener
L'arithmétique, le calcul	Arithmetic
La géométrie	Geometry
Les mathématiques	Mathematics
L'algèbre	Algebra
La physique	Physics
La chimie	Chemistry
Les sciences naturelles	Natural sciences
La géographie	Geography
L'éducation physique	Physical education
Poser une question	To ask a question
Réfléchir	To think
Ignorer	Not to know
Studieux(euse)	Studious

école [ekɔl] f. : school

écouter [ekute] v. (1) : to listen (to)

Nous écoutons la radio à sept heures.
We listen to the radio at seven.

écraser [ekraze] v. (1) : to run over

L'automobiliste a écrasé une poule.
The motorist ran over a hen.

se faire écraser, être écrasé : to be run over

Regarde avant de traverser, autrement tu te feras écraser.
Look before you cross, otherwise you'll be run over.

écrire [ekriːr] v. (27) : to write

Il n'a jamais trouvé le temps de m'écrire.
He never found time to write to me.

écriture [ekrityːr] f. : writing

effacer [efase] v. (6) : (avec une gomme) to rub out

J'ai effacé les traits au crayon sur mon cahier.
I rubbed out the pencil marks on my exercise book.

(avec un chiffon) : to wipe out

Effacez le tableau, s'il vous plaît.
Please wipe the blackboard.

égal, le [egal] adj. : equal

Tous les hommes naissent égaux. *All men are born equal.*

église [egliːz] f. : church

électricité [elɛktrisite] f. : electricity

électrique [elɛktrik] adj. : electric

Un rasoir électrique : *an electric razor;* un fer électrique : *an electric iron.*

éléphant [elefɑ̃] m. : elephant

élève [elɛːv] m. et f. : pupil

Nos élèves aiment le sport. *Our pupils are fond of sports.*

élever [elve] v. (5) : to raise

Je n'aime pas élever la voix. *I don't like raising my voice.*

élever (des enfants) : to bring up

elle [ɛl] : (sujet) she, it

Elle a téléphoné. *She rang up.*
Je suis plus grand qu'elle. *I am taller than she (is).*
Regarde la glace, elle est cassée.
Look at the mirror, it is broken.

(compl.) : her, it

André était assis près d'elle. *Andrew was sitting by her.*
Les hommes aiment la liberté; beaucoup sont morts pour elle.
Men are fond of freedom; many have died for it.

à elle : (possessif) hers

elle-même : herself, itself

elles [ɛl] : (sujet) they
Elles sont aimables. *They are nice.*

(compl.) : them
Il s'est adressé à elles. *He addressed them.*

à elles : (possessif) theirs
— A qui sont ces chapeaux? — Ils sont à elles.
— *Whose are these hats? — They are theirs.*

elles-mêmes : themselves

embrasser [ɑ̃brase] v. (1) : to kiss

emmener [ɑ̃mne] v. (5) : to take (away)
Grand-mère nous emmènera au cirque.
Grandmother will take us to the circus.

empêcher [ɑ̃pɛʃe] v. (1) : to prevent (from)
La pluie nous a empêchés de venir.
The rain prevented us from coming.

employé, ée [ɑ̃plwaje] m. et f. : clerk
Son père était employé de banque.
His (Her) father was a bank-clerk.

emporter [ɑ̃pɔrte] v. (1) : to carry away

en [ɑ̃] : (prép.) in, into
Il vit en Espagne. *He lives in Spain.*
Pourriez-vous traduire cette phrase en anglais?
Could you translate this sentence into English?

to
J'irai en Espagne. *I shall go to Spain.*

as
Il a agi en ami. *He acted as a friend.*

by
Elle est venue en avion. *She came by air.*

made of
Son bracelet est en ivoire. *Her bracelet is made of ivory.*
§ Il sortit en riant. *He went out laughing.*
§ Une montre en or. *A gold watch.*

(pron.) : any, some

— Y en a-t-il? — Il y en a. — Il n'y en a pas.
— Is there any? — There is some. — There isn't any.

it

Tout le monde en parle. *Everyone is talking about it.*

(from) there

Il est allé en Afrique et en a rapporté une défense d'éléphant.
He went to Africa and brought an elephant's tusk from there.

§ Donne-m'en encore deux. *Give me two more.*

encore [ãkɔːr] : again

Je travaillerai encore cet été. *I shall work again this summer.*

still

Elle dormait encore. *She was still asleep.*

more

Prenez-en encore. *Take some more.*

encre [ãːkr] f. : ink

endormi, ie [ãdɔrmi] adj. : asleep

s'endormir [ãdɔrmiːr] v. (26) : to fall asleep

Je m'endors. *I'm falling asleep.*

to go to sleep

Je ne peux pas m'endormir avec ce bruit!
I can't go to sleep with that noise!

endroit [ãdrwa] m. : place

Par endroits, le sable était plus sec.
In places, the sand was drier.

spot

Nous avons passé nos vacances dans un endroit très agréable. *We spent our holiday in a very pleasant spot.*

enfant [ɑ̃fɑ̃] m. et f. : child

Combien d'enfants ont-ils? *How many children have they got?*

enfermer [ɑ̃fɛrme] v. (1) : to shut in

enfin [ɑ̃fɛ̃] : finally, at last

Je l'ai enfin trouvé. *I found it at last. Finally, I found it.*

enlever [ɑ̃lve] v. (5) : to take away

Enlève cette chaise d'ici. *Take this chair away from here.*

(vêtements) : to take off

Enlève tes chaussures et mets tes pantoufles. *Take off your shoes and put on your slippers.*

s'ennuyer [ɑ̃nɥije] v. (9) : to be bored

s'enrhumer [ɑ̃ryme] v. (1) : to catch a cold

Je me suis enrhumé hier. *I caught a cold yesterday.*

être enrhumé : to have a cold

ensemble [ɑ̃sɑ̃:bl] : together

Allons-y tous ensemble. *Let's all go there together.*

entendre [ɑ̃tɑ̃:dr] v. (4) : to hear

entier, ière [ɑ̃tje, jɛr] adj. : whole

Le voyage a duré une journée entière. *The journey lasted a whole day.*

entre [ɑ̃tr] : between

Il s'est assis entre deux chaises. *He sat between two chairs.*

entrée [ɑ̃tre] f. : way in

entrer [ɑ̃tre] v. (1) : to go in, to come in, to enter

enveloppe [ɑ̃vlɔp] f. : enveloppe

envelopper [ɑ̃vlɔpe] v. (1) : to wrap

Voulez-vous me l'envelopper? *Will you wrap it for me?*

avoir envie [ɑ̃vi] **de** : to feel like

J'ai envie d'aller au cinéma. *I feel like going to the pictures.*

s'envoler [ɑ̃vɔle] v. (1) : to fly away

envoyer [ɑ̃vwaje] v. (28) : to send

Pourriez-vous l'envoyer par la poste?
Could you send it by post?

envoyer chercher : to send for

épais, aisse [epɛ, ɛːs] adj. : thick

Je voudrais une couverture plus épaisse.
I would like a thicker blanket.

épicier [episje] m. : grocer

As-tu payé la note de l'épicier? *Did you pay the grocer's bill?*

épicerie [episri] f. : grocer's (shop)

épingle [epɛ̃ːgl] f. : pin

escalier [ɛskalje] m. : stairs

Il y a un paillasson au bas de l'escalier.
There is a mat at the bottom of the stairs.

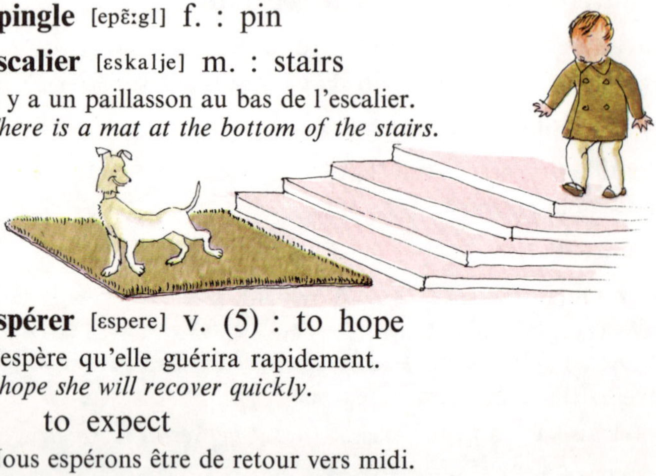

espérer [ɛspere] v. (5) : to hope

J'espère qu'elle guérira rapidement.
I hope she will recover quickly.

to expect

Nous espérons être de retour vers midi.
We expect to be back about twelve.

essayer [esɛje] v. (10) : to try

Essayez ces autres lunettes. *Try these other spectacles.*

(vêtements) : to try on

Je suis allé chez le tailleur essayer mon nouveau costume.
I went to the tailor's and tried on my new suit.

essence [esɑ̃:s] f. : petrol (U.S.: gas)

Nous avons eu une panne d'essence. *We ran out of petrol.*

(s') essuyer [esɥije] v. (9) : to wipe

Il essuyait la sueur de son front.
He was wiping the sweat off his forehead.

to dust

Tu n'as pas essuyé le buffet.
You didn't dust the sideboard.
◆ Essuyer la vaisselle : *to dry the dishes.*

est [ɛst] m. : east

Le soleil se lève à l'est. *The sun rises in the east.*

est-ce que ...?

Est-ce que vous l'avez vu? (= l'avez-vous vu?)
Did you see him (it)?
Est-ce qu'il fait froid? (= fait-il froid?) *Is it cold?*
Est-ce maintenant que nous partons? (= partons-nous maintenant?)
Do we leave now?

et [e] : and

J'ai perdu mon dé et mes ciseaux.
I've lost my thimble and scissors.

étage [eta:ʒ] m. : floor

état [eta] m. : state

Sa voiture était en mauvais état.
His (Her) car was in a poor state.

etc. (et caetera) : and so on

été [ete] m. : summer

éteindre [etɛ̃:dr] v. (13) : to put out

Éteins la lampe, il est tard. *Put out the lamp, it is late.*

(électricité) : to switch off

être étendu [etɑ̃dy] : to lie

Il écoutait de la musique, étendu sur un divan.
He was listening to music, lying on a sofa.

étoile [etwal] f. : star

Il est né sous une bonne étoile.
He was born under a lucky star.

étonnant, ante [etɔnɑ̃, ɑ̃ːt] adj. : astonishing

Cette nouvelle est étonnante.
This is an astonishing piece of news.

amazing

Les hommes de l'espace font des exploits étonnants.
Spacemen perform amazing feats.

étonner [etɔne] v. (1) : to surprise

Je suis étonnée de vous trouver ici.
I am surprised at finding you here.

étranger, ère [etrɑ̃ʒe, ɛːr] m. et f. : foreigner
adj. : foreign

Sa voiture est d'une marque étrangère.
His (Her) car is of foreign make.
mais : Nous allons à l'étranger. *We are going abroad.*

être [ɛːtr] v. (29) : to be

Tu es méchant!
You are naughty!
Nous serons ensemble.
We shall be together.
Quelle heure est-il?
What time it is?
Il est quatre heures. *It is four o'clock.*
Ils ne sont pas à moi. *They are not mine.*

étrennes [etrɛn] f. pl. : New Year's gifts

étroit, oite [etrwa, wat] adj. : narrow

étude [etyd] f. : study

L'étude du grec est difficile au commencement.
The study of Greek is difficult at the beginning.

étudier [etydje] v. : to study

eux [ø] : (sujet) they

Eux sont riches et moi je suis pauvre.
They are rich and I am poor.

(compl.) : them

Elle s'est moquée d'eux. *She laughed at them.*

à eux (possessif) : theirs

eux-mêmes : themselves

éviter (de) [evite] v. (1) : to avoid

Conduis prudemment pour éviter un accident.
Drive carefully to avoid an accident.

exact, te [ɛgzakt] adj. : correct

C'est exact. *That's correct.*

examen [ɛgzamɛ̃] m. : exam(ination)

A-t-il été reçu à son examen ou a-t-il échoué?
Did he pass his exam or did he fail?

excepté [eksepte] : except

excuser [ekskyze] v. (1) : to excuse

— Excusez-moi d'être si en retard.
— *Excuse my being so late.*

par exemple [ɛgzɑ̃:pl] m. : for instance

exercice [ɛgzɛrsis] m. : exercise

Prenez un peu d'exercice chaque matin
Take some exercise every morning.

expérience [ɛksperjɑ̃:s] f. : (scientifique) experiment

expliquer [ɛksplike] v. (1) : to explain

Expliquez-vous plus clairement. *Explain yourself more clearly.*

exprès [ɛksprɛ] : on purpose

Je ne l'ai pas fait exprès. *I didn't do it on purpose.*

(à l') **extérieur** [ɛksterjœ:r] : outside

Attends-moi à l'extérieur. *Wait for me outside.*

F

fabriquer [fabrike] v. (1) : to make

Fabriqué en France. *Made in France.*

en face [fas] **de** : in front of

Le vieillard s'est assis en face de nous.
The old man sat in front of us.

opposite

L'hôtel est en face de la gare. *The hotel is opposite the station.*

facile [fasil] adj. : easy

C'est facile comme tout. *It's as easy as anything.*

facilement [fasilmɑ̃] : easily

façon [fasɔ̃] f. : way

Quelle est la meilleure façon de le faire?
Which is the best way to do it?

facteur [faktœ:r] m. : postman (U.S.: mailman)

Le facteur distribue le courrier. *The postman delivers the mail.*

avoir faim [fɛ̃] : to be hungry

faire [fɛ:r] v. (30) : to do

Faites ce que vous voulez. *Do what you like.*

to make

On fait le vin avec du raisin. *Wine is made from grapes.*
La bonne fait le lit chaque jour.
The maid makes the bed every day.

faire + infinitif : to make ... + infinitif sans "to"

Il fait travailler son fils. *He makes his son work.*

to have + participe passé

Elle fera nettoyer sa robe. *She will have her dress cleaned.*

il fait ... : it is ...

Il faisait beau hier. *It was fine yesterday.*

fait, faite [fɛ, fɛːt] adj. : done

Ça ne se fait pas. *That's not done.*

made

J'ai acheté une robe toute faite. *I bought a ready-made dress.*
◆ C'est bien fait pour lui! *It serves him right!*

falloir [falwaːr] v. (31) : have to

Il va falloir partir.
We'll have to go.
Il nous a fallu courir pour attraper le train.
We had to run to catch the train.

must

Il me faut du temps. *I must have time.*
Il ne faut pas dire ça. *You must not say that.*

famille [famiːj] f. : family

Quelle grande famille!
What a large family!

farine [farin] f. : flour

◆ mais : Farine d'avoine : *oatmeal.*

fatigué, ée [fatige] adj. : tired

Je suis fatiguée d'attendre. *I'm tired of waiting.*

faute [fo:t] f. : fault
A qui la faute? *Whose fault is it?*

mistake
Corrigez vos fautes. *Correct your mistakes.*

fauteuil [fotœ:j] m. : armchair

faux, fausse [fo, fo:s] adj. : false
Le clown a un faux nez. *The clown has a false nose.*

wrong
Tu m'as donné un faux numéro. *You gave me a wrong number.*

femme [fam] f. : woman, wife

fenêtre [fənɛ:tr] f. : window
Les fenêtres étaient grandes ouvertes.
The windows were wide open.

fer [fɛr] m. : iron

ferme [fɛrm] f. : farm
Cette petite ferme appartient à mon oncle.
This little farm belongs to my uncle.

fermier [fɛrmje] m. : farmer

fermer [fɛrme] v. (1) : to shut
Ferme la fenêtre. *Shut the window.*

to close
Le magasin est fermé le dimanche.
The shop is closed on Sundays.

fermer le gaz, le robinet ... : to turn off the gas, the tap ...

fête [fɛ:t] f. : party

feu(x) [fø] m. : fire
La maison est en feu. *The house is on fire.*

light
Donne-moi du feu, s'il te plaît. *Please, give me a light.*

feuille [fœj] f. : leaf

Les feuilles tombent en automne. *Leaves fall in autumn.*

sheet

Passe-moi une feuille de papier. *Pass me a sheet of paper.*

février [fevrije] m. : February

ficelle [fisɛl] f. : string

As-tu une ficelle plus solide? *Have you got stronger string?*

fièvre [fjɛːvr] f. : temperature

figure [figyːr] f. : face

fil [fil] m. : (textile) thread

(métal) : wire

Télégraphie sans fil : *wireless communication.*

◆ Je vais lui donner un coup de fil. *I'll give him (her) a ring.*

fille [fiːj] f. : girl

Les filles et les garçons jouent ensemble.
Girls and boys are playing together.

daughter

Ma fille est aussi grande que moi.
My daughter is as tall as I am.

film [film] m. : film (U.S.: movie)

fils [fis] m. : son

C'est son fils unique. *He is her (his) only son.*

fin, fine [fɛ̃, fin] adj. : fine

fin [fɛ̃] f. : end

finir [finiːr] v. (2) : to end

Le chemin finit juste après la cabane.
The path ends just after the hut.

to finish

Je ne pourrai pas finir mon travail ce soir.
I shall not be able to finish my work tonight.

fini, ie [fini] adj. : over

En octobre, l'été est fini. *In October summer is over.*
Tout est fini entre nous! *All is over between us!*

done

As-tu fini? *Have you done?*

flamme [flaːm] f. : flame

fleur [flœːr] f. : flower

Elle a cueilli un bouquet de fleurs sauvages.
She gathered a bunch of wild flowers.

(arbres) : blossom

En avril, les vergers sont en fleurs.
In April, orchards are in blossom

LES FLEURS : FLOWERS

Un bleuet	A cornflower	**La lavande**	Lavender
Un bouton-d'or	A buttercup	**Le lilas**	Lilac
La bruyère	Heather	**Une marguerite**	A daisy
Le chèvre-feuille	Honeysuckle	**Le mimosa**	Mimosa
Un chrysanthème	A chrysanthemum	**Le muguet**	Lily of the valley
Un coquelicot	A poppy	**Le myosotis**	Forget-me-not
Un coucou	A cowslip	**Un œillet**	A pink
Un dahlia	A dahlia	**Une pensée**	A pansy
Un géranium	A geranium	**Un pois de senteur**	A sweet pea
La giroflée	Stock	**Une primevère**	A primrose
Un iris	An iris	**Une tulipe**	A tulip
Une jonquille	A jonquil		

fleurir [flœriːr] v. (2) : to flower, to blossom

Les tulipes fleurissent au printemps. *Tulips flower in spring.*

fleuve [flœːv] m. : river

fois [fwa] f. : time

— Combien de fois l'as-tu vue? — Une ou deux fois.
— *How many times did you see her? — Once or twice.*

foncé, ée [fɔ̃se] adj. : dark

fond [fɔ̃] m. : bottom

La bille est au fond du trou.
The marble is at the bottom of the hole.

back

Ils sont restés au fond de la salle.
They stood at the back of the room.

fondre [fɔ̃:dr] v. (4) : to melt

force [fɔrs] f. : strength

Il reprend des forces. *He is recovering his strength.*

forêt [fɔrɛ] f. : forest

Le Canada a d'immenses forêts. *Canada has immense forests.*

forme [fɔrm] f. : shape

fort, forte [fɔr, fɔrt] adj. : strong

Elle a peur de ne pas être assez forte.
She fears she won't be strong enough.

(sons) : loud

Ne parlez pas si fort; vous allez réveiller les enfants.
Don't speak so loudly; you'll wake the children.

fou, folle [fu, fɔ:l] adj. : mad

Vous me rendrez folle avec votre musique!
You'll drive me mad with your music!

foule [ful] f. : crowd

fourchette [furʃɛt] f. : fork

Veux-tu te servir de ta fourchette et de ton couteau!
Please, use your fork and knife!

fourrure [fury:r] f. : fur

frais, fraîche [frɛ, frɛ:ʃ] adj. : (température) cool

Il souffle un vent frais aujourd'hui.
There's a cool wind blowing today.

(qualité) : fresh

Ne mange pas cet œuf, il n'est pas frais.
Don't eat that egg, it's not fresh.

fraise [frɛːz] f. : strawberry

Grand-père a cueilli plus d'une livre de fraises.
Grandfather picked more than a pound of strawberries.

franc jeu : fair play

français, aise [frɑ̃sɛ, ɛːz] adj. : French

un **Français** : a Frenchman

J'ai rencontré un Français dans Piccadilly.
I met a Frenchman in Piccadilly.

une **Française** : a Frenchwoman

les **Français** : the French

France [frɑ̃ːs] f. : France

frapper [frape] v. (1) : to knock

Qui a frappé à la porte? *Who knocked at the door?*

to strike

Edith l'a frappé au visage. *Edith struck him in the face.*

frère [frɛːr] m. : brother

Elle a deux sœurs et un frère.
She has two sisters and one brother.

frire [friːr] v. (32) : to fry

froid, froide [frwa, frwad] adj.; **froid** m. : cold

Avez-vous froid? *Are you cold?*

fromage [frɔmaːʒ] m. : cheese

front [frɔ̃] m. : forehead

Il s'est fait une bosse au front. *He bumped his forehead.*

(se) frotter [frɔte] v. (1) : to rub

Frotte-le avec la main. *Rub it with your hand.*

to polish

J'ai frotté la table, regarde comme elle brille!
I have polished the table, look how it shines!

◆ mais : Frotte une allumette. *Strike a match.*

fruit [frui] m. : fruit

LES FRUITS : FRUIT

Un arbre fruitier	A fruit tree	**Une groseille à maquereau**	A gooseberry
Un cerisier	A cherry tree	**Un pamplemousse**	A grapefruit
Un poirier	A pear tree	**Un noyau**	A stone
Un pommier	An apple tree	**La peau**	The peel
Un abricot	An apricot	**Un pépin (de pomme)**	A pip
Un ananas	A pineapple	**Un pépin (de raisin)**	A stone
Une banane	A banana	**La queue**	The stem
Une datte	A date	**Amer (amère)**	Bitter
Une figue	A fig	**Juteux (euse)**	Juicy
Une framboise	A raspberry		
Une groseille blanche, rouge	A white, red currant		

fumée [fyme] f. : smoke

fumer [fyme] v. (1) : to smoke

Défense de fumer. *No smoking.*

G

gagner [gɑɲe] v. (1) : (salaire) to earn

Combien gagne-t-il par an? *How much does he earn a year?*

(victoire) : to win

Ils ont gagné deux matches. *They won two matches.*

gai, gaie [ge] adj. : merry

gant [gɑ̃] m. : glove

Elle a encore égaré ses gants. *She has mislaid her gloves again.*

garage [garaːʒ] m. : garage

garçon [garsɔ̃] m. : boy

Mon frère est directeur d'une école de garçons.
My brother is headmaster of a boys' school.

garder [garde] v. (1) : to keep

Tu peux garder mon vélo pour le week-end.
You can keep my bike for the week-end.

gare [gar] f. : station

gâteau(x) [gɑto] m. : cake

Veux-tu un morceau de gâteau? *Do you want a piece of cake?*

(à) gauche [goːʃ] : (on, to the) left

En Angleterre, on conduit à gauche.
In England, they drive on the left.

gaz [gaz] m. : gas

Ouvrir, fermer le gaz : *to turn on, to turn off the gas.*

geler [ʒəle] v. (5) : to freeze

Il gèle fort dehors. *It's freezing hard outside.*

genou(x) [ʒənu] m. : knee

gens [ʒɑ̃] m. et f. pl. : people

gentil, ille [ʒɑ̃ti, iːj] adj. : nice

Sois gentille avec lui. *Be nice to him.*

kind

C'est très gentil à vous. *That's very kind of you.*

glace [glas] f. : ice; ice-cream

La glace est assez épaisse pour patiner.
The ice is thick enough for skating.

glace f. : looking-glass, mirror

J'ai besoin d'une glace pour me raser.
I need a looking-glass to shave.

glisser [glise] v. (1) : to slide

goûter [gute] v. (1) : to taste

Avez-vous goûté à notre vin nouveau?
Have you tasted our new wine?

goutte [gut] f. : drop

gouvernement [guvɛrnəmɑ̃] m. : government

grain [grɛ̃] m. : (blé, sable, sel) grain; (poivre, maïs) corn

mais : Un grain de café : *a coffee-bean;* un grain de raisin : *a grape.*

graisse [grɛs] f. : grease

grand, grande [grɑ̃, grɑ̃ːd] adj. : great

Victor Hugo fut un très grand poète.
Victor Hugo was a great poet.

large

Versailles a un grand palais. *Versailles has a large palace.*

big

New York est le plus grand port du monde.
New York is the biggest port in the world.

tall

Papa est plus grand que Maman.
Daddy is taller than Mummy.

grandir [grɑ̃diːr] v. (2) : to grow (up)

grand-mère : grandmother; **grand-père :** grandfather

grands-parents : grandparents

une grande personne : a grown-up

gras, grasse [grɑ, grɑːs] adj. : fat

Le porc était gros et gras. *The pig was big and fat.*

(se) gratter [grate] v. (1) : to scratch

Plus on se gratte, plus ça démange.
The more you scratch, the more it itches.

gratte-ciel [gratsjɛl] m. : skyscraper

gratuit, uite [gratɥi, ɥit] adj. : free

L'entrée est gratuite. *The entrance is free.*

griffer [grife] v. (1) : to scratch

En jouant, le chat m'a griffée.
While playing, the cat scratched me.

grimper [grɛ̃pe] v. (1) : to climb (up)

Aide-moi à grimper sur cet arbre.
Help me to climb up this tree.

gris, grise [gri, griːz] adj. : grey

gros, grosse [gro, groːs] adj. : big

« Les gros poissons mangent les petits. »
"*Big fish eat smaller ones.*"

guérir [geriːr] v. (2) : to cure

Ce médecin m'a guéri. *This doctor cured me.*

to recover

Enfin, elle guérit. *At last, she recovered.*

guerre [gɛːr] f. : war

Ces deux voisins sont en guerre à cause de leurs chiens.
Those two neighbours are at war because of their dogs.

gueule [gœl] f. : mouth (of animal)

H

(s') habiller [abije] v. (1) : to dress

Étienne n'a pas eu le temps de s'habiller.
Stephen hadn't time to dress.

habitant [abitɑ̃] m. : inhabitant

Combien d'habitants y a-t-il dans ce village?
How many inhabitants are there in this village?

habiter [abite] v. (1) : to live

Nous habitons chez nos parents. *We live with our parents.*

habité, ée [abite] adj. : inhabited

être habitué à : to be used to

Il est habitué à travailler tard dans la nuit.
He is used to working late at night.

d'habitude [abityd] : usually

haricot [*ariko] m. : bean

Nous avons mangé des haricots verts.
We ate French beans.

haut, haute [*o, *oːt] adj. : high

Le mont Blanc est la plus haute montagne d'Europe.
Mont Blanc is the highest mountain in Europe.

(sons) : loud

Lisez ce texte à haute voix. *Read this text in a loud voice.*

haut m. : top

en haut : at the top

Le paragraphe commence en haut de la page.
The paragraph begins at the top of the page.

(maison) : upstairs

Où es-tu? En haut ou en bas?
Where are you? Upstairs or downstairs?

herbe [ɛrb] f. : grass

heure [œːr] f. : (= 60 mn) hour

Il gagne vingt francs de l'heure. *He earns twenty francs an hour.*

time

Quelle heure est-il? *What time is it?*

... heure(s) : ... o'clock

Il est deux heures à ma montre. *It is two o'clock by my watch.*

heureux, euse [ørø, øːz] adj. : happy

hier [ijɛr] : yesterday

C'est le journal d'hier. *It is yesterday's paper.*

hirondelle [irɔ̃dɛl] f. : swallow

histoire [istwaːr] f. : history

Catherine aime beaucoup l'histoire naturelle.
Catherine is very fond of natural history.

story

Une histoire sans paroles.
A story without words.

hiver [ivɛːr] m. : winter

homme [ɔm] m. : man

Quel homme! *What a man!*

avoir honte [*ɔ̃ːt] : to be ashamed

J'ai honte d'avoir été si impoli.
I am ashamed of having been so rude.

hôpital [ɔpital] m. : hospital

horloge [ɔrlɔːʒ] f. : clock

huile [ɥil] f. : oil

Aimez-vous l'huile d'olive? *Do you like olive oil?*

huit [*ɥit] : eight; **huitième** [*ɥitjɛm] : eighth

humide [ymid] adj. : wet

Nous avons eu un été très humide. *We had a very wet summer.*

I

ici [isi] : here

Ne nous arrêtons pas ici.
Let's not stop here. Don't let us stop here.

idée [ide] f. : idea

J'ai une idée!
I've got an idea!

ignorant, ante [iɲɔrɑ̃, ɑ̃ːt] adj. : ignorant

Comme vous êtes ignorants! *How ignorant you are!*

il [il] : he, it

Est-il venu? *Did he come?*
Le canard est un oiseau, il a un bec.
The duck is a bird, it has a bill.

île [iːl] f. : island

L'Australie est une île. *Australia is an island.*

ils [il] : they

Ils arriveront bientôt. *They will arrive soon.*

il y a : there is, there are

Il y a un garage au fond de la cour.
There is a garage at the back of the yard.
Il y a de nombreux moulins à vent en Hollande.
There are many windmills in Holland.

it is

Il y a quinze kilomètres de Paris à Versailles.
It is fifteen kilometres from Paris to Versailles.

ago

Elle est morte il y a trois ans. *She died three years ago.*

for

Il y a trois heures qu'il parle (= il parle depuis trois heures).
He has been speaking for three hours.

image [imaːʒ] f. : picture

immobile [immɔbil] adj. : motionless, still

imperméable [ɛ̃pɛrmeabl] m. : raincoat

Il ne sort jamais sans son imperméable.
He never goes out without his raincoat.

avoir de l'**importance** : to matter

important, ante [ɛ̃pɔrtɑ̃, ɑ̃ːt] adj : important

Il est important pour vous d'apprendre l'anglais.
It is important for you to learn English.

n'importe [ɛ̃pɔrt] **quel, lequel** : any, either

— Lequel de ces petits chats voulez-vous? — N'importe lequel fera l'affaire.
Which of these kittens do you want? — Any of them will do.
Vous pouvez marcher de n'importe quel côté de l'allée.
You may walk on either side of the path.

n'importe comment : anyhow

N'importe comment, il viendra. *He will come, anyhow.*

n'importe où : anywhere

Mets ça n'importe où. *Put that anywhere.*

n'importe quand : (at) any time

— Quand dois-je venir? — N'importe quand.
— When should I come? — Any time.

n'importe qui : anybody, anyone

N'importe qui peut apprendre le français.
Anyone can learn French.

n'importe quoi : anything

impossible [ɛ̃pɔsibl] adj. : impossible

C'est impossible à faire. *It's impossible to do.*

imprudent, ente [ɛ̃prydɑ̃, ɑ̃ːt] adj. : careless

Ton frère est un conducteur imprudent.
Your brother is a careless driver.

imprudent, rash

C'est imprudent de traverser la voie ferrée.
Crossing the railway is imprudent.

incapable [ɛ̃kapabl] adj. : unable

Il sera incapable de monter cette côte.
He will be unable to climb this hill.

incendie [ɛ̃sɑ̃di] m. : fire

inférieur, eure [ɛ̃ferjœːr] adj. : lower

Elle s'est mordu la lèvre inférieure. *She bit her lower lip.*

(s') inquiéter [ɛ̃kjete] v. (1) : to worry

Ne t'inquiète pas, tout ira bien.
Don't worry, everything will be all right

insecte [ɛ̃sɛkt] m. : insect

LES INSECTES : INSECTS

Une abeille	A bee	**Une sauterelle**	A grasshopper
Une bête à bon Dieu	A ladybird	**Un cocon**	A cocoon
Un bourdon	A bumblebee	**Une fourmilière**	An ant-hill
Une chenille	A caterpillar	**Le miel**	Honey
Une cigale	A cicada	**Une piqûre de guêpe**	A wasp sting
Une fourmi	An ant	**Une piqûre de moustique**	A mosquito bite
Un grillon	A cricket	**Une ruche**	A beehive
Une guêpe	A wasp	**Une toile d'araignée**	A cobweb
Un hanneton	A cockchafer		
Un pou	A louse		
Une puce	A flea		

instituteur [ɛ̃stitytœːr] m. : schoolmaster

institutrice [ɛ̃stitytris] f. : schoolmistress

Votre institutrice est-elle mariée?
Is your schoolmistress married?

intelligent, ente [ɛ̃tɛliʒɑ̃, ɑ̃ːt] adj. : intelligent

INTELLIGENCE ET CARACTÈRE : MIND AND TEMPERAMENT

Une amitié	A friendship	**Aimable**	Kind
Le bonheur	Happiness	**Avare**	Miserly
La bonté	Kindness	**Charitable**	Charitable
La charité	Charity	**Coupable**	Guilty
L'enthousiasme	Enthusiasm	**Égoiste**	Selfish
L'esprit	Mind	**Fier (fière)**	Proud
Le génie	Genius	**Gai(e)**	Gay
La honte	Shame	**Généreux(euse)**	Generous
L'imagination	Imagination	**Imbécile**	Foolish
La joie	Joy	**Innocent(e)**	Innocent
La maîtrise de soi	Self-control	**Jaloux(ouse)**	Jealous
		Malin(e)	Mischievous
La mémoire	Memory	**Modeste**	Modest
Un mensonge	A lie	**Patient(e)**	Patient
L'orgueil (m.)	Pride	**Peureux(euse)**	Fearful
La paresse	Laziness	**Sensible**	Sensitive
Une pensée	A thought	**Sévère**	Strict
La patience	Patience	**Sot, sotte**	Stupid
La raison	Reason	**Taquin(e)**	Teasing
La sagesse	Wisdom	**Têtu(e)**	Stubborn
Du bon sens	Commonsense	**Timide**	Shy
Un sentiment	Feeling		
La vertu	Virtue		
La volonté	Will	**Admirer**	To admire
		Craindre	To fear
Affectueux(euse)	Affectionate	**Détester**	To detest

intéressant, ante [ɛ̃terɛsɑ̃, ɑ̃ːt] adj. : interesting

(à l') **intérieur** [ɛ̃terjœːr] : inside

Avez-vous visité l'intérieur du château?
Did you visit the inside of the castle?

inutile [inytil] adj. : useless

N'achète pas de choses inutiles. *Don't buy useless things.*

invention [ɛ̃vɑ̃sjɔ̃] f. : invention

invité, ée [ɛ̃vite] m. et f. : guest

Tous les invités étaient présents. *All the guests were present.*

inviter [ɛvite] v. (1) : to invite

Elle m'a invitée à son mariage. *She invited me to her wedding.*

to ask to

Je l'ai invité à ma fête d'anniversaire.
I asked him to my birthday party.

J

jamais [ʒamɛ] : never

Grand-père ne fume jamais. *Grandfather never smokes.*

jambe [ʒɑ̃:b] f. : leg

Il s'est cassé la jambe en jouant au football.
He broke his leg playing football.

janvier [ʒɑ̃vje] m. : January

jardin [ʒardɛ̃] m. : garden

jardinier [ʒardinje] m. : gardener

LE JARDIN POTAGER : THE KITCHEN GARDEN

Une allée	A path	**Un chou-fleur**	A cauliflower
Un arrosoir	A watering-can	**Des épinards**	Some spinach
Une bêche	A spade	**Un haricot vert**	A french bean
Une fourche	A fork	**Une laitue**	A lettuce
Une pelle	A shovel	**Un navet**	A turnip
Un râteau	A rake	**Du persil**	Some parsley
Un tuyau d'arrosage	A hose	**Des petit pois**	Some green peas
		Un poireau	A leek
		Un radis	A radish
Un artichaut	An artichoke	**Une tomate**	A tomato
Une asperge	An asparagus		
Une betterave	A beetroot	**Cultiver**	To grow
Un champignon	A mushroom	**Semer**	To sow

jaune [ʒoːn] adj. et m. : yellow

mais : Donne-moi un jaune d'œuf. *Give me the yolk of an egg.*

je [ʒə], **j'** : I

Je suis une fille. *I am a girl.*

jeter [ʒəte] v. (8) : to throw

Tu peux jeter cette boîte si tu n'en as pas besoin.
You can throw away this box if you don't need it.

jeu(x) [ʒø] m. : game

Les jeux Olympiques ont lieu tous les quatre ans.
The Olympic Games take place every four years.

jeudi : [ʒødi] m. : Thursday

jeune [ʒœn] adj. : young

Les jeunes gens dansaient sur la place.
The young people were dancing in the square.

un **jeune homme :** a young man

une **jeune fille :** a young lady

joli, ie [ʒɔli] adj. : pretty

Elle n'est pas aussi jolie que ma sœur.
She is not so pretty as my sister.

joue [ʒu] f. : cheek

jouer [ʒwe] v. (1) : to play

Arrête de jouer, il est temps d'aller au lit.
Stop playing, it is bed time.

jouet [ʒwɛ] m. : toy

As-tu rangé tes jouets? *Have you put your toys away?*

jour [ʒuːr] m. : (lumière) daylight, light

Il faisait grand jour quand je me suis réveillé.
It was broad daylight when I awoke.

jour, journée [ʒurne] : (temps) day, daytime

J'irai vous voir un de ces jours.
I shall go and see you some day.
Il a plu toute la journée. *It rained all day long.*

de tous les jours : everyday

C'est mon manteau de tous les jours. *It is my everyday coat.*

journal [ʒurnal] **(aux)** m. : (news)paper

Avez-vous lu le journal d'aujourd'hui?
Have you read today's paper?

joyeux, euse [ʒwajø, øːz] adj. : merry

Voilà une joyeuse assemblée! *That's a merry gathering!*

juillet [ʒɥijɛ] m. : July

Le quatorze juillet est le jour de la fête nationale en France.
The fourteenth of July is France's national day.

juin [ʒɥɛ̃] m. : June

jupe [ʒyp] f. : skirt

Elle a acheté une jupe plissée. *She bought a pleated skirt.*

jus [ʒy] m. : juice

Il ne boit que du jus de raisin. *He only drinks grape juice.*

jusque [ʒysk] : (temps) till, until

J'ai roulé jusqu'à la nuit. *I drove till (= until) night.*

(espace) : as far as

Il a nagé jusqu'au plongeoir.
He swam as far as the diving-board.

(limite) : to

Compte jusqu'à vingt. *Count up to twenty.*

jusqu'où ...? : how far ...?

— Jusqu'où es-tu allé? — Jusqu'au moulin.
— *How far did you go? As far as the mill.*

juste [ʒyst] adj. : just

Notre maître est juste. *Our master is a just man.*

fair

Ce n'est pas juste! *It is not fair!*

right

Ces opérations sont justes. *These sums are right.*

(adv.) : just

Juste à ce moment, l'orage éclata. *Just then, the storm burst.*

L

la [la], **l'** : (art.) voir LE
(pr.) : her, it

— Sa sœur est-elle revenue? — Oui, je l'ai vue hier.
— *Is his (her) sister back? — Yes, I saw her yesterday.*
Il la réparera demain. *He will repair it tomorrow.*

là : there

L'entrée est là-bas. *The entrance is over there.*
Qui est là? *Who is there?*

lac [lak] m. : lake

laid, laide [lɛ, lɛːd] adj. : ugly

Que tu es laide quand tu pleures!
How ugly you are when you cry!

laine [lɛn] f. : wool

Il a fallu dix pelotes de laine pour tricoter cette jupe.
It took ten balls of wool to knit this skirt.

laisser [lɛse] v. (1) : to leave

C'est à prendre ou à laisser.
Take it or leave it.
Ne laissez pas votre voiture ici.
Don't leave your car here.

to let

Laissez ces enfants jouer dans le jardin.
Let these children play in the garden.

lait [lɛ] m. : milk

lampe [lɑ̃ːp] f. : lamp

lancer [lɑ̃se] v. (6) : to throw

langue [lɑ̃:g] f. : tongue

Je l'ai sur le bout de la langue.
I have it on the tip of my tongue.

langue, langage [lɑ̃ga:ʒ] m. : language

Connaissez-vous une autre langue?
Do you know any other language?

lapin [lapɛ̃] m. : rabbit

large [larʒ] adj. : broad

Il a les épaules larges. *He has broad shoulders.*

wide

La rivière est très large ici. *The river is very wide here.*

largeur [larʒœ:r] f. : width

◆ mais : Quelle est la largeur de la rivière? *How wide is the river?*
La rivière a trois mètres de large.
The river is three metres in width (= wide).

larme [larm] f. : tear

Il l'a trouvée en larmes. *He found her in tears.*

(se) laver [lave] v. (1) : to wash

le [lə], **la, l'** : (art.) the

Le ciel est bleu aujourd'hui. *The sky is blue today.*
J'ai pris la robe dans l'armoire.
I took the dress out of the wardrobe.

a, an

Elle s'est cassé le bras dans un accident d'auto.
She broke an arm in a car accident.

pr. : him, it

Je l'ai rencontré en bas. *I met him downstairs.*
Voilà un bateau, le vois-tu? *There is a boat, can you see it?*

so

Qui te l'a dit? *Who told you so?*
Je ne le pense pas. *I don't think so.*

leçon [ləsɔ̃] f. : lesson

Il a récité sa leçon. *He said his lesson.*

léger, ère [leʒe, ɛːr] adj. : light

légume [legym] m. : vegetable

lent, lente [lɑ̃, lɑ̃ːt] adj. : slow

Bien que plus lente, la tortue a gagné la course.
Although slower, the tortoise won the race.

lentement [lɑ̃tmɑ̃] : slowly

lequel [ləkɛl], **laquelle** [lakɛl] : which

Laquelle de ces routes est la bonne?
Which of these roads is the right one?

lesquels, lesquelles [lekɛl] : which

Lesquels de vos élèves n'ont pas cours aujourd'hui?
Which of your pupils have no classes today?

les [lɛ] : (art.) the

Les vagues battaient la jetée.
The waves were beating against the pier.

pr. : them

Je ne les connais pas. *I don't know them.*

lessive [lɛsiːv] f. : washing

C'est demain jour de lessive. *Tomorrow is washing-day.*

faire la lessive : to do one's washing

lettre [lɛtr] f. : letter

Le facteur a-t-il apporté une lettre pour moi?
Did the postman bring a letter for me?

leur [lœːr] : (adj.) their

Tous les marins rejoignent leur bateau.
All the sailors are going back to their ship.

pr. : them

Il leur a donné un bout de terrain sur lequel ils ont construit leur maison.
He gave them a patch of land on which they built their house.

le leur, la leur, les leurs : theirs

Voici vos livres, rendez-leur les leurs.
Here are your books, give them back theirs.

un(e) de leurs ... : a(n) ... of theirs — one of their

C'est une de leurs voitures. *It's one of their cars.*

levé, e [ləve] adj. : voir DEBOUT

lever [ləve] v. (5) : to lift

Il n'a même pas levé les yeux de son journal.
He did not even lift his eyes from his paper.

to raise

Levez la main si vous connaissez la réponse.
Raise your hand if you know the answer.

se lever : to get up

Il pleuvait quand je me suis levé.
It was raining when I got up.

to stand up

Il se leva et me donna sa place.
He stood up and gave me his seat.

to rise

Ils se levèrent de table à deux heures.
They rose from table at two o'clock.

lèvre [lɛːvr] f. : lip

Pourquoi a-t-elle les lèvres si rouges?
Why are her lips so red?

liberté [libɛrte] f. : liberty

« Liberté, Égalité, Fraternité » est la devise de la République française.
"Liberty, Fraternity, Équality" is the motto of the French Republic.

freedom

Nous jouissons d'une liberté complète.
We enjoy complete freedom.

libraire [librɛːr] m. : bookseller

librairie [librɛri] f. : bookshop

libre [libr] adj. : free

Tu es libre d'aller et venir. *You are free to come and go.*

au lieu de [ljø] : instead of

Il rêve au lieu de travailler.
He is day-dreaming instead of working.

ligne [liɲ] f. : line

linge [lɛ̃:ʒ] m. : linen

Il faut laver son linge sale en famille.
Don't wash your dirty linen in public.

lion [ljɔ̃] m. : lion

lire [li:r] v. (33) : to read

Maintenant, lisons ce poème. *Now, let's read this poem.*

lit [li] m. : bed

Je fais mon lit tous les matins.
I make my bed every morning.

livre [livr] m. : book

J'ai réussi à mettre tous mes livres dans mon cartable.
I managed to put all my books in my satchel.

livre f. : pound

En France, une livre vaut un demi-kilo.
In France, one pound equals half a kilo.

locomotive [lɔkɔmɔtiv] f. : engine

loin [lwɛ̃] : far

Le garage n'est pas aussi loin que l'usine.
The garage is not so far as the factory.

plus loin : farther (= further)

long, longue [lɔ̃, lɔ̃:g] adj. : long

La girafe a un long cou. *The giraffe has a long neck.*

le long de : along

Nous l'avons suivi tout le long de la rue.
We followed him (it) all along the street.

longtemps [lɔ̃tɑ̃] : long, a long time

Nous ne pouvons rester longtemps. *We can't stay long.*
Il y a longtemps que je la connais.
I have known her for a long time.

longueur [lɔ̃gœ:r] f. : length

Sur quelle longueur d'onde avez-vous la B.B.C.?
On what wave-length do you get the B.B.C.?

loup [lu] m. : wolf

lourd, lourde [lu:r, lu:rd] adj. : heavy

Les poids lourds prennent cette route.
Heavy lorries use this road.

lui [lɥi] : (sujet) he

Elle est plus gentille que lui. *She is nicer than he (is).*
C'est lui qui a tondu la pelouse. *It's he who mowed the lawn.*

(compl.) : him, her, it

Ton manteau est sale, donne-lui un bon coup de brosse.
Your coat is dirty, give it a good brush.
Je lui parle. *I am speaking to him (her).*

à lui (possessif) : his

lui-même : himself, itself

Il veut construire lui-même sa maison de campagne.
He wants to build his country house himself.
Le lion lui-même a peur du feu. *The lion itself is afraid of fire.*

lumière [lymjɛ:r] f. : light

Elle lisait à la lumière du feu.
She was reading by the light of the fire.

lundi [lœ̃di] m. : Monday

lune [lyn] f. : moon

lunettes [lynɛt] f. pl. : glasses, spectacles

Porte-t-il des lunettes? *Does he wear spectacles (= glasses)?*

M

ma [ma] : my

Ma robe est trop longue. *My dress is too long.*

machine [maʃin] f. : machine

◆ mais : Une machine à écrire : *a type-writer;*
une machine à vapeur : *a steam-engine...*

madame (Mme) [madam] f. : madam

Oui, Madame. *Yes, Madam.*
Madame Dupont. *Mrs Dupont*
Chère Madame, ... *Dear Madam, ...*

mademoiselle (Mlle) [madmwazɛl] f. : miss

Bonjour, Mademoiselle. *Good morning, Miss.*
Mademoiselle Dubois. *Miss Dubois.*
Chère Mademoiselle, ... *Dear Miss Dubois, ...*

magasin [magazɛ̃] m. : shop (U.S.: store)

Elle est vendeuse dans un magasin de chaussures.
She is a shop-assistant in a shoe-shop.

mai [mɛ] m. : May

maigre [mɛːgr] adj. : lean

main [mɛ̃] f. : hand

Serrez-lui la main.
Shake hands with him (her).

maintenant [mɛ̃tnɑ̃] : now

Maintenant, chantons ensemble. *Now, let's sing together.*

mairie [mɛri] f. : town hall

mais [mɛ] : but

Il est gentil, mais trop timide. *He is nice, but too shy.*

maison [mɛzɔ̃] f. : house, home

Ils veulent acheter une maison. *They want to buy a house.*

à la maison : (at) home

Je rentre à la maison. *I'm going home.*

LA MAISON : THE HOUSE

Une cabane	A hut	**Le rez-de-chaussée**	The ground (U.S. first) floor
Une caravane	A caravan	**Le sous-sol**	The basement
Une chaumière	A cottage	**Un volet**	A shutter
Un gratte-ciel	A skyscraper	**Le concierge**	The porter
Un hôtel	A hotel	**Un, une locataire**	A tenant
Une tente	A tent	**À louer**	To rent
Une villa	A villa	**Le, la propriétaire**	The owner
Un ascenseur	A lift (U.S. elevator)	**Déménager**	To move out
Un balcon	A balcony	**Emménager**	To move in
La clôture	The fence		
Le grenier	The attic	**Une brique**	A brick
La porte d'entrée	The front door	**Du ciment**	Cement
		Du marbre	Marble
Le premier étage	The first (U.S. second) floor	**Du plâtre**	Plaster
		Du papier peint	Wallpaper

maître [mɛːtr] m. : master; (school)master

maîtresse [mɛːtrɛs] f. : mistress; (school)mistress

mal [mal] adv. : badly

Il écrit très mal. *He writes very badly.*

avoir mal à, au ... : to have a pain in...

J'ai mal au bras. *I have a pain in my arm.*

to have ...ache

Il a mal aux dents. *He has toothache.*

faire mal : to ache

Le dos me fait mal. *My back is aching.*

(se) faire mal : to hurt

Mes chaussures me font mal. *My shoes hurt me.*

malade [malad] adj. : sick

Il a mangé trop de chocolat et il a été malade.
He ate too much chocolate and was sick.

ill

Il est tombé malade en rentrant de l'école.
He was taken ill coming back from school.

maladie [maladi] f. : illness

Sa maladie est-elle grave? *Is his (her) illness serious?*

malheureux, euse [malœrø, øːz] adj. : unhappy

Elle est plus malheureuse qu'elle ne le paraît.
She is more unhappy than she looks.

unfortunate

C'est un accident malheureux. *It's an unfortunate accident.*

maman [mamɑ̃] f. : mummy, mum

Papa aime Maman. *Daddy loves Mummy.*

mammifères [mammifɛr] m. pl. : mammals

MAMMIFÈRES : MAMMALS

Une baleine : A whale
Un buffle : A buffalo
Un castor : A beaver
Une chauve-souris : A bat
Un dromadaire : A dromedary
Une gazelle : A gazelle
Une girafe : A giraffe
Un hérisson : A hedgehog
Un hippopotame : A hippopotamus
Un kangourou : A kangaroo
Un lièvre : A hare
Une panthère : A panther
Un phoque : A seal
Un rat : A rat
Un renne : A reindeer
Un rhinocéros : A rhinoceros
Un sanglier : A boar
Une taupe : A mole
Un taureau : A bull
Un zèbre : A zebra

Un cerf : A stag
Une biche : A hind
Un faon : A fawn
Une brebis : An ewe
Un agneau : A lamb
Une lionne : A lioness
Un lionceau : A lion-cub
Une louve : A she-wolf
Un louveteau : A wolf-cub
Une renarde : A vixen
Un renardeau : A fox-cub

Une corne : A horn
Une défense : A tusk
Le museau : The muzzle
Une queue : A tail

Bêler : To bleat
Beugler : To low
Braire : To bray
Hurler : To howl
Rugir : To roar

Apprivoiser : To tame
Dresser : To train

manche [mɑ̃:ʃ] f. : sleeve

Les manches ont raccourci au lavage.
The sleeves shrank in the wash.

m. : handle

Le manche de ce canif est en corne.
This penknife handle is made of horn.

manger [mɑ̃ʒe] v. (7) : to eat

Qu'y a-t-il à manger? *What's there to eat?*

manquer [mɑ̃ke] v. (1) : to miss

Il manque deux pages à ce livre.
Two pages of this book are missing.

manteau(x) [mɑ̃to] m. : coat (U.S.: topcoat)

Ton manteau est usé. *Your coat is worn out.*

marche [marʃ] f. : step

Il y a trois marches à descendre pour aller au jardin.
There are three steps leading down to the garden.

marche f. : walk

marcher [marʃe] v. (1) : to walk

Il a marché pendant deux heures. *He walked for two hours.*

to go

Tout a très bien marché. *All went very well.*

mécanique : to work

Cette pompe ne marche pas. *This pump does not work.*

marché [marʃe] m. : market

mardi [mardi] m. : Tuesday

mare [ma:r] f. : pool

Les grenouilles sautent dans la mare.
The frogs are jumping into the pool.

mari [mari] m. : husband

se marier [marje] v. (1) : to marry

Ils sont mariés depuis quinze ans.
They have been married for fifteen years.

marin [marɛ̃] m. : sailor

Les marins vont à terre. *The sailors are going ashore.*

mars [mars] m. : March

marteau(x) [marto] m. : hammer

Je me suis donné un coup de marteau sur le pouce.
I have hit my thumb with a hammer.

matin [matɛ̃] m. : morning

Il travaille du matin au soir. *He works from morning till night.*

mauvais, aise [mɔvɛ, ɛːz] adj. : bad

Ce film n'est pas si mauvais. *This film is not so bad.*

poor

Il est en mauvaise santé. *He is in poor health.*

wrong

Attention! Vous prenez la mauvaise direction.
Be careful! You're going in the wrong direction.

me [mə], **m'** : me

Il me voit et m'entend. *He sees and hears me.*

(réfléchi) : myself

Je me suis blessée. *I hurt myself.*
Je me sauve : *I'm off.* — Je me demande ... : *I wonder ...*

méchant, ante [meʃɑ̃, ɑ̃ːt] adj. : naughty

médecin [medsɛ̃] m. : voir DOCTEUR

médicament [medikamɑ̃] m. : medicine

N'oublie pas de prendre ton médicament.
Don't forget to take your medicine.

meilleur, eure [mejœːr] adj. : better

Votre accent est meilleur que l'année dernière.
Your accent is better than last year.

(le) meilleur, (la) meilleure : (the) best

C'est le meilleur des hommes. *He is the best of men.*

même [mɛːm] adj. : same
Nous sommes nés le même jour.
We were born on the same day.

adv. : even
J'aime jouer même quand je perds.
I like playing even when I lose.

mentir [mɑ̃tiːr] v. (34) : to lie

mer [mɛr] f. : sea

merci [mɛrsi] : thank you, thanks

mercredi [mɛrkrədi] m. : Wednesday

mère [mɛːr] f. : mother
Sa mère reste à la maison. *His (Her) mother stays at home.*

mes [mɛ] : my
Mes sœurs sont sorties. *My sisters are out.*

un(e) de mes ... : a(n) ... of mine, one of my ...
Ce n'est pas un de mes amis. *He is not a friend of mine.*

mesdames (Mmes) [medam] f. pl. : ladies
Mesdames et Messieurs... *Ladies and Gentlemen...*

mesdemoiselles (Mlles) [medmwazɛl] f. pl. : misses

messieurs (MM.) [mesjø] m. pl. : gentlemen
◆ Messieurs Dulac, Dupont, Durand étaient présents.
Messrs Dulac, Dupont, Durand, were present.

mesurer [məzyre] v. (1) : to measure
Il mesure sa chambre. *He is measuring his room.*
mais : La pièce mesure quatre mètres sur trois.
The room is four by three metres.

métier [metje] m. : trade
Il est temps que tu apprennes un métier.
It is time you learnt a trade.
Quel est son métier? (= Que fait-il?) *What does he do (for a living)?*

mètre [mɛtr] m. : metre (U.S.: meter)

métro(politain) [metro(pɔlitɛ̃)] m. : underground (Londres : tube)

A New York, le métropolitain s'appelle le « subway ».
In New York, the underground (railway) is called the "subway".

mettre [metr] v. (35) : to put

Elle a mis sa clé dans son sac. *She put her key into her bag.*

(vêtements) : to put on

(table) : to lay the table

Aide-moi à mettre la table. *Help me to lay the table.*

meuble [mœbl] m. : piece of furniture

Ce meuble appartenait à ma grand-mère.
This piece of furniture belonged to my grandmother.

midi [midi] m. : midday

Le repas de midi est important en France.
The midday meal is important in France.

twelve (o'clock)

Il est midi, le déjeuner est prêt.
It's twelve o'clock, lunch is ready.

le mien [mjɛ̃], **la mienne** [mjɛn] : mine

C'est ton affaire, ce n'est pas la mienne.
That's your business, it's not mine.

mieux [mjø] : better

Antoine va de mieux en mieux.
Anthony is getting better and better.

(le) mieux **:** (the) best

Je ferai de mon mieux. *I will do my best.*

milieu(x) [miljø] m. : middle

La balle est tombée en plein milieu du parterre. *The ball fell right in the middle of the flower-bed.*

mille [mil] : thousand

J'ai mille francs. *I have a thousand francs.*

mince [mɛ̃ːs] adj. : thin

minuit [minɥi] m. : midnight

Cendrillon a quitté le bal à minuit. *Cinderella left the ball at midnight.*

minute [minyt] f. : minute

mode [mɔd] f. : fashion

Ce n'est plus à la mode. *It is out of fashion.*

à la mode **:** fashionable

moderne [mɔdɛrn] adj. : modern

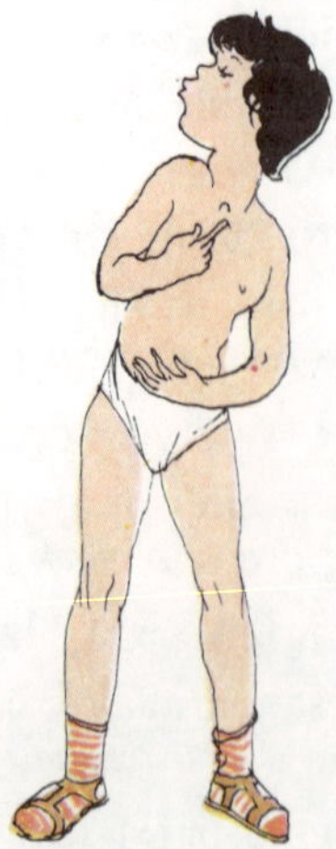

moi [mwa] : (suj.) I

— Qui l'a dit? — Moi.
— *Who said so? — I did.*

(compl.) : me

Prends-le pour moi. *Take it for me.*

à moi (possessif) : mine

moi-même **:** myself

Je le ferai moi-même. *I'll do it myself.*

moins [mwɛ̃] : less

Elle était moins fatiguée que sa mère. *She was less tired than her mother.*

(heure) : to

Il est cinq heures moins dix. *It is ten to five.*

mois [mwa] m. : month

moisson [mwasɔ̃] f. : harvest

La moisson a été retardée par la pluie.
The harvest was delayed by the rain.

moitié [mwatje] f., **à moitié** : half

Cette bouteille est-elle à moitié vide ou à moitié pleine?
Is this bottle half full or half empty?

moment [mɔmɑ̃] m. : moment

mon [mɔ̃] : my

Mon vélo est démonté.
My bike is in pieces.

monde [mɔ̃:d] m. : world

« Le Tour du monde en quatre-vingts jours. »
"*Round the world in eighty days.*"

people

Il y avait peu de monde à l'église ce matin.
There were few people at church this morning.

tout le monde : everybody, everyone

Il connaît tout le monde ici. *He knows everybody here.*

monnaie [mɔnɛ] f. : change

Vous pouvez garder la monnaie. *You can keep the change.*

monsieur (M.) [məsjø] m. : sir

Oui, monsieur. *Yes, sir.*
Monsieur Dumas : *Mr Dumas.*
Cher Monsieur : *Dear Sir ; Dear Mr Dumas.*

gentleman

Il y a un monsieur qui veut vous parler.
There is a gentleman who wants to speak to you.

montagne [mɔ̃taɲ] f. : mountain

LA MONTAGNE : THE MOUNTAIN

Une avalanche :	An avalanche	**Un bonhomme de neige** :	A snowman
Une cascade :	A waterfall	**Une boule de neige** :	A snowball
Un glacier :	A glacier	**Une luge** :	A sleigh
Une grotte :	A cave	**Un remonte-pente** :	A ski-lift
Un lac :	A lake	**Une route en lacet** :	A winding road
Un pic :	A peak	**Un sentier** :	A path
Un précipice :	A precipice	**Un téléphérique** :	A cable-car
Un rocher :	A rock	**Un télésiège** :	A chair-lift
Le sommet :	The top	**Un traîneau** :	A sledge
Un torrent :	A torrent	**Il y a du verglas** :	The road is slippery
Un volcan :	A volcano		
Un alpiniste :	A mountaineer		

monter [mɔ̃te] v. (1) : to climb up

Elle a peur de monter sur une échelle.
She is afraid of climbing up a ladder.

to go up

Nous sommes montés jusqu'en haut du phare.
We went up to the top of the lighthouse.

(maison) : to go upstairs

Montez et vous le trouverez. *Go upstairs and you'll find him.*

montre [mɔ̃tr] f. : watch

montrer [mɔ̃tre] v. (1) : to show

Je leur montrerai le chemin. *I'll show them the way.*

se moquer [mɔke] v. (1) : to laugh at

Ne vous moquez pas d'elle. *Don't laugh at her.*

◆ Je m'en moque! *I don't care!*

morceau(x) [mɔrso] m. : bit

Cale l'armoire avec un morceau de bois.
Steady the wardrobe with a bit of wood.

piece

Je voudrais un gros morceau de gâteau.
I would like a big piece of cake.

morceau de sucre : lump of sugar

mordre [mɔrdr] v. (4) : to bite

Bien fait! Tu t'es mordu la langue!
It serves you right! You bit your tongue!

mort, morte [mɔːr, mɔːrt] adj. : dead

Les feuilles mortes volent au vent.
The dead leaves flutter in the wind.

m. et f. : dead man, dead woman

mort f. : death

mot [mo] m. : word

Elle est partie sans dire un mot.
She went away without saying a word.

moteur [mɔtœːr] m. : motor

Papa a un moteur électrique dans son garage.
Dad has an electric motor in his garage.

engine

Le moteur de cette voiture fait un drôle de bruit.
This car's engine makes a funny noise.

mou, molle [mu, mɔl] adj. : soft

Le beurre est mou en été. *Butter is soft in summer.*

mouche [muʃ] f. : fly

Une mouche bourdonne dans la pièce.
A fly is buzzing in the room.

mouchoir [muʃwaːr] m. : handkerchief

Prends ton mouchoir et mouche-toi.
Take your handkerchief and blow your nose.

mouillé, ée [muje] adj. : wet

Il est rentré les pieds mouillés. *He came home with wet feet.*

moulin [mulɛ̃] m. : mill

mourir [muriːr] v. (36) : to die

moustique [mustik] m. : mosquito

Un moustique m'a piquée. *A mosquito bit me.*

mouton [mutɔ̃] m. : (animal) sheep

Un troupeau de moutons a bloqué la route.
A flock of sheep blocked the road.

(boucherie) : mutton

Ces côtelettes de mouton sont trop épaisses.
These lamb (mutton) chops are too thick.

moyen [mwajɛ̃] m. : way

Y a-t-il moyen de sortir d'ici?
Is there any way of getting out of here?

means

Le cambrioleur est entré dans la maison au moyen d'une fausse clé.
The burglar entered the house by means of a skeleton key.

moyenne [mwajɛn] f. : average

En moyenne, il a plu un jour sur trois.
On average, it rained one day out of three.

muet, muette [muɛ, muɛːt] adj. : dumb

mur [myːr] m. : wall

Un vieux mur entoure le jardin.
The garden is surrounded by an old wall.

mûr, mûre [myːr] adj. : ripe

mûrir [myriːr] v. (2) : to ripen

musique [myzik] f. : music

LA MUSIQUE ET LA DANSE : MUSIC AND DANCING

Un accordéon	An accordion
La batterie	The drums
Un concert	A concert
Une guitare	A guitar
Une flûte	A flute
Une harpe	A harp
Un orchestre	An orchestra
Un orgue	An organ
Un piano	A piano
Un violon	A violin
Un violoncelle	A violoncello
Un(e) chanteur (euse)	A singer
Un chef d'orchestre	A conductor
Un opéra	An opera
Un tourne-disque	A record-player
Battre la mesure	To beat time
Un ballet	A ballet
Un(e) danseur (euse)	A dancer

N

nager [naʒe] v. (7) : to swim

Il nage comme un poisson. *He swims like a fish.*

nageur, euse [naʒœːr, øːz] m. et f. : swimmer

naissance [nɛsɑ̃ːs] f. : birth

naître [nɛːtr] v. (37) : to be born

Elle est née le onze mai 1973.
She was born on the eleventh of May, 1973.

nappe [nap] f. : (table-)cloth

Il a renversé du vin sur la nappe.
He spilt wine on the table-cloth.

nature [natyːr] f. : nature

« L'habitude est une seconde nature. »
"*Habit is second nature.*"

naviguer [navige] v. (1) : to sail

navire [naviːr] m. : ship

Un navire est un grand bateau. *A ship is a big boat.*

ne [nə] : voir PAS; PLUS; QUE

né, née [ne] adj. : born

Où es-tu né? *Where were you born?*

nécessaire [nesesɛːr] adj. : necessary

neige [nɛːʒ] f. : snow

Le soleil faisait étinceler la neige.
The sun made the snow sparkle.

neiger [nɛʒe] v. (7) : to snow

n'est-ce pas ?

Il travaille bien, n'est-ce pas? *He works well, doesn't he?*

Elle avait un chien, n'est-ce pas?
She had a dog, hadn't she?
Il y a longtemps, n'est-ce pas?
That was a long time ago, wasn't it?

nettoyer [nɛtwaje] v. (9) : to clean

Elle nettoie la maison avec un aspirateur.
She cleans the house with a vacuum cleaner.

neuf, neuve [nœf, nœv] adj. : new

Ma robe neuve est jolie, n'est-ce pas?
My new dress is pretty, isn't it?

neuf [nœf] : nine; **neuvième** [nœvjɛm] : ninth

nez [ne] m. : nose

Elle ne voit pas plus loin que le bout de son nez.
She cannot see any farther than the tip of her nose.

ni ... ni [ni] : neither ... nor

Je n'ai ni papier ni crayon. *I have neither paper nor pencil.*

ni l'un ni l'autre : voir UN

Noël [nɔɛl] m. : Christmas

Nous avons rencontré le Père Noël!
We met Father Christmas! (Santa Claus).

nœud [nø] m. : knot

Il y a un nœud à mon lacet. *There is a knot in my shoe-lace.*

noir, noire [nwaːr] adj. : black

nom [nɔ̃] m. : name

Son prénom est Anne et son nom de famille est Dubout.
Her Christian (first) name is Ann and her surname is Dubout.

nombre [nɔ̃br] m. : number

nombreux, euse [nɔ̃brø, øːz] adj. : many, numerous

Il a reçu de nombreux cadeaux.
He received many (numerous) gifts.
◆ mais : Une famille nombreuse : *a large family.*

se nommer [nɔme] v. (1) : to be called (named)

Ce garçon se nomme Édouard.
This boy is called (named) Edward.

non [nɔ̃] : no, not

— L'as-tu vue? — Non. — *Did you see her? — No.*
J'espère que non. *I hope not.*

nord [nɔːr] m. : north

Sa chambre donne au nord. *His room faces north.*

nos [no] : our

Nos enfants skiaient ensemble.
Our children were skiing together.

un(e) de nos ... : a(n) ... of ours

Nous avons passé une semaine chez une de nos tantes.
We spent a week with an aunt of ours.

note [nɔt] f. : mark

Il m'a donné une mauvaise note. *He gave me a bad mark.*

notre [nɔtr] : our

Notre chien s'est sauvé. *Our dog ran away.*

le nôtre, la nôtre, les nôtres [noːtr] : ours

Vos lilas fleurissent toujours avant les nôtres.
Your lilac always flowers before ours.

nourriture [nurityːr] f. : food

nous [nu] : (sujet) we; (compl.) us

Nous mangerons les bonbons qu'il nous a donnés.
We shall eat the sweets he gave us.

(réfléchi) : ourselves

Nous nous chauffons près du feu.
We are warming ourselves by the fire.

à nous (possessif) : ours

nous-mêmes : ourselves

Nous n'osons pas le faire nous-mêmes.
We dare not do it ourselves.

nouveau(x) [nuvo], **nouvel, nouvelle** [nuvɛːl] adj. : new

La maîtresse accueille les nouveaux élèves.
The schoolmistress greets the new pupils.

nouvelle(s) f. : news

As-tu entendu la nouvelle à la radio?
Have you heard the news on the radio?

novembre [nɔvɑ̃ːbr] m. : November

se noyer [nwaje] v. (9) : to drown

Elle tomba du pont et se noya dans la rivière.
She fell from the bridge and drowned in the river.

nu, nue [ny] adj. : naked

C'est visible à l'œil nu. *It's visible to the naked eye.*

bare

Ne restez pas la tête nue au soleil.
Don't stay bareheaded in the sun.

nuage [nɥaːʒ] m. : cloud

Il est toujours dans les nuages. *He is always daydreaming.*

nuit [nɥi] f. : night

Avez-vous bien dormi la nuit dernière?
Did you sleep well last night?

bonne nuit : good night

cette nuit : tonight

Il fera du vent cette nuit. *It will be windy tonight.*

nulle part [nylpar] : nowhere

numéro [nymero] m. : number

Quel est ton numéro de téléphone?
What is your telephone number?

O

obéir [ɔbeir] v. (2) : to obey

objet [ɔbʒɛ] m. : object

C'est un objet rond. *It is a round object.*

obscur, ure [ɔbskyːr] adj. : dark

La forêt était obscure. *The forest was dark.*

obscurité [ɔbskyrite] f. : dark, darkness

Sais-tu te diriger dans l'obscurité (le noir)?
Can you find your way in the dark?

obtenir [ɔbteniːr] v. (47) : to get

être occupé à [ɔkype] : to be busy

Papa est très occupé à laver sa voiture.
Dad is very busy washing his car.

océan [ɔseɑ̃] m. : ocean

octobre [ɔktɔbr] m. : October

odeur [odœːr] f. : smell

Cette rose n'a pas d'odeur. *This rose has no smell.*

œil [œːj] m., **yeux** [jø] pl. : eye

Elle s'essuya les yeux. *She wiped her eyes.*

œuf [œf], **œufs** [ø] pl. : egg

Nous aurons des œufs brouillés pour dîner.
We'll have scrambled eggs for dinner.

offrir [ɔfriːr] v. (38) : to offer

Il offrit le bras à Maman. *He offered Mummy his arm.*

to present (with)

Elle lui a offert une cravate. *She presented him with a tie.*

oh! [o] : oh!

oie [wa] f. : goose

oiseau(x) [wazo] m. : bird

LES OISEAUX : BIRDS

Un aigle	An eagle	**Un pigeon**	A pigeon
Une alouette	A lark	**Un pinson**	A chaffinch
Une autruche	An ostrich	**Un rossignol**	A nightingale
Une cigogne	A stork	**Un rouge-gorge**	A robin
Un coucou	A cuckoo	**Une tourterelle**	A turtledove
Un cygne	A swan		
Un corbeau	A raven	**Une aile**	A wing
Une dinde	A turkey	**Le bec**	The bill
Un faisan	A pheasant	**Une coquille**	A shell
Un hibou	An owl	**Du duvet**	Down
Un manchot, un pingouin	A penguin	**Un nid**	A nest
		Une patte	A leg
Un merle	A blackbird	**Une bande**	A flock
Un moineau	A sparrow		
Une mouette	A seagull	**Couver**	To hatch
Un paon	A peacock	**Se percher**	To perch
Une perdrix	A partridge	**Planer**	To soar
Un perroquet	A parrot	**Plonger**	To dive
Une pie	A magpie	**Sautiller**	To hop

ombre [ɔ̃:br] f. : shade

Maintenant le banc est à l'ombre.
The bench is in the shade now.

shadow

Ton ombre est plus grande que la mienne.
Your shadow is longer than mine.

on [ɔ̃] : somebody, someone

On frappe à la porte. *Somebody is knocking at the door.*

one

Comment peut-on repriser ces bas?
How can one darn these stockings?

people

On ne travaille pas le dimanche. *People don't work on Sundays.*

we, you, they

On n'a rien à faire, madame! *We have nothing to do, madam!*
Que peut-on faire dans ce cas? *What can you do in that case?*
On boit du thé en Angleterre. *They drink tea in England.*
mais : On m'a donné ... : *I was given ...*
On lui a dit ... : *He was told...*

ongle [ɔ̃:gl] m. : nail

Ne ronge pas tes ongles! *Don't bite your nails!*

onze [ɔ̃:z] : eleven

or [ɔr] m. : gold

d'or, en or : gold, golden

« La poule aux œufs d'or. »
"The goose that laid the golden egg."

orage [ɔra:ʒ] m. : storm

orange [ɔrɑ̃:ʒ] adj. et f. : orange

ordonner [ɔrdɔne] v. (1) : to order

Le docteur a ordonné un repos complet.
The doctor ordered complete rest.

mettre en **ordre** : to tidy up

Il faut que je mette mes affaires en ordre.
I must tidy up my things.

oreille [ɔrɛ:j] f. : ear

os [ɔs] m., **os** [o] pl. : bone

ôter [ote] v. (1) : voir ENLEVER

ou [u], **ou bien** : or

N'hésite pas, dis oui ou non. *Don't hesitate, say yes or no.*

où [u] : (espace) where

Où allez-vous? *Where are you going?*

(temps) : when

C'était le jour où il a fait si chaud.
It was the day (when) it was so hot.

oublier [ublje] v. (1) : to forget

N'oublie pas ce que je t'ai dit. *Don't forget what I told you.*

ouest [wɛst] m. : west

Le soleil se couche à l'ouest. *The sun sets in the west.*

oui [wi] : yes

— Viendras-tu? — Oui. — *Will you come? — Yes, I will.*

ours [urs] m. : bear

outil [uti] m. : tool

Ne touche pas à mes outils! *Don't touch my tools!*

ouvert, erte [uvɛːr, ɛːrt] adj. : open

La porte était grande ouverte. *The door was wide open.*

ouvrier [uvrije] m. : worker

ouvrir [uvriːr] v. (38) : to open

Ouvre la porte à ta sœur. *Open the door for your sister.*

ouvrir le gaz : to turn on the gas

Que je suis bête! J'ai oublié d'ouvrir le gaz!
How stupid! I've forgotten to turn on the gas!

P

page [paːʒ] f. : page

Ouvrez vos livres page trente-quatre.
Open your books at page thirty-four.

paille [paːj] f. : straw

pain [pɛ̃] m. : bread

Le pain bis est meilleur que le pain blanc.
Brown bread is better than white bread.

paire [pɛːr] f. : pair

paix [pɛ] f. : peace

Faisons la paix! *Let's make peace!*

panier [panje] m. : basket

pantalon [pɑ̃talɔ̃] m. : trousers

pantoufle [pɑ̃tufl] f. : slipper

J'ai acheté une paire de pantoufles.
I have bought a pair of slippers.

papa [papa] m. : dad, daddy

papier [papje] m. : paper

papillon [papijɔ̃] m. : butterfly

La chenille est devenue papillon.
The caterpillar has grown into a butterfly.

paquet [pakɛ] m. : parcel

J'ai envoyé le paquet par la poste. *I sent the parcel by post.*

par [par] : by

Il fera la traversée par Dieppe.
He will take the Dieppe crossing (cross by Dieppe).

through

L'oiseau est entré par la fenêtre.
The bird came in through the window.

out of

Regarde par la fenêtre. *Look out of the window.*

with

L'histoire finit par un mariage. *The story ends with a wedding.*
Mais : Nous payons notre loyer quatre fois par an.
We pay our rent four times a year.

paraître [parɛ:tr]. v. (19) : to look

Il paraît bien son âge. *He looks his age.*

to seem

Ton idée paraît meilleure que la mienne.
Your idea seems better than mine.

parapluie [paraplɥi] m. : umbrella

parce que [parskə] : because

pardon! [pardɔ̃] : sorry!

Je vous demande pardon. *I beg your pardon.*

pardonner [pardɔne] v. (1) : to forgive

pareil, eille [parɛ:j] adj. : like, alike

Vous ne verrez rien de pareil à ça en France.
You will not see anything like that in France.
Leurs robes sont presque pareilles.
Their dresses are almost alike.

parents [parɑ̃] m. pl. : parents

Mes parents sont jeunes. *My parents are young.*

(famille) : relatives

Nous avons beaucoup de parents dans le village.
We have a lot of relatives in the village.

paresseux, euse [parɛsø, ø:z] adj. : lazy

parler [parle] v. (1) : to speak

Parlez-vous anglais? *Do you speak English?*

to talk

Nous ne parlons pas pendant les leçons.
We don't talk during lessons.

partager [partaʒe] v. (7) : to share

Ils partageront notre dîner. *They will share our dinner.*

partie [parti] f. : part

partir [parti:r] v. (34) : to start

Il est temps de partir pour l'école.
It is time to start for school.

to leave

Le train part dans cinq minutes.
The train leaves in five minutes.

à partir de : from

A partir de maintenant, je serai sage.
From now on, I shall be good.

partout [partu] : everywhere

pas [pa] m. : step

Le vieillard marche à petits pas.
The old man walks with short steps.

pas adv. : not

— As-tu fini? — Non, je n'ai pas fini.
— *Have you finished? — No, I have not finished.*

pas de : no, not any

Je n'ai pas d'argent. *I have no money. I have not any money.*

pas du tout : not at all

Je ne le connais pas du tout. *I don't know him at all.*

pas encore : not ... yet

Odile n'est pas encore arrivée. *Odile has not arrived yet.*

ne ... pas : auxiliaire + not

Je ne l'ai pas vu. *I did not see him.*
Il n'aime pas ça. *He does not like that.*

passage [pasa:ʒ] **clouté** m. : (pedestrian) crossing

Utilisez le passage clouté. *Use the pedestrian crossing.*

passager, ère [pasaʒe, ɛ:r] m. et f. : passenger

passer [pɑse] v. (1) : to pass
Veux-tu me passer le sel? *Will you pass me the salt?*

(temps) : to spend
Il passe son temps à ne rien faire.
He spends his time doing nothing.

se passer : to happen
Que s'est-il passé? *What happened?*

passionnant, ante [pasjɔnɑ̃, ɑ̃:t] adj. : exciting

pâté [pɑte] m. : pie
Elle nous a fait un délicieux pâté de lapin.
She baked us an excellent rabbit-pie.

patiner [patine] v. (1) : to skate

patte [pat] f. : paw, foot (of bird), leg (of insect)
L'abeille est un insecte, elle a six pattes.
The bee is an insect, it has six legs.

pauvre [po:vr] adj. : poor
Les pauvres gens avaient froid. *The poor people were cold.*

paye [pɛ:j] f. : pay

payer [pɛje] v. (10) : to pay
Chacun paiera sa place. *Everyone will pay for his seat.*

pays [pei] m. : country
La Norvège est un pays froid. *Norway is a cold country.*

land
L'Australie est le pays des kangourous.
Australia is the land of kangaroos.

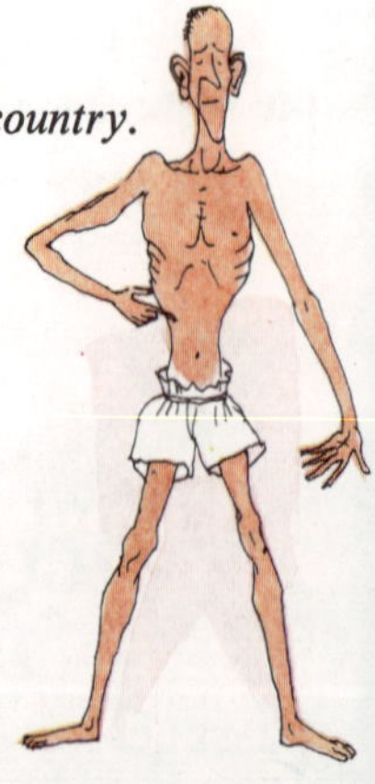

paysan [peizɑ̃] m. : peasant
Les paysannes ont vendu leurs œufs.
The peasant women have sold their eggs.

peau(x) [po] f. : skin
Il n'a que la peau et les os.
He is nothing but skin and bones.

pêche f. : (fruit) peach

pêche [pɛʃ] f. : fishing

pêcher [pɛʃe] v. (1) : to fish

Le pêcheur n'a rien pris.
The fisherman (mer), *the angler* (rivière) *did not catch anything.*

peigne [pɛɲ] m. : comb

J'ai cassé mon peigne. *I've broken my comb.*

(se) peigner [pɛɲe] v. (1) : to comb

peine [pɛn] f. : sorrow

J'ai appris sa mort avec peine. *I learned of his death with sorrow.*

trouble

Cela (Ça) n'en vaut pas la peine. *It is not worth the trouble.*

pains

Charles n'a rien eu pour sa peine.
Charles got nothing for his pains.

peindre [pɛ̃:dr] v. (13) : to paint

As-tu peint la porte d'entrée? *Did you paint the front door?*

peinture [pɛ̃ty:r] f. : paint, painting

Je veux une boîte de peinture noire. *I want a tin of black paint.*

pelle [pɛl] f. : shovel

pelouse [plu:z] f. : lawn

Il tond sa pelouse tous les samedis.
He mows his lawn every Saturday.

(se) pencher [pɑ̃ʃe] v. (1) : to lean

Ne vous penchez pas par la fenêtre.
Don't lean out of the window.

to bend

Il penche la tête sur son livre.
He is bending his head over his book.

pendant [pɑ̃dɑ̃] : during

Nous sommes restés à l'abri pendant l'orage.
We took shelter during the storm.

for

Ils ont fait la queue pendant vingt minutes.
They queued for twenty minutes.

pendant que : while

pendre [pɑ̃:dr] v. (4) : to hang

Des toiles d'araignée pendent au plafond.
Cobwebs are hanging from the ceiling.

pendule [pɑ̃dyl] f. : clock

penser [pɑ̃se] v. (1) : to think

Il pense d'abord aux autres. *He thinks of others first.*

perdre [pɛrdr] v. (4) : to lose

Elle a perdu son livre. *She lost her book.*

se perdre : to get lost

Il s'est perdu dans le bois. *He got lost in the wood.*

père [pɛ:r] m. : father

« Tel père, tel fils. » "*Like father, like son.*"

permettre [pɛrmɛtr] v. (35) : to allow

Est-il permis de fumer?
Is smoking allowed?

to let

Permettez-moi de vous dire...
Let me tell you...

avoir la permission de : to be allowed to

personne [pɛrsɔn] f. : person

La personne qui me l'a dit ne ment jamais.
The person who told me never lies.

personnes f. pl. : people

J'ai rencontré plusieurs personnes. *I met several people.*

personne pr. : anybody, anyone

Il n'a rencontré personne. *He didn't meet anybody.*

nobody, no one

— Qui est-ce? — Personne.
— *Who is there? — Nobody.*

peser [pəze] v. (5) : to weigh

Le boulanger pèse la farine. *The baker is weighing flour.*

petit, ite [pəti, it] adj. : little

Je voudrais une petite maison à la campagne.
I would like a little house in the country.

small

La voici avec son petit chien.
Here she is with her small dog.

short

« Mon Dieu! Quel homme! quel petit homme! »
Dear me! What a man! what a short man!

petit d'animal : young one, little one

L'alouette et ses petits se sont envolés.
The lark and its young ones flew away.

petite-fille : grand-daughter

petit-fils : grandson

petits-enfants : grandchildren

pétrole [petrɔl] m. : oil

peu [pø] **(de)** : (sing.) little

Il est peu connu. *He is little known.*
J'ai peu d'argent sur moi. *I have little money on me.*

(pl.) : few

Peu de gens connaissent la nouvelle.
Few people know the news.

un peu (de) : a little

As-tu un peu d'argent? *Have you a little money?*

peuple [pœpl] m. : people

Quels peuples vivent en Asie? *What peoples live in Asia?*

peur [pœːr] f. : fright

Il a pris peur et s'est enfui. *He took fright and ran away.*

avoir peur : to be afraid

Nous avons peur de ne pouvoir venir maintenant.
We are afraid we can't come now.

faire peur : to frighten

peut-être [pøtɛːtr] : perhaps

Peut-être l'avez-vous chez vous? *Perhaps you have it at home?*

pharmacien [farmasjɛ̃] m. : chemist

Nous achetons les médicaments à la pharmacie.
We buy medicines at the chemist's (U. S. : drugstore).

photo(graphie) [fɔtɔ(grafi)] f. : photo(graph)

Ma sœur est-elle sur la photo? *Is my sister on the photo?*

photographier [fɔtɔgrafje] v. (1) : to photograph

A la foire, ils se sont fait photographier sur un chameau.
They had themselves photographed on a camel at the fair.

pièce [pjɛs] f. : room

Il n'y a pas de cheminée dans cette pièce.
There is no fireplace in this room.

coin

On m'a donné une pièce fausse. *I was given a false coin.*

pied [pje] m. : foot

Le bébé joue avec ses pieds. *The baby is playing with its feet.*

(table, chaise) : leg

Attention, ce tabouret n'a que trois pieds.
Be careful, this stool has only three legs.

à pied : on foot

pierre [pjɛːr] f. : stone

« Pierre qui roule n'amasse pas mousse. »
"*A rolling stone gathers no moss.*"

pigeon [piʒɔ̃] m. : pigeon

pin [pɛ̃] m. : pine-tree

Il y a un bois de pins derrière la maison.
There is a pine-wood behind the house.

pinceau(x) [pɛ̃so] m. : brush

piquer [pike] v. (1) : to prick

Elle s'est piquée avec une épine.
She pricked herself with a thorn.

(insecte) : to sting

Une guêpe m'a piqué à la jambe. *A wasp stung my leg.*
◆ mais : Un moustique m'a piqué. *A mosquito bit me.*

piscine [pisin] f. : swimming-pool

placard [plakaːr] m. : cupboard

place [plas] f. : place

Veux-tu changer de place avec moi?
Will you change places with me?

room

Il n'y a pas assez de place pour tout le monde.
There is not enough room for everyone.

square

La statue est au milieu de la place.
The statue is in the middle of the square.

seat

Toutes les places sont louées. *All the seats are booked.*

plafond [plafɔ̃] m. : ceiling
Les plafonds sont hauts dans cette maison.
The ceilings are high in this house.

plage [plaːʒ] f. : beach

plaire [plɛːr] **(à)** v. (39) : to please
Cela ne plaira pas à Maman. *This will not please Mummy.*

plaisanterie [plɛzɑ̃tri] f. : joke

plaisir [plɛziːr] m. : pleasure
Ce sera un plaisir pour moi. *It will be a pleasure for me.*

s'il vous plaît : (if you) please

planche [plɑ̃ːʃ] f. : board

plancher [plɑ̃ʃe] m. : floor
Un épais tapis recouvrait le plancher.
A thick carpet covered the floor.

plante [plɑ̃ːt] f. : plant

planter [plɑ̃te] v. (1) : to plant
On sème le blé, mais on plante les pommes de terre.
You sow corn, but you plant potatoes.

plat [pla] m. : dish

plat, plate [pla, plat] adj. : flat
Le pneu arrière est à plat. *The back tyre is flat.*

plein, pleine [plɛ̃, plɛn] adj. : full

pleurer [plœre] v. (1) : to weep
Grand-mère pleurait en nous quittant.
Grandmother was weeping as she left us.

to cry
J'entends pleurer le bébé de la voisine.
I hear the neighbour's baby crying.

pleuvoir [plœwaːr] v. (40) : to rain

plier [plije] v. (1) : to fold

pluie [plɥi] f. : rain
J'aime beaucoup me promener sous la pluie.
I am very fond of walking in the rain.

plume [plym] f. : feather
Il a une plume à son chapeau. *He has a feather in his hat.*
pen
Ma plume à dessin est tordue. *My drawing pen is twisted.*

plus [ply] : more
Elle est plus bavarde que lui.
She is more talkative than he is.
◆ mais : Plus jeune : *younger;* plus court : *shorter;* plus haut : *higher...*

le plus : the most
Le plus important est de partir à l'heure.
The most important thing is to leave on time.
◆ mais : Le plus fort : *the strongest;* la plus pauvre : *the poorest;* le plus petit : *the smallest...*

ne ... plus : not any more (no more)
Je n'en veux plus. *I don't want any more.*
not any longer, no longer
Je n'attendrai plus. *I shall wait no longer.*

plusieurs [plyzjœːr] : several

plutôt [plyto] : rather
Elle se sent plutôt fatiguée ce matin.
She feels rather tired this morning.

pneu [pnø] m. : tyre (U.S.: tire)

poche [pɔʃ] f. : pocket

poêle [pwɑl] m. : stove
Le feu est éteint; le poêle est froid.
The fire is out; the stove is cold.
f. : frying-pan
Versez de l'huile dans la poêle. *Pour oil into the frying-pan.*

poids [pwa] m. : weight

Quel est ton poids?
What is your weight?

◆ **poignée** [pwaɲe] f. : handle

mais : Donne-lui une poignée de mains. *Shake hands with him.*

poil [pwal] m. : hair

pointe [pwɛ̃ːt] f. : point

Attention à la pointe de son parapluie.
Mind the point of her umbrella.

tip

L'enfant se tenait sur la pointe des pieds pour regarder par la fenêtre.
The child was standing on tiptoe to look out of the window.

pointu, ue [pwɛ̃ty] adj. : sharp

poire [pwaːr] f. : pear

pois [pwa] m. : pea

Viens m'aider à écosser les pois.
Come and help me to shell the peas.

poisson [pwasɔ̃] m. : fish

Je n'aime pas le poisson à cause des arêtes.
I don't like fish because of the bones.

LES POISSONS ET LA PÊCHE : FISH AND FISHING

Une anguille	An eel	**Un aquarium**	An aquarium
Une carpe	A carp	**Une canne à pêche**	A fishing rod
Un hareng	A herring	**Un filet**	A net
Un merlan	A whiting	**Un hameçon**	A fish hook
Une morue	A cod	**La pêche à la ligne**	Angling
Une raie	A skate	**Un pêcheur (rivière)**	An angler
Une sardine	A sardine	**Un pêcheur (mer)**	A fisherman
Un saumon	A salmon		
Une sole	A sole		
Une truite	A trout		
Une écaille	A scale		

poli, e [pɔli] adj. : polite
Il était à peine poli. *He was hardly polite.*

pomme [pɔm] f. : apple

pomme de terre f. : potato
J'ai acheté des pommes de terre nouvelles.
I bought some new potatoes.

pompier [pɔ̃pje] m. : fireman

pont [pɔ̃] m. : bridge
Un pont traverse la rivière. *A bridge crosses the river.*

porc [pɔːr] m. : (animal) pig; (boucherie) pork
On nous a servi un rôti de porc avec de la compote de pommes.
We were served roast pork and apple sauce.

port [pɔːr] m. : port
Marseille est un port de mer. *Marseilles is a sea port.*

harbour
Le bateau est resté deux jours au port.
The ship spent two days in harbour.

porte [pɔrt] f. : door
Laisse la porte de la salle de bains ouverte.
Leave the bathroom door open.

gate
Fermez la porte du jardin. *Shut the garden gate.*

porte-monnaie m. : purse

porter [pɔrte] v. (1) : to carry
Le meunier porte un sac de blé sur le dos.
The miller carries a sack of corn on his back.

(vêtements) : to wear
Que portait-elle au mariage?
What was she wearing at the wedding?

se porter : to be

Elle se porte bien. *She is well.*

poser [poze] v. (1) : to lay

Posez ce livre sur le bureau. *Lay this book on the desk.*

possible [pɔsiːbl] adj. : possible

poste [pɔst] f. : post office

Vous trouverez des timbres à la poste.
You'll find stamps at the post office.

m. : station

Le poste d'essence est à cinq cents mètres d'ici.
The petrol-station is five hundred metres from here.

pot [po] m. : pot

Le pot de fleurs est tombé et s'est cassé.
The flower pot fell and was broken.

jug

Où as-tu mis le pot à lait? *Where did you put the milk jug?*

pouce [puːs] m. : thumb

Suce-t-il encore son pouce? *Does he still suck his thumb?*

(mesure anglaise) : inch

Douze pouces font un pied. *Twelve inches equal one foot.*

poule [puːl] f. : hen

poulet [pulɛ] m.; **poussin** [pusɛ̃] m. : chicken

La poule emmène ses poussins dans le pré.
The hen takes its chickens into the meadow.

poupée [pupe] f. : doll, dolly

pour [puːr] : for

Elle est grande pour son âge. *She is tall for her age.*

to + verbe

Il s'est assis pour écrire. *He sat down to write.*

pourquoi [purkwa] : why

Pourquoi dis-tu cela? *Why do you say so?*

pousser [puse] v. (1) : to push

(faire) pousser : to grow

Ces arbres ont poussé vite. *These trees have grown quickly.*

poussière [pusjɛːr] f. : dust

pouvoir [puvwaːr] v. (41) : (capacité) can, to be able to

Peux-tu la voir? *Can you see her?*
Je ne pourrai pas sauter si haut.
I shall not be able to jump so high.

(passé) : could

Il ne pouvait pas venir. *He could not come.*

(conditionnel) : could

Si j'avais le temps, je pourrais vous le faire.
If I had time, I could do this for you.

(permission) : may, to be allowed to

Demande si tu peux venir. *Ask if you may come.*
Pourras-tu venir au cinéma avec nous?
Will you be allowed to go to the pictures with us?

(probabilité) : may, might

Tout peut arriver. *Anything may happen.*
Ils pourraient trouver ça difficile.
They might find it difficult.

pré [pre] m. : meadow

préférer [prefere] v. (5) : to prefer

Je préfère y aller maintenant. *I prefer to go there now.*

premier, ière [prəmje, jɛːr] adj. : first

C'est la première rue à gauche.
It is the first street on the left.

prendre [prɑ̃ːdr] v. (42) : to take

Nous avons pris le train. *We took the train.*

to have

Je prendrai des œufs au jambon. *I'll have eggs and bacon.*

prénom [prenɔ̃] m. : Christian name (U.S.: first name)

préparer [prepare] v. (1) : to prepare, get ready

Prépare tes affaires pour demain.
Get your things ready for tomorrow.

près [prɛ] **(de) :** near, by

Viens plus près de moi. *Come nearer me.*
Elle est assise près de la fenêtre. *She is sitting by the window.*

à peu près : about

Il était à peu près minuit quand la pluie a commencé.
It was about midnight when the rain started.

presque [prɛsk] : almost

J'ai presque autant d'argent que toi.
I have almost as much money as you (have).

nearly

Nous sommes presque arrivés. *We are nearly there.*

être pressé, ée [prɛse] : to be in a hurry

Je ne peux pas m'arrêter maintenant, je suis pressé.
I can't stop now, I'm in a hurry.

prêt, prête [prɛ, prɛt] adj. : ready

Oui, Maman, je suis presque prêt.
Yes, Mummy, I am nearly ready.

prêter [prɛte] v. (1) : to lend

J'ai prêté ma bicyclette à Georges.
I have lent George my bicycle.

prêtre [prɛ:tr] m. : priest

Le prêtre dit : « Et maintenant, prions. »
The priest says : "And now, let us pray."

prier [prije] v. (1) : to pray

prière [prijɛ:r] f. : prayer

Elle a oublié de prendre son livre de prières.
She forgot to take her prayer-book.
◆ Prière de fermer la porte. *Please, shut the door.*

principal, e [prɛ̃sipal], **aux** adj. : main

printemps [prɛ̃tɑ̃] m. : spring

prix [pri] m. : price

Le prix est marqué sur l'étiquette.
The price is marked on the label.

prize

Le jour des prix est le 26 juin. *Prize-giving day is on June 26th.*

prochain, aine [prɔʃɛ̃, ɛn] adj. : next

La prochaine fois, je viendrai plus tôt.
Next time I'll come earlier.

professeur [prɔfɛsœ:r] m. : teacher

Elle est professeur de mathématiques.
She is a mathematics teacher.

profond, onde [prɔfɔ̃, ɔ̃:d] adj. : deep

Le puits est profond de trois mètres.
The well is three metres deep.

profondeur [prɔfɔ̃dœ:r] f. : depth

promenade [prɔmnad] f. : walk

Il a fait une promenade de deux heures.
He went for a two hour walk.

se promener [prɔmne] v. (1) : to walk

aller se promener : to go for a walk

Allez vous promener. *Go for a walk.*

promesse [prɔmɛs] f. : promise

promettre [prɔmɛːtr] v. (35) : to promise

Il a promis d'arriver à l'heure. *He promised to arrive on time.*

propre [prɔpr] adj. : clean

Mets une chemise propre. *Put on a clean shirt.*

prouver [pruve] v. (1) : to prove

provisions [prɔvizjɔ̃] f. pl. : shopping

prudent, ente [prydɑ̃, ɑ̃ːt] adj. : careful

prune [pryn] f. : plum

puis [pɥi] : then

Je me lève, puis je me lave. *I get up, then I wash.*

puisque [pɥisk] : since

Prends ma voiture puisque la tienne est en panne.
Take my car since yours has broken down.

punir ['pynir] v. (2) : to punish

Q

quai [ke] m. : platform

Le train pour Nice part du quai (numéro) trois.
The Nice train leaves from platform three.

quay

Les quais du port étaient glissants.
The quays of the harbour were slippery.

quand [kɑ̃] : when

Quand avez-vous écrit au professeur?
When did you write to the teacher?

quand même : all the same

J'irai quand même. *I shall go all the same.*

quarante [karɑ̃:t] : forty

quart [ka:r] : quarter

Je reviendrai dans un quart d'heure.
I'll be back in a quarter of an hour.

quartier [kartje] m. : district

Nous habitons un quartier tranquille.
We live in a quiet district.

quatorze [katɔrz] fourteen

quatre [katr] : four: **quatrième** : fourth

quatre-vingts : eighty

quatre-vingt-dix : ninety

que [kə] : (pr.) whom

Les gens que j'ai rencontrés ne m'ont pas reconnu.
The people (whom) I met didn't recognize me.

which

Papa a trouvé la pièce que j'avais perdue hier.
Dad found the coin which I lost yesterday.

conj. : that

Mon père a vu que j'étais plus grand que mon cousin.
My father saw that I was taller than my cousin.

than

Elle est plus belle que sage. *She is more beautiful than wise.*

que ...? : what ...?

Que voulez-vous? *What do you want?*

que ...! : how ...!

Que tu es grand! *How tall you are!*

ne ... que : only

Je n'ai que dix ans. *I am only ten.*

quel, quelle [kɛl] **...? :** what ...?

A quelle heure es-tu arrivé?
At what time did you arrive?

which ...?

Quel pied te fait mal?
Which foot is aching?

quelque chose : anything, something

Entends-tu quelque chose? *Do you hear anything?*
Oui, c'est quelque chose de beau.
Yes, it is something beautiful.

quelquefois : sometimes

quelque part : anywhere, somewhere

L'avez-vous rencontré quelque part?
Did you meet him anywhere?
Il y a une souris quelque part au sous-sol.
There is a mouse somewhere in the basement.

quelques [kɛlk] : a few

Il y a encore quelques pêches sur l'arbre.
There are still a few peaches on the tree.

quelqu'un : anyone, anybody

Quelqu'un est-il venu me voir? *Has anybody come to see me?*

somebody, someone

Oui, Madame, quelqu'un est venu.
Yes, Madam, somebody came.

qu'est-ce que ..., qui ...? : what ...?

Qu'est-ce que c'est? (= Qu'est-ce?). *What is it?*
Qu'est-ce qu'elle a oublié? (= Qu'a-t-elle oublié?).
What did she forget?
Qu'est-ce que tu as? *What is the matter with you?*

question [kɛstjɔ̃] f. : question

Le professeur m'a posé une question difficile.
The teacher asked me a difficult question.

faire la queue [kø] : to queue

Il y avait tant de monde que j'ai dû faire la queue.
There were so many people that I had to queue.

qui [ki] : (sujet) who (personnes)
Qui se penche à la fenêtre?
Who is leaning out of the window?

which (choses)
Ouvrez la fenêtre qui est à votre gauche.
Open the window which is on your left.

(compl.) : whom
Qui demandez-vous? *Whom are you asking for?*
La personne avec qui vous m'avez vu était ma sœur.
The person with whom you saw me was my sister.

(de, à) qui : whose
A qui est ce livre? *Whose book is this?*
De qui Mme Dumont est-elle la mère?
Whose mother is Mrs Dumont?

qui est-ce qui ...? (= qui ...?) : who ...?
Qui est-ce qui te l'a dit? (= Qui te l'a dit?) *Who told you so?*

qui est-ce que ...? (= que ...?) : whom ...?
Qui est-ce que tu as rencontré? (= Qui as-tu rencontré?)
Whom did you meet?

quinze [kɛ̃ːz] : fifteen

quitter [kite] v. (1) : to leave
Elle était désolée de quitter ses parents.
She was sorry to leave her parents.

... quoi ...? [kwa] : what ...?
De quoi parlez-vous? *What are you speaking about?*
Avec quoi t'es-tu essuyé? *What did you dry yourself with?*
Il n'y a pas de quoi. *Don't mention it.*

R

racine [rasin] f. : root

Penses-tu que le rosier prendra racine?
Do you think the rose-tree will take root?

raconter [rakɔ̃te] v. (1) : to tell

Raconte-moi une histoire. *Tell me a story.*

radio [radjo] f. : radio, wireless

Notre poste de radio est en panne.
Our radio is out of order.

raide [rɛd] adj. : steep

Que cet escalier est raide!
How steep these stairs are!

raisin [rɛzɛ̃] m. : grapes

Tiens! Voilà une grappe de raisin pour toi.
Look! There is a bunch of grapes for you.

avoir raison [rɛzɔ̃] : to be right

raisonnable [rɛzɔnabl] adj. : reasonable, sensible

Sois plus raisonnable! *Be more reasonable!*
Ce n'est pas raisonnable de manger si peu.
It is not sensible to eat so little.

ramasser [ramase] v. (1) : to pick up

Allons ramasser les pommes tombées
Let's go and pick up windfalls.

to gather

Ramasse tes affaires avant d'aller au lit.
Gather your things together before you go to bed.

rang [rɑ̃] m.; **rangée** [rɑʒe] f. : row

Nous étions assis au premier rang.
We were sitting in the first row.

line

Mettez-vous en rang. *Fall into line.*
Deux rangées de voitures attendaient aux feux tricolores. *Two lines of cars were waiting at the traffic-lights.*

ranger [rɑ̃ʒe] v. (7) : to put away

Rangez tous ces papiers. *Put away all these papers.*

to tidy up

Enfin, j'ai rangé ma chambre. *I have tidied up my room at last.*

rapide [rapid] adj. : fast

Le train de deux heures est très rapide.
The two o'clock train is a very fast one.

quick

C'est plus rapide de prendre un taxi.
It is quicker to take a taxi.

rapidement [rapidmɑ̃] : quickly

se rappeler [raple] v. (8) : to remember

Je ne me rappelle pas son nom.
I don't remember his (her) name.

rapporter [rapɔrte] v. (1) : to bring back

Il a rapporté beaucoup de photos de Grèce.
He brought back lots of photographs from Greece.

recevoir [rəcəvwar] v. (3) : to receive

Il recevra ma lettre le lendemain.
He will receive my letter the next day.

réciter [resite] v. (1) : to recite, say

Il a récité une fable de La Fontaine.
He recited a fable by La Fontaine.

récolte [rekɔlt] f. : crop

recommencer [rəkɔmɑ̃se] v. (6) : to begin again

Il recommence à pleuvoir. *It's beginning to rain again.*

to start again

Recommencez en haut de la page.
Start again from the top of the page.

réfrigérateur [refriʒeratœːr] m. : refrigerator

(se) refroidir [rəfrwadiːr] v. (2) : to cool (down)

Le temps se refroidit. *The weather is cooling down.*

refuser [rəfyze] v. (1) : to refuse

Il a refusé de m'aider. *He refused to help me.*

regarder [rəgarde] v. (1) : to look (at)

Pourquoi me regardes-tu comme ça?
Why are you looking at me like that?

to watch

Il aime regarder les matches de football.
He loves watching football matches.

règle [rɛgl] f. : rule

L'exception confirme la règle. *The exception proves the rule.*

regretter [rəgrɛte] v. (1) : to be sorry

Je regrette ce que j'ai fait. *I am sorry for what I did.*

to miss

Ils vous regretteront. *They will miss you.*

reine [rɛn] f. : queen

religion [rəliʒjɔ̃] f. : religion

remercier [rəmɛrssje] v. (1) : to thank

Elle m'a remercié d'un sourire. *She thanked me with a smile.*

remplir [rɑ̃pliːr] v. (2) : to fill (up)

Elle a rempli son panier au marché.
She filled up her basket at the market.

remuer [rəmɥe] v. (1) : to move

Il ne pouvait remuer la jambe.
He couldn't move his leg.

renard [rənaːr] m. : fox

(se) rencontrer [rɑ̃kɔ̃tre] v. (1) : to meet

rendre [rɑ̃:dr] v. (4) : to give back

Pourrais-tu me rendre l'argent que tu m'as emprunté?
Could you give me back the money you borrowed from me?

to return

« Rendez le bien pour le mal. » "*Return good for evil.*"

rentrer [rɑ̃tre] v. (1) : to come back

Je goûte en rentrant de l'école.
I have tea when I come back from school.

to go back

Il a dîné avec nous, puis il est rentré chez lui.
He had dinner with us, then he went back home.

réparer [repare] v. (1) : to repair

Le bateau a été réparé pendant l'hiver.
The boat was repaired during the winter.

to mend

Le cordonnier les réparera vite.
The shoemaker will mend them quickly.

repas [rəpɑ] m. : meal

Nous prendrons un repas léger. *We'll have a light meal.*

repasser [rəpɑse] v. (1) : to iron

répéter [repete] v. (5) : to repeat

Voudriez-vous répéter votre question, madame?
Would you like to repeat your question, madam?

répondre (à) [repɔ̃:dr] v. (4) : to answer

Il a répondu à ma lettre. *He answered my letter.*

réponse [repɔ̃:s] f. : answer

repos [rəpo] m. : rest

Une nuit de repos vous fera du bien.
A night's rest will be good for you.

se reposer [rəpoze] v. (1) : to rest, to have a rest

Je pense qu'il est temps de se reposer.
I think it is time to have a rest.

reptile [rɛptil] m. : reptile

REPTILES ET BATRACIENS : REPTILES AND AMPHIBIANS

Un boa	A boa (constrictor)	**Un python**	A python
Une couleuvre	A grass-snake	**Une tortue**	A tortoise
Un crapaud	A toad	**Une vipère**	A viper
Un crocodile	A crocodile	**Une écaille**	A scale
Une grenouille	A frog	**Du venin**	Venom
Un lézard	A lizard	**Ramper**	To crawl
		Siffler	To hiss

respirer [rɛspire] v. (1) : to breathe

ressembler (à) [rəsɑ̃ble] v. (1) : to look like

Comme tu ressembles à ta mère!
How like your mother you look!

to be like

Son caractère ressemble tout à fait à celui de son père.
His temperament is just like his father's.

se ressembler : to be alike, to look alike

Jean et son frère ne se ressemblent pas.
John and his brother don't look alike.

rester [rɛste] v. (1) : to remain

Il n'en resta que quelques-uns après la guerre.
Only a few remained after the war.

il reste : there is ... left

Il ne reste que deux gâteaux. *There are only two cakes left.*

il me reste : I have ... left

Il me reste dix francs. *I have ten francs left.*

rester (= demeurer) : to stay

J'y suis resté une année entière. *I stayed there for a whole year.*

restes [rɛst] m. pl. : remains

Les restes du repas sont dans le réfrigérateur.
The remains of the meal are in the fridge.

être en retard [rətaːr] : to be late

Si tu ne te dépêches pas, tu seras en retard.
If you don't hurry, you'll be late.

avoir ... de retard : to be ... late

Le train a quinze minutes de retard.
The train is fifteen minutes late.

retarder (heure) v. (1) : to be slow

Ta montre retarde-t-elle?
Is your watch slow?
Oui, elle retarde de dix minutes.
Yes, it is ten minutes slow.

retour [rətuːr] m. : return

Je le récompenserai à mon retour.
I shall reward him on my return.

retourner [rəturne] v. (1) : to return, to go back

Tu as oublié le pain; retourne à la boulangerie.
You've forgotten the bread; go back to the baker's.

réussir [reysiːr] **(à)** v. (2) : to succeed

rêve [rɛːv] m. : dream
Faites de beaux rêves! *Sweet dreams!*

rêver [rɛve] v. (1) : to dream

réveil [revɛːj] m. : alarm-clock
J'ai mis le réveil à sept heures et quart.
I've set the alarm-clock for a quarter past seven.

(se) réveiller [revɛje] v. (1) : to awake, to wake (up)
Il ne s'est pas réveillé, malgré le tonnerre.
He didn't wake up in spite of the thunder.

réveillé, e adj. : awake

revenir [rəvniːr] v. (47) : to come back
N'oublie pas de revenir avant cinq heures.
Don't forget to come back before five (o'clock).

au revoir! [rəvwaːr] : good bye!

rhume [rym] m. : cold
J'ai attrapé un rhume.
I have caught a cold.

riche [riʃ] adj. : rich
Il n'est pas riche. *He is not rich.*

rideau(x) [rido] m. : curtain
Tire les rideaux. *Draw the curtains.*

rien [rjɛ̃] : nothing
Tu n'auras rien du tout. *You'll have nothing at all.*

rire [riːr] v. (43) : to laugh
Cela nous a fait rire. *That made us laugh.*
C'était pour rire! *It was a joke!*

rivière [rivjɛːr] f. : river, stream
Cette rivière traverse le village.
This stream flows through the village.

riz [ri] m. : rice
J'aime le gâteau de riz avec du caramel.
I am fond of rice pudding with caramel.

robe [rɔb] f. : dress

roi [rwa] m. : king

Le roi règne, mais ne gouverne pas.
The king reigns, but does not govern.

rond, ronde [rɔ̃], [rɔ̃:d] adj. : round

Les footballeurs jouent avec un ballon rond.
Footballers play with a round ball.

rose [ro:z] f., **rose** adj. : pink

— Je voudrais des roses. — Lesquelles? des roses ou des rouges?
— I should like some roses. — Which ones? pink or red (ones)?

roue [ru] f. : wheel

Les brouettes n'ont qu'une roue.
Wheelbarrows have only one wheel.

rouge [ru:ʒ] adj. : red

Elle était rouge comme une écrevisse *(= crayfish).*
She was as red as a lobster (= homard).

route [rut] f. : road

Peu de voitures passent sur cette route.
Few cars pass along this road.

ruban [rybɑ̃] m. : ribbon

rue [ry] f. : street

Ne traverse pas la rue sans moi.
Don't cross the street without me.

S

sa [sa] : her, his, its

Papa est dans sa voiture. *Dad is in his car.*
Maman est dans sa chambre. *Mummy is in her room.*
L'oiseau est dans sa cage. *The bird is in its cage.*

one's

On doit tenir sa langue. *One must hold one's tongue.*

sable [sa:bl] m. : sand

sac [sak] m. : bag

Le sac à main de Maman est en peau de porc.
Mummy's handbag is made of pigskin.

saison [sɛzɔ̃] f. : season

Le printemps est ma saison préférée.
Spring is my favourite season.

salade [salad] f. : salad

On leur a servi de la viande froide et de la salade.
They were served cold meat and salad.

saler [sale] v. (1) : to salt

◆ mais : La salade était trop salée.
There was too much salt in the salad.

sale [sal] adj. : dirty

salir [sali:r] v. (2) : to dirty

J'ai sali mon tablier en faisant le ménage.
I dirtied my apron cleaning the house.

salle [sal] f. : room

La salle était pleine de monde.
The room was full of people.

salle de bains : bathroom

salle de classe : classroom

salle à manger : dining room

salon [salɔ̃] m. : sitting room

samedi [samdi] m. : Saturday

Jean et Marie ne travaillent pas le samedi.
John and Mary don't work on Saturdays.

sang [sɑ̃] m. : blood

Son mouchoir était taché de sang.
His (Her) handkerchief was stained with blood.

sans [sɑ̃] : without

sans travail : out of work

santé [sɑ̃te] f. : health

Buvons à votre santé!
Let us drink your health!

SANTÉ ET MALADIES : HEALTH AND ILLNESS

Une angine	Tonsilitis	**Une ambulance**	An ambulance
Le cancer	Cancer	**Un brancard**	A stretcher
La coqueluche	Whooping cough	**Une consultation**	A consultation
		Une infirmière	A nurse
La diphtérie	Diphtheria	**Une ordonnance**	A prescription
La fièvre	Fever	**La Sécurité sociale**	The National Health Service
La grippe	Influenza		
La migraine	Headache	**Un cachet**	A tablet
Les oreillons	Mumps	**Une opération**	An operation
La rougeole	Measles	**Une pilule**	A pill
La toux	Cough	**Une piqûre**	An injection
La tuberculose	Tuberculosis	**Une radio**	An X-ray
La varicelle	Chickenpox	**Un thermomètre**	A thermometer
La variole	Smallpox		
		Étouffer	To choke
Contagieux (euse)	Contagious	**Frictionner**	To rub
		Saigner	To bleed
Une épidémie	An epidemic	**Tousser**	To cough
Un microbe	A germ	**Soigner**	To nurse
Un vaccin	A vaccine	**Prendre le pouls**	To feel the pulse
Vacciner	To vaccinate		

sapin [sapɛ̃] m. : fir (tree)

saut [so] m. : jump, leap

sauter [sote] v. (1) : to jump, to leap

Les saumons sautent hors de l'eau.
Salmon leap out of the water.

sauvage [sovaːʒ] adj. : wild

J'aime le parfum de la lavande sauvage.
I like the smell of wild lavender.

se sauver [sove] v. (1) : to run away

Il s'est sauvé dans le bois. *He ran away into the wood.*

savoir [savwaːr] v. (44) : to know

Je sais que c'est vrai. *I know (that) it is true.*
Elle sait faire la cuisine. *She knows how to cook.*

can, could

Savez-vous parler français? *Can you speak French?*

savon [savɔ̃] m. : soap

science f. : science

SCIENCES ET TECHNIQUES : SCIENCE AND TECHNOLOGY

L'acier	Steel	**Un laboratoire**	A laboratory
L'aluminium	Aluminium	**Une loupe**	A magnifying glass
Du cuivre	Copper	**Un microscope**	A microscope
L'étain	Tin, pewter	**Nucléaire**	Nuclear
De l'hydrogène	Hydrogen	**Une réaction**	A reaction
Du métal	Metal	**Le radar**	Radar
Du plomb	Lead	**Un télescope**	A telescope
De l'uranium	Uranium	**Une grue**	A crane
Du zinc	Zinc	**Du mazout**	Fuel-oil
Un aimant	A magnet	**Un pipe-line, un oléoduc**	A pipe-line
Une antenne	An aerial	**Un puits de pétrole**	An oil-well
Un atome	Atom	**Une raffinerie**	A refinery
L'énergie	Energy	**Un réservoir**	A tank
L'électronique	Electronics		
Une fusée	A rocket		

scier [sje] v. (1) : to saw

se [sə], **s'** : herself

Elle s'est vite consolée. *She consoled herself quickly.*

himself

Il se fera mal avec ce couteau.
He'll hurt himself with this knife.

itself

Le cheval s'est blessé quand il a pris peur.
The horse hurt itself when it took fright.

oneself

C'est drôle de se voir dans ces miroirs déformants.
It's funny to see oneself in those distorting mirrors.

themselves

Ils se sont bien amusés. *They enjoyed themselves a lot.*

each other

Les deux sœurs se tiennent par la main.
The two sisters are holding each other's hand.

one another

Ils s'aident. *They help one another.*
◆ Elle se coupe les ongles. *She is cutting her nails.*

seau(x) [so] m. : pail

sec, sèche [sɛk, sɛʃ] adj. : dry

sécher [seʃe] v. (5) : to dry

Sèche tes larmes et viens avec nous.
Dry your tears and come with us.

second, onde [səgɔ̃, ɔ̃:d] adj. : second

Tu es le second de la liste. *You are the second on the list.*

secouer [səkwe] v. (1) : to shake

Elle secoue le tapis par la fenêtre.
She is shaking the carpet out of the window.

secours [səkur] m. : help

Au secours! *Help! Help!*

seize [sɛːz] : sixteen

sel [sɛl] m. : salt

Le sel de cuisine est meilleur marché que le sel de table.
Cooking salt is cheaper than table salt.

semaine [səmɛn] f. : week

En semaine, nous prenons le car.
During the week, we go by coach.

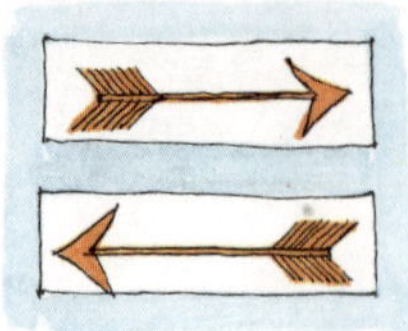

sens [sɑ̃ːs] m. : direction

Nous allions en sens contraire.
We were going in opposite directions.

meaning

Ce que tu dis n'a pas de sens. *What you say has no meaning.*

sentir [sɑ̃tiːr] v. (33) : to smell

Je suis enrhumé et je ne sens rien.
I have a cold and I can't smell anything.

se sentir : to feel

« Je me sens en appétit », disait l'Ogre.
« I feel hungry, » the Ogre said.

sept [sɛt] : seven; **septième :** seventh

septembre [sɛptɑ̃ːbr] m. : September

serpent [sɛrpɑ̃] m. : snake

Le serpent est un animal à sang froid.
The snake is a cold-blooded animal.

serrer [sɛre] v. (1) : to squeeze

Ces chaussures me serrent les orteils.
These shoes squeeze my toes.

◆ mais : Serrer la main à : *to shake hands with.*

serrure [sɛryːr] f. : lock

service [sɛrvis] m. : set

Son service à café est ancien. *Her coffee-set is old.*

rendre service : to do a good turn

serviette [sɛrvjɛt] f. : towel

Ma serviette est tombée dans la baignoire.
My towel fell into the bath.

napkin

Plie ta serviette avant de quitter la table.
Fold your napkin before leaving the table.

servir [sɛrviːr] v. (45) : to serve

On nous a servi un excellent café.
We were served excellent coffee.

se servir (de) : to use

Je me sers souvent de mon dictionnaire.
I often use my dictionary.

to help

Servez-lui du pudding. *Help him (her) to pudding.*

ses [sɛ] : her, his, its

Elle a perdu ses affaires. *She lost her things.*
Il perd ses cheveux. *He is losing his hair.*
L'arbre perd ses feuilles. *The tree loses its leaves.*

one's

On aime voir souvent ses amis. *It's nice to see one's friends often.*

un(e) de ses ... : a(n) ... of his, of hers, of its

Nous avons vu un de ses tableaux.
We saw a picture of his (hers).

seul, seule [sœl] adj. : alone

Ma tante vit seule. *My aunt lives alone.*

single

Il n'a pas un seul ami. *He has not a single friend.*

seulement [sœlmɑ̃] : only

Il est arrivé seulement hier. *He only came yesterday.*

si [sɪ] : if

Je le réparerai si je le peux.
I will mend it if I can.

whether

Elle a demandé si c'était vrai.
She asked whether it was true.

so

Où cours-tu si vite?
Where are you running so quickly?

yes

— Ne fais pas cela. — Si, je le ferai.
— *Don't do that. — Yes, I will.*

le sien [sjɛ̃], **la sienne** [sjɛn] : hers

Grand-mère garde les siens dans une boîte.
Grandmother keeps hers in a box.

his

Ce n'est pas ma cravate, c'est la sienne
That's not my tie, it's his.

its (own)

La louve nourrissait le sien.
The she-wolf was feeding its own (cub).

siffler [sifle] v. (1) : to whistle

sifflet [siflɛ] m. : whistle

L'agent a donné un coup de sifflet.
The policeman blew his whistle.

silence [silɑ̃:s] m. : silence

simple [sɛ̃:pl] adj. : simple

Nous comprenons les phrases simples.
We understand simple sentences.

easy

C'est simple comme bonjour.
It's as easy as A B C.

plain

Elle portait une robe toute simple.
She was wearing a plain dress.

single

Le prix du billet simple est de vingt francs.
The price of the single ticket is twenty francs.

singe [sɛ̃:ʒ] m. : monkey

six [si, sis] : six; **sixième :** sixth

sœur [sœ:r] f. : sister

Sa sœur s'est mariée avec mon frère.
His (Her) sister married my brother.

soi [swa], **soi-même :** oneself

Il faut le faire soi-même pour savoir ce que c'est.
One must do it oneself to know what it is like.

soie [swa] f. : silk

Sa cravate est en soie. *His tie is made of silk.*

soif [swaf] f. : thirst

avoir soif : to be thirsty

J'ai soif. *I am thirsty.*

prendre soin [swɛ̃] m. : to take care

Il prend soin de ses plantes. *He takes care of his plants.*

soir [swa:r] m.; **soirée** [sware] f. : evening

Il arrivera à huit heures du soir.
He'll arrive at eight in the evening.

night

Je l'ai vu hier soir. *I saw him last night.*

ce soir : tonight

Nous allons au théâtre ce soir.
We are going to the theatre tonight.

soixante [swasɑ̃:t] sixty

soixante-dix : seventy

sol [sɔl] m. : ground

Le serpent rampe sur le sol. *The snake crawls on the ground.*

soleil [sɔlɛ:j] m. : sun

Le soleil a brillé toute la journée. *The sun shone all day long.*

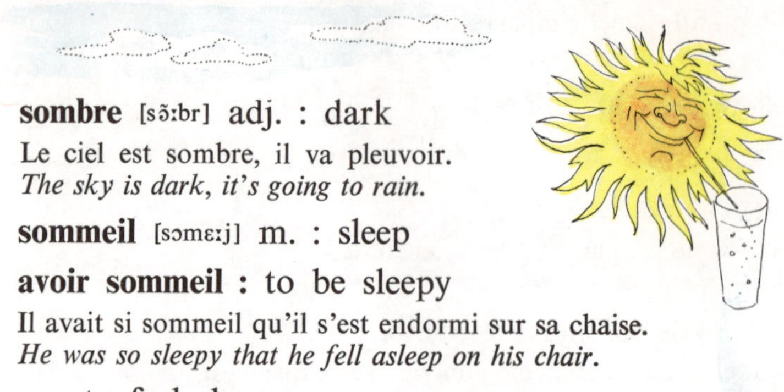

sombre [sɔ̃:br] adj. : dark

Le ciel est sombre, il va pleuvoir.
The sky is dark, it's going to rain.

sommeil [sɔmɛ:j] m. : sleep

avoir sommeil : to be sleepy

Il avait si sommeil qu'il s'est endormi sur sa chaise.
He was so sleepy that he fell asleep on his chair.

to feel sleepy

Je vais dans ma chambre parce que j'ai sommeil.
I'm going to my room because I feel sleepy.

son [sɔ̃] : her, his, its

La mère et son enfant. *The mother and her child.*
Le père et son fils. *The father and his son.*
Le loup et son louveteau. *The wolf and its cub.*

one's

On doit se contenter de son sort.
One must be satisfied with one's lot.

son [sɔ̃] m. : sound

sonner [sɔne] v. (1) : to ring

Le téléphone n'a pas arrêté de sonner de toute la soirée.
The telephone didn't stop ringing all evening.

sorte [sɔrt] f. : kind

Nous avons vu toutes sortes d'animaux.
We saw all kinds of animals.

sortie [sɔrti] f. : way out

La sortie est indiquée par une flèche.
The way out is shown by an arrow.

sortir [sɔrtiːr] v. (34) : to go out, to come out

Sors d'ici, je veux te parler.
Come out of here, I want to talk to you.
Il est sorti avant moi. *He went out before me.*

souffler [sufle] v. (1) : to blow

Il souffle sur ses doigts pour les réchauffer.
He is blowing on his fingers to warm them.

souffrir [sufriːr] v. (38) : to suffer

Ces peuples ont souffert de la faim.
Those peoples suffered from hunger.

souhaiter [swɛte] v. (1) : to wish

Je vous souhaite une heureuse année.
I wish you a happy new year.

soulever [sulve] v. (5) : to lift

Soulève le couvercle et regarde si l'eau bout.
Lift the lid and see if the water is boiling.

soulier [sulje] m. : shoe

soupe [sup] f. : soup

Mange ta soupe, elle n'est pas trop chaude.
Drink your soup, it's not too hot.

source [surs] f. : spring

Une source est l'endroit où l'eau sort de terre.
A spring is the place where water comes out of the ground.

sourd, sourde [suːr, suːrd] adj. : deaf

sourire [suriːr] v. (43) : to smile

Eh bien! Votre professeur ne sourit pas souvent!
Well! Your teacher doesn't often smile!

souris [suri] f. : mouse

Le chat joue avec une souris. *The cat is playing with a mouse.*

sous [su] : under

Mets un oreiller sous sa tête. *Put a pillow under his (her) head.*

se souvenir (de) [suvniːr] v. (47) : to remember

Je me souviens qu'il pleuvait à verse ce jour-là.
I remember it was raining cats and dogs on that day.

souvent [suvɑ̃] : often

Ceci vous arrive-t-il souvent? *Does this often happen to you?*

spectacle [spɛktakl] m. : spectacle

sport [spɔːr] m. : sport

La course est un sport sain. *Running is a healthy sport.*

station [stasjɔ̃] f. : station

stéréo f. : stereo

stylo [stilo] m. : (fountain-)pen

stylo-feutre m. : felt-tip pen

sucre [sykr] m. : sugar

Guillaume ne prend pas de sucre dans son café.
William doesn't take sugar in his coffee.

sud [syd] m. : south

Elles vivent au sud de la Loire. *They live south of the Loire.*

suivant, ante [sɥivɑ̃, ɑ̃ːt] adj. : following

Il revint le jour suivant. *He came back the following day.*

next

Vous descendrez à la station suivante.
You will get off at the next station.

suivre [sɥivr] v. (46) : to follow

Son petit chien la suit partout.
Her little dog follows her everywhere.

◆ A suivre... *To be continued...*

au sujet de : about

Ils se disputent au sujet de l'heure.
They are quarelling about the time.

supérieur, eure [syperjœːr] adj. : upper

Elle tomba et se blessa la lèvre supérieure.
She fell and hurt her upper lip.

sur [syr] : on, upon

Elle est assise sur une chaise basse. *She is sitting on a low chair.*

over

Les nuages passent sur la plaine.
The clouds are passing over the plain.

out of

J'ai eu treize sur vingt. *I got thirteen out of twenty.*

with

Je n'ai pas d'argent sur moi. *I have no money with me.*

sûr, sûre [syr] adj. : sure

Je suis sûre qu'il viendra. *I am sure he will come.*

sûr, sûre adj. : safe

Mettez votre argent dans un endroit sûr.
Put your money in a safe place.

sûrement [syrmɑ̃] : surely

surprendre [syrprɑ̃ːdr] v. (42) : to surprise

Cette triste nouvelle nous a surpris. *This sad news surprised us.*

surveiller [syrveje] v. (1) : to look after

Surveille les enfants. *Look after the children.*

suspendre [syspɑ̃ːdr] v. (4) : voir PENDRE

T

ta [ta] : your

Ta manche est déchirée. *Your sleeve is torn.*

tabac [taba] m. : tobacco

Où est le bureau de tabac? *Where is the tobacconist's?*

table [tabl] f. : table

Mettons-nous à table. *Let us sit down to table.*

LA TABLE : THE TABLE

Une côtelette	A chop	**Le vinaigre**	Vinegar
Un gigot	A leg of lamb		
Une grillade	Grilled meat	**Un biscuit**	A biscuit
Du jambon	Ham	**Une brioche**	A bun
Du lard	Bacon	**Une crêpe**	A pancake
Un pâté	A pie (U.S. a paté)	**Une tarte**	A tart
		De la pâtisserie	Pastry
Du rosbif	Roast beef		
Une saucisse	A sausage	**Du pain beurré**	Bread and butter
Un sandwich	A sandwich		
		Du pain blanc, rassis, frais	White, stale, new bread
Un oeuf à la coque, sur le plat, dur	A boiled, fried, hard boiled egg	**Un petit pain**	A roll
		Du pain d'épice	Gingerbread
Un oeuf au jambon	Egg and bacon		
		Le bar	The bar
Des oeufs brouillés	Scrambled eggs	**Du champagne**	Champagne
		Du cidre	Cider
Une omelette	An omelet	**De l'eau-de-vie**	Brandy
		Une eau minérale	Mineral water
Des frites	Chips		
Des lentilles	Lentils	**Une liqueur**	Liqueur
Des nouilles	Noodles	**Un soda**	Soda-water
De la purée	Mashed potatoes	**Une tisane**	An infusion
		Une carafe	A decanter
Des condiments	Pickles		
Du jus	Gravy	**L'addition (f.)**	The bill
La moutarde	Mustard	**Le garçon de café**	The waiter
Le poivre	Pepper		
De la sauce	Sauce	**La serveuse**	The waitress

tableau(x) [tablo] m. : board

Qui essuiera le tableau noir? *Who will wipe the blackboard?*

picture

Connaissez-vous un tableau de Picasso?
Do you know any picture by Picasso?

tache [taʃ] f. : stain
Il y a des taches de graisse sur ta veste.
There are grease stains on your coat.
blot
J'ai fait une tache d'encre sur mon cahier.
I made an ink blot on my exercise-book.

tacher [taʃe] v. (1) : to stain
Verse du vin sans tacher la nappe.
Pour out wine without staining the table-cloth.

tailler [tɑje] v. (1) : (crayons) to sharpen
Qui a mon taille-crayon? *Who's got my pencil-sharpener?*

se taire [tɛːr] v. (39) : to be quiet
Taisez-vous, vous êtes trop bavards.
Be quiet, you are too talkative.

tant [tɑ̃] **(de) :** (sing.) so much
Il a tant travaillé qu'il en est épuisé.
He has worked so much that he is tired out.
pl. : so many
Il a mangé tant de gâteaux qu'il en est malade.
He has eaten so many cakes that he is sick.
Tant pis! *So much the worse!*

tapis [tapi] m. : carpet

tard [taːr] : late

tas [tɑ] m. : heap

tasse [tɑːs] f. : cup
Voulez-vous une tasse de café?
Would you like a cup of coffee?

taxi [taksi] m. : taxi

te [tə], **t' :** you
Je ne te donnerai rien du tout. *I shall give you nothing at all.*
yourself
Tu ne t'es pas bien tenu à l'école.
You did not behave yourself at school.

tel, telle [tɛl] : such

De tels hommes sont utiles. *Such men are useful.*

téléphone [telefɔn] m. : (tele)phone

Entrez dans la cabine téléphonique.
Go into the telephone box.

téléphoner [telefone] v. (1) : to ring up

En cas de besoin, téléphonez-moi.
If it's necessary, ring me up.

télévision [televizjɔ̃] f. : television, T.V.

Nous avons regardé la télévision jusqu'à minuit.
We watched television until midnight.

température [tɑ̃peratyːr] f. : temperature

Elle doit prendre sa température deux fois par jour.
She has to take her temperature twice a day.

temps [tɑ̃] m. : weather

Quel temps fait-il? *What's the weather like?*

time

Je lis cette revue de temps en temps.
I read this magazine from time to time.

tendre [tɑ̃ːdr] v. (4) : to hold out

Le mendiant tendit la main. *The beggar held out his hand.*

tenir [təniːr] v. (47) : to hold
Tiens la corde à deux mains. *Hold the rope with both hands.*

to keep
Qui tient sa maison? *Who keeps his (her) house?*

se tenir (bien) : to behave

terrain [tɛrɛ̃] m. : ground
Il n'y a pas de terrain de sport dans le village.
There is no sports ground in the village.

field
Ne laissez pas le bétail paître sur le terrain d'aviation.
Do not let the cattle graze on the airfield.

terre [tɛːr] f. : earth
La Terre est-elle vraiment ronde? *Is the Earth really round?*

land
Nous voyagerons par terre et par mer.
We shall travel by land and sea.

ground
Le chien est couché par terre.
The dog is lying on the ground.

soil

tes [tɛ] : your
Range tes crayons dans ton tiroir.
Put your pencils away in your drawer.

un(e) de tes ... : a(n) ... of yours, one of yours.
J'ai rencontré un de tes camarades.
I met a school-friend of yours.

tête [tɛːt] f. : head
Steve marchait à la tête du cortège.
Steve walked at the head of the procession.

thé [te] m. : tea
Qui veut une bonne tasse de thé?
Who wants a nice cup of tea?

théâtre [teɑːtr] m. : theatre (U.S.: theater)

ticket [tikɛ] m. : ticket

le tien [tjɛ̃], **la tienne** [tjɛn] : yours

Montre-moi les tiennes. *Show me yours.*

tigre [tigr] m. : tiger

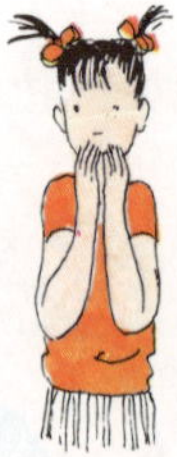

timbre [tɛ̃bːr] m. : stamp

J'ai acheté un carnet de vingt timbres (-poste).
I bought a book of twenty (postage) stamps.

tirer [tire] v. (1) : to pull

Elle me tirait par le bras.
She was pulling me by the arm.
Oh! Il tire la langue!
Oh! He's putting his tongue out.

to draw

Tu as tiré le bon numéro. *You drew the lucky number.*

to shoot

Ne tirez pas! C'est dangereux!
Don't shoot! It's dangerous!

tissu [tisy] m. : cloth

Mon tailleur a reçu d'Angleterre du beau tissu de laine.
My tailor has received some beautiful woollen cloth from England.

material

En quel tissu est ce costume?
What material is this suit made of?

toi [twa] : you

Est-ce toi qui l'a fait? *Was it you who did it?*

yourself

Regarde-toi dans la glace.
Look at yourself in the mirror.

à toi : yours
Cette balle n'est pas à toi. *This ball is not yours.*

toi-même : yourself
Les as-tu vus toi-même? *Did you see them yourself?*

faire sa toilette [twalɛt] : to get washed
Va faire ta toilette. *Go and get washed.*

toilettes : toilets, lavatories

toit [twa] m. : roof

tomber [tɔ̃be] v. (1) : to fall
Ils tombèrent de cheval. *They fell from their horses.*
◆ Il tombe de l'eau. *It's raining.*

ton [tɔ̃] : your
C'est ton tour de jouer. *It's your turn to play.*

torchon [tɔrʃɔ̃] m. : dish-cloth

tordre [tɔrdr] v. (4) : to wring
Tords le linge avant de l'étendre sur le fil.
Wring the linen before hanging it on the line.

(se) tordre : to twist
Je me suis tordu la cheville. *I twisted my ankle.*

avoir tort [tɔːr] : to be wrong
A mon avis, tu as tort. *In my opinion, you are wrong.*

tôt [to] : soon
Je ne vous attendais pas si tôt. *I didn't expect you so soon.*
early
Cet arbre fleurit toujours très tôt.
This tree always flowers early.

toucher [tuʃe] v. (1) : to touch
Prière de ne pas toucher. *Please, don't touch.*

toujours [tuʒuːr] : always
Il est toujours le premier servi.
He is always the first to be served.

(for) ever

Je t'aimerai toujours. *I shall love you for ever.*

still

Le vieux chien est toujours vivant. *The old dog is still alive.*

tour [tu:r] f. : tower

La tour de contrôle dirige les avions.
The control tower directs the planes.

m. : turn

Chacun parlera à son tour. *Every one will speak in turn.*

(se) tourner [turne] v. (1) : to turn

Tournez-vous vers la lumière, s'il vous plaît.
Please turn towards the light.

tousser [tuse] v. (1) : to cough

Paul a toussé pendant trois jours.
Paul has been coughing for three days.

tout, toute [tu, tut], **tous, toutes** adj. : all

Je les connais tous. *I know them all.*

whole

Toute la ville était en feu. *The whole town was on fire.*

any

Tout élève passant par ce couloir sera puni.
Any pupil going along this passage will be punished.

every

Cette boutique est ouverte tous les jours.
This shop is open every day.

tout [tu] m. : everything

Tout est prêt dans ma chambre.
Everything is ready in my room.

tout à coup : all of a sudden

Tout à coup, la porte s'ouvrit.
All of a sudden the door opened.

tout à fait : quite

Il est tout à fait sûr de venir avec nous.
He is quite sure he'll come with us.

tout de suite : at once

Obéis tout de suite! *Obey at once!*

tout le monde : everybody, everyone

Bonjour, tout le monde! *Good morning, everybody!*

traduction [tradyksjɔ̃] f. : translation

« No smoking » est la traduction anglaise du français « Défense de fumer ».
« Défense de fumer » *is the French translation of the English "No smoking".*

traduire [tradɥiːr] v. (18) : to translate

train [trɛ̃] m. : train

Louis n'a pas pris le train de Bordeaux.
Lewis did not take the Bordeaux train.

être en train de ... : to be ...ing

Il est en train de manger. *He is eating.*

tranche [trɑ̃ːʃ] f. : slice

Elle a coupé le rôti en tranches minces.
She carved the roast into thin slices.

tranquille [trɑ̃kil] adj. : quiet

Le petit village est tranquille au printemps.
The small village is quiet in spring.

rester tranquille : to keep quiet

Ces enfants ne peuvent pas rester tranquilles.
These children can't keep quiet.

transporter [trɑ̃spɔrte] v. (1) : to carry

Le premier wagon transportait du charbon.
The first truck was carrying coal.

travail m. [travaːj], **travaux** [travo] pl. : work

Voyons votre travail. *Let us see your work.*

job

Il fait de petits travaux. *He does odd jobs.*

travailler [travaje] v. (1) : to work

à travers [travɛːr] : through

Le fantôme passa à travers le mur.
The ghost went through the wall.

across

Nous avons coupé à travers bois.
We cut across the woods.

traverser [travɛrse] v. (1) : to cross

Nous avons besoin d'un bateau pour traverser la rivière.
We need a boat to cross the river.

verbe + across

Il traversera la rivière à la nage. *He will swim across the river.*

treize [trɛːz] : thirteen

trembler [trɑ̃ble] v. (1) : to tremble

Tout le monde tremblait en sa présence.
Everyone trembled in his presence.

to shake

Il tremblait comme une feuille. *He was shaking like a leaf.*

to shiver

Le vent froid le faisait trembler. *The cold wind made him shiver.*

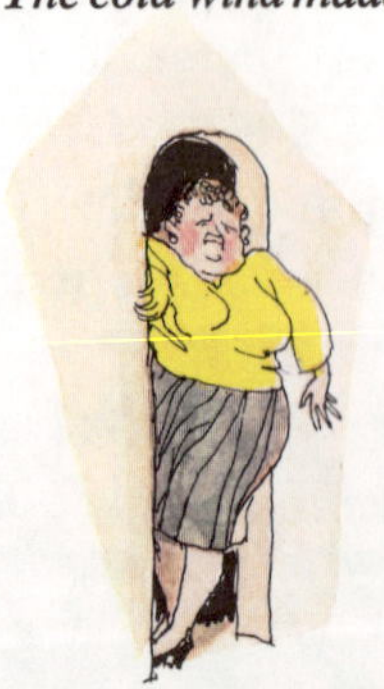

trente [trɑ̃ːt] : thirty

très [trɛ] : very

La porte n'est pas très large. *The door is not very wide.*

triste [trist] adj. : sad

Tu parais triste aujourd'hui. *You look sad today.*

trois [trwɑ] : three; **troisième** : third

se tromper [trɔ̃pe] v. (1) : to make a mistake

Je crains de m'être trompé. *I am afraid I made a mistake.*

to be mistaken

Si je ne me trompe pas, nous nous sommes déjà rencontrés. *If I am not mistaken, we have met before.*

se tromper de ... : to take the wrong ...

Ils se sont trompés de chemin. *They took the wrong path.*

trop [tro] : too

Il est trop fatigué pour aller plus loin. *He is too tired to go any farther.*

trop de : (sing.) too much; (pl.) too many

« On n'a jamais trop d'argent ni trop d'amis. » *"One can never have too much money nor too many friends."*

trottoir [trɔtwaːr] m. : pavement (U.S.: sidewalk)

trou [tru] m. : hole

Je ne peux pas trouver le trou de la serrure. *I can't find the keyhole.*

trouver [truve] v. (1) : to find

J'ai trouvé une pièce dans le sable. *I found a coin in the sand.*

T. S. F. (= télégraphie sans fil) : wireless, radio

tu [ty] : you

Tu chantes bien. *You sing well.*

tube [tyb] m. : tube

Si tu sors, achète-moi un tube de colle. *If you go out, buy me a tube of glue.*

tuer [tɥe] v. (1) : to kill

Le renard a tué quatre poulets cette nuit. *The fox killed four chickens last night.*

U

un, une [œ̃, yn] adj. : a, an

Un garçon doit toujours être propre.
A boy must always be clean.

adj. et pron. : one

Je n'ai cassé qu'un œuf. *I only broke one egg.*
Prenez-les un par un. *Take them one by one.*
L'une d'elles est ma sœur. *One of them is my sister.*
◆ mais : Ce n'est pas un de mes amis.
He is not a friend of mine.

(les) uns : some

Les uns sont contents, les autres se plaignent.
Some are pleased, others complain.

l'un et l'autre : both

L'un et l'autre ont répondu à ma lettre.
Both answered my letter.

l'un ou l'autre : either

— Lequel prendras-tu? — L'un ou l'autre ira.
— *Which will you take? — Either will do.*

ni l'un ni l'autre : neither

Ni l'un ni l'autre ne m'a écrit. *Neither of them wrote to me.*

user [yze] v. (1) : to wear out

Il use ses vêtements en un rien de temps.
He wears out his clothes in no time.

usine [yzi:n] f. : factory

Les ouvriers quittent l'usine à six heures.
The workers leave the factory at six.

utile [ytil] adj. : useful

A la campagne, les bottes sont plus utiles que les souliers.
Boots are more useful than shoes in the country.

V

vacances [vakɑ̃:s] f. pl. : holiday(s)

Nous irons en Suisse pendant les vacances de Noël.
We shall go to Switzerland during the Christmas holidays.

vache [vaʃ] f. : cow

La fermière trait ses vaches deux fois par jour.
The farmer's wife milks her cows twice a day.

vague [vag] f. : wave

Les vagues avaient au moins deux mètres de haut.
The waves were at least two metres high.

faire la vaisselle [vɛsɛl] : to wash up (U. S. : to wash the dishes)

valise [vali:z] f. : suitcase

valoir [valwa:r] v. (48) : to be worth

Cette maison vaut plus de quarante mille francs.
This house is worth more than forty thousand francs.

valoir mieux : to be better

Il vaut mieux rester ici. *It is better to stay here.*

vapeur [vapœ:r] f. : steam

La cuisine est pleine de vapeur.
The kitchen is full of steam.

veau(x) [vo] m. : (animal) calf

Il y a quinze veaux dans le pré.
There are fifteen calves in the meadow.

(boucherie) : veal

On leur servira du rôti de veau et des petits pois.
They will be served roast veal with green peas.

vélo [velo] m. : bike

vendre [vɑ̃ːdr] v. (4) : to sell

Mon voisin veut vendre sa voiture.
My neighbour wants to sell his car.
◆ Maison à vendre. *House for sale.*

vendredi [vɑ̃drədi] m. : Friday

venir [vəniːr] v. (47) : to come

D'où vient cette fumée? *Where is this smoke coming from?*

venir + infinitif : to come and + verbe

Viens jouer avec nous. *Come and play with us.*

venir de (passé proche) : to have just

Ils venaient de dîner. *They had just had their dinner.*

vent [vɑ̃] m. : wind

Quel bon vent vous amène? *What good wind brings you here?*

vente [vɑ̃ːt] f. : sale

Cette maison est-elle en vente? *Is this house for sale?*

ver [vɛːr] m. : worm

As-tu vu des vers luisants cet été?
Did you see glow-worms this summer?

vérité [verite] f. : truth

verre [vɛːr] m. : glass

Je voudrais un verre d'eau fraîche.
I would like a glass of cold water.

vers [vɛːr] : towards

Il va vers la maison. *He is going towards the house.*

verser [vɛrse] v. (1) : to pour

As-tu versé le lait sur le cacao?
Did you pour the milk on the cocoa?

vert, verte [vɛːr, vɛːrt] adj. : green

Ne traverse pas encore, le feu est toujours au vert.
Don't cross yet, the light is still green.

veste [vɛst] f. : coat

Boutonne ta veste. *Button your coat.*

vêtements [vɛtmɑ̃] m. pl. : clothes

Je mets de vieux vêtements pour jardiner.
I wear old clothes for gardening.

viande [vjɑ̃ːd] f. : meat

vide [viːd] adj. : empty

J'ai cassé deux verres vides. *I broke two empty glasses.*

vider [vide] v. (1) : to empty

vie [vi] f. : life

Ils ont perdu la vie dans un accident d'avion.
They lost their lives in a plane crash.

vieux, vieille [vjø, vjɛːj] adj. : old

Ce sont des vieux livres. *These are old books.*
◆ Comment vas-tu, mon vieux? *How are you, old chap?*

village [vilaːʒ] m. : village

La route principale traverse le village.
The main road goes through the village.

ville [vil] f. : town

Ils se sont promenés dans la ville. *They walked about the town.*

city

Londres et Paris sont de grandes villes.
London and Paris are big cities.

vin [vɛ̃] m. : wine

Voudriez-vous un verre de vin blanc?
Would you like a glass of white wine?

vingt [vɛ̃] : twenty

violet, ette [vjɔlɛ, ɛt] adj. : violet, purple

violette f. : violet

visage [vizaːʒ] m. : face

visite [vizit] f. : visit

Leur visite m'a fait grand plaisir. *Their visit pleased me a lot.*

visiter [vizite] v. (1) : to visit

Nous visiterons le Louvre et Notre-Dame.
We shall visit the Louvre and Notre-Dame.

vite [vit] : fast

N'allez pas si vite, attendez-moi! *Don't go so fast, wait for me!*

quickly

Ça a été vite fait. *It was quickly done.*

vitesse [vitɛs] f. : speed

Ils allaient à toute vitesse. *They were going at full speed.*

faire de la vitesse : to speed

vitre [vitr] f. : window-pane

vitrine [vitrin] f. : shop-window

Les vitrines de Paris sont souvent disposées avec goût.
Shopwindows in Paris are often attractively set out.

vivant, ante [vivɑ̃, ɑ̃ːt] adj. : living

vive ...! [viːv] : long live ...!

vivre [viːvr] v. (49) : to live

Il vit dans les nuages. *He lives in the clouds.*

voici [vwasi] : here is, this is

Le voici! *Here he is!*
Voici mon ami. *This is my friend.*

here are, these are

Nous voici! *Here we are!*
Voici vos gants. *These are your gloves.*

voilà [vwala] : there is, that is

Voici mon parapluie et voilà le vôtre.
Here is my umbrella and there is yours.

there are, those are

Voilà les photos dont je vous avais parlé.
Those are the photos I told you about.
Nous voilà! *There we are!*

voir [vwa:r] v. (50) : to see

voisin, ine [vwazɛ̃, in] m. et f. : neighbour

Nos voisins d'à côté sont des gens aimables.
Our next-door neighbours are nice people.

adj. : neighbouring

Elles vivent dans la ville voisine.
They live in the neighbouring town.

voiture [vwaty:r] f. : car

◆ En voiture! (G.-B.) *Take your seats!* (U. S.) *All aboard!*

LA VOITURE : THE CAR

Aller en voiture	To drive	**La roue de secours**	The spare wheel
Voulez-vous monter dans ma voiture?	Shall I give you a lift?	**Le volant**	The steering-wheel
Une aile	A wing	**Accélérer**	To accelerate
L'avertisseur	The horn	**Crever**	To have a puncture
Le capot	The bonnet (U.S. hood)	**Croiser**	To meet
Le coffre	The boot (U.S. trunk)	**Demarrer**	To start
Le cric	The jack	**Dépasser, doubler**	To overtake
Le démarreur	The starter	**Freiner**	To brake
Les essuie-glaces	The windscreen wipers	**Se garer**	To park
Les freins	Brakes	**Ralentir**	To slow down
Un pare-chocs	A bumper	**Reculer, aller en marche arrière**	To reverse
Un phare	A headlight	**Aller à toute vitesse**	To go at full speed
La portière	The door	**Changer de vitesse**	To change gear
Le rétroviseur	The driving mirror		

voix [vwa] f. : voice

Le professeur a une extinction de voix.
The teacher has lost his (her) voice.

voler [vɔle] v. (1) : to fly

Le papillon vole de fleur en fleur.
The butterfly flies from flower to flower.

voler : to steal

On a retrouvé le tableau volé.
The stolen picture has been found.

to rob

On a volé le trésor d'Harpagon; qui est le voleur?
Harpagon was robbed of his treasure; who was the thief?

voleur, euse [vɔlœr, øz] m. et f. : thief

Les policiers ont arrêté une bande de voleurs.
The police have arrested a gang of thieves.

robber

Je crois que j'entends des voleurs dans notre grenier.
I believe I can hear robbers in our attic.

vos [vo] : your

Vos enfants sont-ils ici? *Are your children here?*

un(e) de vos ... : a ... of yours, one of your ...

Un de vos élèves vous demande.
A pupil of yours is asking for you.

votre [vɔtr] : your

Votre fille est-elle là? *Is your daughter there?*

le vôtre [vo:tr] : yours

Notre fils n'est pas aussi grand que le vôtre.
Our son is not as tall as yours.

vouloir [vulwa:r] v. (51) : will

Voulez-vous me donner du pain?
Will you give me some bread?

to want

Je veux parler à votre père. *I want to speak to your father.*

to wish

Qui veut venir avec moi? *Who wishes to come with me?*

to like

Viens demain, si tu veux. *Come tomorrow if you like.*

vouloir dire : to mean

Cette phrase ne veut rien dire.
This sentence doesn't mean anything.

vous [vu] : you

Il vous le dira et vous l'écouterez.
He will tell you and you will listen to him.

(réfléchi) : yourself

Vous êtes-vous blessé? *Did you hurt yourself?*

(réfléchi) : yourselves

Vous ne vous êtes pas blessés. *You have not hurt yourselves.*

à vous (possessif) : yours

Ce chien est-il à vous? *Is this dog yours?*

vous-même : yourself

L'avez-vous entendue vous-même? *Did you hear her yourself?*

vous-mêmes : yourselves

voyage [vwajaːʒ] m. : journey

Il part pour un voyage de six semaines.
He is going on a six weeks' journey.

travel

As-tu aimé « les Voyages de Gulliver »?
Did you like "Gulliver's Travels"?

voyager [vwajaʒe] v. (7) : to travel

Il a voyagé dans de nombreux pays.
He has travelled in many countries.

voyageur, euse [vwajaʒœːr, øːz] : traveller

passenger

Les voyageurs pour Lyon, en voiture s'il vous plaît!
Will passengers for Lyons please take their seats!

vrai, e [vrɛ] adj. : true

Est-ce vrai qu'il va partir? *Is it true he is leaving?*

vue [vy] f. : sight

Je les connais de vue. *I know them by sight.*

view

J'ai rapporté quelques vues de Londres.
I brought back a few views of London.

W

wagon [vagɔ̃] m. : carriage

◆ mais : Un wagon-lit : *a sleeping-car;* un wagon de marchandises : *a goods truck...*

Y

y [i] : there

Elle s'y est souvent promenée. *She often walked there.*

it

L'endroit est bruyant, mais vous vous y habituerez.
The place is noisy, but you'll get used to it.

yeux [jø] m. pl. : eyes

Ferme les yeux et compte jusqu'à vingt.
Close your eyes and count up to twenty.

Z

zéro [zero] m. : zero

Il y a huit au-dessous de zéro. *It is eight degrees below zero.*
J'ai eu zéro. *I got a nought.*

zoo [zɔo] m. : zoo

Allons au zoo voir les singes.
Let's go to the zoo and watch the monkeys.

Abréviations Abbreviations

adj.	adjectif	*adjective*
adv.	adverbe	*adverb*
aux.	auxiliaire	*auxiliary*
cond.	conditionnel	*conditional*
f.	féminin	*feminine*
imp.	imparfait	*imperfect*
Imp.	impératif	*imperative*
ind.	indicatif	*indicative*
invar.	invariable	*invariable*
m.	masculin	*masculine*
n.	nom anglais	*noun*
pl.	pluriel	*plural*
p.p.	participe passé	*past participle*
p.pr.	participe présent	*present participle*
pr.	présent	*present*
prép.	préposition	*preposition*
pron.	pronom	*pronoun*
s.	substantif	*substantive*
subj.	subjonctif	*subjunctive*
U.S.	Etats-Unis	*United States*
v.	verbe	*verb*

§ This sign indicates that the relevant word is omitted in translation.

◆◆ This sign indicates where a translation from one language to the other differs because of the different construction. It is followed by the words *but* or *mais* and then a translation to show the difference.

SONS ANGLAIS

SIGNE	MOT TYPE ANGLAIS	SIGNE	MOT TYPE ANGLAIS	SIGNE	MOT TYPE ANGLAIS
[i]	*i*f	[u]	b*oo*k; p*u*t	[ou]	g*o*; fl*ow*
[iː]	p*ea*s; f*ee*l	[uː]	p*oo*l	[au]	c*ow*
[e]	g*e*t	[ʌ]	gl*o*ve; c*o*me	[ɔi]	b*oy*
[æ]	b*a*g; c*a*n	[əː]	b*i*rd	[iə]	h*ere*
[ɑː]	al*a*rm; *a*rmy	[ə]	*a*gain	[ju]	f*ew*
[ɔ]	c*o*ffee; c*o*ck	[ɛə]	*ai*r	[w]	*w*ait; *w*et
[ɔː]	l*a*w; h*o*t	[ei]	p*ay*	[p]	*p*art
[o]	N*o*vember	[ai]	t*ie*	[b]	*b*eef

FRENCH SOUNDS

Sign	French type	Sign	French type
[i]	m*i*d*i*	[ɔ̃ː]	n*om*bre
[iː]	démol*i*r; fam*i*lle	[œ̃]	auc*un*; l*un*di
[e]	cl*é*	[iːj]	f*i*lle
[ɛ]	b*e*c; s*e*pt; angl*ai*s	[ɛːj]	rév*eil*
[ɛː]	angl*ai*se; t*e*rre	[aːj]	p*ai*lle
[a]	c*a*nne; p*a*p*a*	[œːj]	faut*euil*
[aː]	t*a*rd; cour*a*ge	[j]	cah*i*er; *y*eux
[ɑ]	p*a*s; *â*gé	[w]	*ou*i
[ɑː]	t*a*sse	[p]	*p*art
[ɔ]	br*o*sse	[b]	*b*alai
[ɔː]	f*o*rt	[f]	*f*arine; *f*erme
[o]	d*o*s; f*au*sse	[v]	*v*ent; *v*ue
[u]	t*ou*t; g*ou*tte	[t]	*t*arte
[uː]	c*ou*r; p*ou*le	[d]	*d*ormir
[y]	cr*u*	[m]	*m*idi
[yː]	m*û*r	[n]	*n*ord
[ɥ]	l*u*i	[l]	*l*ait
[ø]	*eu*x; f*eu*	[r]	*r*ideau
[øː]	nombr*eu*se	[ʃ]	*ch*acun; dé*ch*irer
[œ]	*œu*f; m*eu*ble	[ʒ]	man*g*er
[œː]	fl*eu*r; b*eu*rre	[k]	*q*ui
[ə]	c*e*	[g]	*g*arde
[ɛ̃]	v*in*; f*aim*	[ɲ]	monta*gn*e; si*gn*e
[ɛ̃ː]	m*in*ce	[s]	*s*ki; *s*ot
[ɑ̃]	bl*anc*	[z]	deu*x*ième
[ɑ̃ː]	*en*cre; l*an*gue	[ks]	a*cc*ident; e*x*près
[ɔ̃]	s*on*	[gz]	e*x*amen; e*x*act

SIGNE	MOT TYPE ANGLAIS	SIGNE	MOT TYPE ANGLAIS	SIGNE	MOT TYPE ANGLAIS
[f]	*f*arm	[j]	*y*es	[ŋ]	si*ng*
[v]	*v*eal	[ʃ]	*sh*ip	[s]	*s*ki; *s*eem
[t]	*t*art	[tʃ]	*ch*eek	[z]	po*s*ition
[d]	*d*oor	[ʒ]	mea*s*ure	[ks]	a*cc*ident
[m]	*m*ud	[dʒ]	*j*am	[gz]	e*x*am
[n]	*n*or	[k]	*k*iss	[θ]	*th*ick
[l]	*l*ay	[g]	*g*ive	[ð]	brea*the*
[r(*)]	*r*est	[h]	*h*ere; *h*is		

French verbs

1. First conjugation. **Aimer,** to love

INDICATIVE PRESENT	IMPERFECT	PAST TENSE	FUTURE	CONDITIONAL PRESENT
J' aime	J' aimais	J' aimai	J' aimerai	J' aimerais
Tu aimes	Tu aimais	Tu aimas	Tu aimeras	Tu aimerais
Il aime	Il aimait	Il aima	Il aimera	Il aimerait
Nous aimons	Nous aimions	Nous aimâmes	Nous aimerons	Nous aimerions
Vous aimez	Vous aimiez	Vous aimâtes	Vous aimerez	Vous aimeriez
Ils aiment	Ils aimaient	Ils aimèrent	Ils aimeront	Ils aimeraient

IMPERATIVE
ra
Aime. Aimons. Aimez

PARTICIPE

PRESENT	PAST
Aimant	Aimé, ée, és, ées

2. Second conjugation. **Finir,** to end

INDICATIVE PRESENT	IMPERFECT	PAST TENSE	FUTURE	CONDITIONAL PRESENT
Je finis	Je finissais	Je finis	Je finirai	Je finirais
Tu finis	Tu finissais	Tu finis	Tu finiras	Tu finirais
Il finit	Il finissait	Il finit	Il finira	Il finirait
Nous finissons	Nous finissions	Nous finîmes	Nous finirons	Nous finirions
Vous finissez	Vous finissiez	Vous finîtes	Vous finirez	Vous finiriez
Ils finissent	Ils finissaient	Ils finirent	Ils finiront	Ils finiraient

IMPERATIVE
Finis. Finissons. Finissez

PARTICIPE

PRESENT	PAST
Finissant	Fini, ie, is, ies

3. Third conjugation. **Recevoir,** to receive

INDICATIVE				CONDITIONAL
PRESENT	IMPERFECT	PAST TENSE	FUTURE	PRESENT
Je reçois	Je recevais	Je reçus	Je recevrai	Je recevrais
Tu reçois	Tu recevais	Tu reçus	Tu recevras	Tu recevrais
Il reçoit	Il recevait	Il reçut	Il recevra	Il recevrait
Nous recevons	Nous recevions	Nous reçûmes	Nous recevrons	Nous recevrions
Vous recevez	Vous receviez	Vous reçûtes	Vous recevrez	Vous recevriez
Ils reçoivent	Ils recevaient	Ils reçurent	Ils recevront	Ils recevraient

IMPERATIVE	PARTICIPE	
	PRESENT	PAST
Reçois. Recevons. Recevez	Recevant	Reçu, ue, us, ues

4. Fourth conjugation. **Rompre,** to break

INDICATIVE				CONDITIONAL
PRESENT	IMPERFECT	PAST TENSE	FUTURE	PRESENT
Je romps	Je rompais	Je rompis	Je romprai	Je romprais
Tu romps	Tu rompais	Tu rompis	Tu rompras	Tu romprais
Il rompt	Il rompait	Il rompit	Il rompra	Il romprait
Nous rompons	Nous rompions	Nous rompîmes	Nous romprons	Nous romprions
Vous rompez	Vous rompiez	Vous rompîtes	Vous romprez	Vous rompriez
Ils rompent	Ils rompaient	Ils rompirent	Ils rompront	Ils rompraient

IMPERATIVE	PARTICIPE	
	PRESENT	PAST
Romps. Rompons. Rompez	Rompant	Rompu, ue, us, ues

5. **Espérer.** — *Ind. pr. :* j'espère, nous espérons — *Imp. :* j'espérais, nous espérions — *Fut. :* j'espérerai, nous espérerons — *Impér. :* espère, espérons, espérez — *Part. pr. :* espérant — *Part. p. :* espéré.

6. **Commencer.** — *Ind. pr. :* je commence, nous commençons — *Imp. :* je commençais, nous commencions — *Fut. :* je commencerai, nous commencerons — *Impér. :* commence, commençons, commencez — *Part. pr. :* commençant — *Part. p. :* commencé.

7. **Manger.** — *Ind. pr. :* je mange, nous mangeons — *Imp. :* je mangeais, nous mangions — *Fut. :* je mangerai, nous mangerons — *Impér. :* mange, mangeons, mangez — *Part. pr. :* mangeant — *Part. p. :* mangé.

8. **Appeler.** — *Ind. pr. :* j'appelle, nous appelons — *Imp. :* j'appelais, nous appelions — *Fut. :* j'appellerai, nous appellerons — *Impér. :* appelle, appelons, appelez — *Part. pr. :* appelant — *Part. p. :* appelé.

9. **Appuyer.** — *Ind. pr. :* j'appuie, nous appuyons — *Imp. :* j'appuyais, nous appuyions — *Fut. :* j'appuierai, nous appuierons — *Impér. :* appuie, appuyons, appuyez — *Part. pr. :* appuyant — *Part. p. :* appuyé.

10. **Essayer.** — *Ind. pr. :* j'essaie, nous essayons — *Imp. :* j'essayais, nous essayions — *Fut. :* j'essaierai, nous essaierons — *Impér. :* essaie, essayons, essayez — *Part. pr. :* essayant — *Part. p. :* essayé.

11. **Aller.** — *Ind. pr. :* je vais, tu vas, il va, nous allons, vous allez, ils vont — *Imp. :* j'allais, nous allions — *Fut. :* j'irai, nous irons — *Impér. :* va (vas-y), allons, allez — *Part. pr. :* allant — *Part. p. :* allé.

12. **S'asseoir.** — *Ind. pr. :* je m'assieds, tu t'assieds, il s'assied, nous nous asseyons, vous vous asseyez, ils s'asseyent. — *Imp. :* je m'asseyais, nous nous asseyions — *Fut. :* je m'assiérai, nous nous assiérons — *Impér. :* assieds-toi, asseyons-nous, asseyez-vous — *Part. pr. :* s'asseyant — *Part. p. :* assis.

13. **Atteindre.** — *Ind. pr. :* j'atteins, nous atteignons — *Imp. :* j'atteignais, nous atteignions — *Fut. :* j'atteindrai, nous atteindrons — *Impér. :* atteins, atteignons, atteignez — *Part. pr. :* atteignant — *Part. p. :* atteint.

14. **Avoir.** — *Ind. pr. :* j'ai, tu as, il a, nous avons, vous avez, ils ont — *Imp. :* j'avais, nous avions — *Fut. :* j'aurai, nous aurons — *Impér. :* aie, ayons, ayez — *Part. pr. :* ayant — *Part. p. :* eu.

15. **Battre.** — *Ind. pr. :* je bats, nous battons — *Imp. :* je battais, nous battions — *Fut. :* je battrai, nous battrons — *Impér. :* bats, battons, battez — *Part. pr. :* battant — *Part. p. :* battu.

16. **Boire.** — *Ind. pr. :* je bois, nous buvons — *Imp. :* je buvais, nous buvions — *Fut. :* je boirai, nous boirons — *Impér. :* bois, buvons, buvez — *Part. pr. :* buvant — *Part. p. :* bu.

17. **Bouillir.** — *Ind. pr. :* je bous, nous bouillons — *Imp. :* je bouillais, nous bouillions — *Fut. :* je bouillirai, nous bouillirons — *Impér. :* bous, bouillons, bouillez — *Part pr. :* bouillant — *Part. p. :* bouilli.

18. **Conduire.** — *Ind. pr. :* je conduis, nous conduisons — *Imp. :* je conduisais, nous conduisions — *Fut. :* je conduirai, nous conduirons — *Impér. :* conduis, conduisons, conduisez — *Part. pr. :* conduisant — *Part. p. :* conduit.

19. **Paraître.** — *Ind. pr. :* je parais, nous paraissons — *Imp. :* je paraissais, nous paraissions — *Fut. :* je paraîtrai, nous paraîtrons — *Impér. :* parais, paraissons, paraissez — *Part. pr. :* paraissant — *Part. p. :* paru.

20. **Coudre.** — *Ind. pr. :* je couds, nous cousons — *Imp. :* je cousais, nous cousions — *Fut. :* je coudrai, nous coudrons — *impér. :* couds, cousons, cousez — *Part. pr. :* cousant — *Part. p. :* cousu.

21. **Courir.** — *Ind. :* je cours, nous courons — *Imp. :* je

courais, nous courions — *Fut.* : je courrai, nous courrons — *Impér.* : cours, courons, courez — *Part. pr.* : courant — *Part. p.* : couru.

22. **Croire.** — *Ind. pr.* : je crois, nous croyons — *Imp.* : je croyais, nous croyions — *Fut.* : je croirai, nous croirons — *Impér.* : crois, croyons, croyez — *Part. pr.* : croyant — *Part. p.* : cru.

23. **Cueillir.** — *Ind. pr.* : je cueille, nous cueillons — *Imp.* : je cueillais, nous cueillions — *Fut.* : je cueillerai, nous cueillerons — *Impér.* : cueille, cueillons, cueillez — *Part. pr.* : cueillant — *Part. p.* : cueilli.

24. **Devoir.** — *Ind. pr.* : je dois, nous devons — *Imp.* : je devais, nous devions — *Fut.* : je devrai, nous devrons — *Part. pr.* : devant — *Part. p.* : dû, due, dus, dues.

25. **Dire.** — *Ind. pr.* : je dis, nous disons, vous dites, ils disent — *Imp.* : je disais, nous disions — *Fut.* : je dirai, nous dirons — *Impér.* : dis, disons, dites — *Part. pr.* : disant — *Part. p.* : dit.

26. **Dormir.** — *Ind. pr.* : je dors, nous dormons — *Imp.* : je dormais, nous dormions — *Fut.* : je dormirai, nous dormirons — *Impér.* : dors, dormons, dormez — *Part. pr.* : dormant — *Part. p.* : dormi.

27. **Écrire.** — *Ind. pr.* : j'écris, nous écrivons — *Imp.* : j'écrivais, nous écrivions — *Fut.* : j'écrirai, nous écrirons — *Impér.* : écris, écrivons, écrivez — *Part. pr.* : écrivant — *Part. p.* : écrit.

28. **Envoyer.** — *Ind. pr.* : j'envoie, nous envoyons — *Imp.* : j'envoyais, nous envoyions — *Fut.* : j'enverrai, nous enverrons — *Impér.* : envoie, envoyons, envoyez — *Part. pr.* : envoyant — *Part. p.* : envoyé.

29. **Être.** — *Ind. pr.* : je suis, tu es, il est, nous sommes, vous êtes, ils sont — *Imp.* : j'étais, nous étions — *Fut.* : je serai, nous serons — *Impér.* : sois, soyons, soyez — *Part. pr.* : étant — *Part. p.* : été (invar.).

30. Faire. — *Ind. pr. :* je fais, nous faisons, vous faites, ils font — *Imp. :* je faisais, nous faisions — *Fut. :* je ferai, nous ferons — *Impér. :* fais, faisons, faites — *Part. pr. :* faisant — *Part. p. :* fait.

31. Falloir. — (Only used in third person.) *Ind. pr. :* il faut — *Imp. :* il fallait — *Fut. :* il faudra — *Part. p. :* fallu.

32. Frire. — (Only used in the following tenses.) *Ind. pr. :* je fris, tu fris, il frit — *Fut. :* je frirai, nous frirons — (The verb **faire** is used with **frire** to supply the persons and tenses that are wanting: as *nous faisons frire.*) — *Part. p. :* frit.

33. Lire. — *Ind. pr. :* je lis, nous lisons — *Imp. :* je lisais, nous lisions — *Fut. :* je lirai, nous lirons — *Impér. :* lis, lisons, lisez — *Part. pr. :* lisant — *Part. p. :* lu.

34. Sentir. — *Ind. pr. :* je sens, nous sentons — *Imp. :* je sentais, nous sentions — *Fut. :* je sentirai, nous sentirons — *Impér. :* sens, sentons, sentez — *Part. pr. :* sentant — *Part. p. :* senti.

35. Mettre. — *Ind. pr. :* je mets, nous mettons — *Imp. :* je mettais, nous mettions — *Fut. :* je mettrai, nous mettrons — *Impér. :* mets, mettons, mettez — *Part. pr. :* mettant — *Part. p. :* mis.

36. Mourir. — *Ind. pr. :* je meurs, nous mourons — *Imp. :* je mourais, nous mourions — *Fut. :* je mourrai, nous mourrons — *Impér. :* meurs, mourons, mourez — *Part. pr. :* mourant — *Part. p. :* mort.

37. Naître. — *Ind. pr. :* je nais, nous naissons — *Imp. :* je naissais, nous naissions — *Fut. :* je naîtrai, nous naîtrons — *Impér. :* nais, naissons, naissez — *Part. pr. :* naissant — *Part. p. :* né (the auxiliary is **être**).

38. Ouvrir. *Ind. pr. :* j'ouvre, nous ouvrons — *Imp. :* j'ouvrais, nous ouvrions — *Fut. :* j'ouvrirai, nous ouvrirons — *Impér. :* ouvre, ouvrons, ouvrez — *Part. pr. :* ouvrant — *Part. p. :* ouvert.

39. Plaire. — Ind. pr. : je plais, nous plaisons — *Imp. :* je plaisais, nous plaisions — *Fut. :* je plairai, nous plairons — *Impér. :* plais, plaisons, plaisez — *Part. pr. :* plaisant — *Part. p. :* plu.

40. Pleuvoir. — (Only used in the third person sing.) *Ind. pr. :* il pleut — *Imp. :* il pleuvait — *Fut. :* il pleuvra — *Part. pr. :* pleuvant — *Part. p. :* plu.

41. Pouvoir. — *Ind. pr. :* je peux (*ou* puis), nous pouvons, ils peuvent — *Imp. :* je pouvais, nous pouvions — *Fut. :* je pourrai, nous pourrons — *Part. pr. :* pouvant — *Part. p. :* pu.

42. Prendre. — *Ind. pr. :* je prends, nous prenons — *Imp. :* je prenais, nous prenions — *Fut. :* je prendrai, nous prendrons — *Impér. :* prends, prenons, prenez — *Part. pr. :* prenant — *Part. p. :* pris.

43. Rire. — *Ind. pr. :* je ris, nous rions — *Imp. :* je riais, nous riions — *Fut. :* je rirai, nous rirons — *Impér. :* ris, rions, riez — *Part. pr. :* riant — *Part. p. :* ri.

44. Savoir. — *Ind. pr. :* je sais, nous savons — *Imp. :* je savais, nous savions — *Fut. :* je saurai, nous saurons — *Impér. :* sache, sachons, sachez — *Part. pr. :* sachant — *Part. p. :* su.

45. Servir. — *Ind. pr. :* je sers, nous servons — *Imp. :* je servais, nous servions — *Fut. :* je servirai, nous servirons — *Impér. :* sers, servons, servez — *Part. pr. :* servant — *Part. p. :* servi.

46. Suivre. — *Ind. pr. :* je suis, nous suivons — *Imp. :* je suivais, nous suivions — *Fut. :* je suivrai, nous suivrons — *Impér. :* suis, suivons, suivez — *Part. pr. :* suivant — *Part. p. :* suivi.

47. Tenir. — *Ind. pr. :* je tiens, nous tenons — *Imp. :* je tenais, nous tenions — *Fut. :* je tiendrai, nous tiendrons — *Impér. :* tiens, tenons, tenez — *Part. pr. :* tenant — *Part. p. :* tenu.

48. Valoir. — *Ind. pr. :* je vaux, nous valons — *Imp. :* je valais, nous valions — *Fut. :* je vaudrai, nous vaudrons — *Part. pr. :* valant — *Part. p. :* valu.

49. Vivre. — *Ind. pr. :* je vis, nous vivons — *Imp. :* je vivais, nous vivions — *Fut. :* je vivrai, nous vivrons — *Impér. :* vis, vivons, vivez — *Part. pr. :* vivant — *Part. p. :* vécu.

50. Voir. — *Ind. pr. :* je vois, nous voyons — *Imp. :* je voyais, nous voyions — *Fut. :* je verrai, nous verrons — *Impér. :* vois, voyons, voyez — *Part. pr. :* voyant — *Part. p. :* vu.

51. Vouloir. — *Ind. pr. :* je veux, nous voulons — *Imp. :* je voulais, nous voulions — *Fut. :* je voudrai, nous voudrons — *Impér. :* veuille, veuillons, veuillez — *Part. pr. :* voulant — *Part. p. :* voulu.

Principales formes contractées

can't	cannot	**it's**	it is
couldn't	could not	**I've**	I have
didn't	did not	**let's**	let us
doesn't	does not	**shan't**	shall not
don't	do not	**that's**	that is
hadn't	had not	**there's**	there is
hasn't	has not	**wasn't**	was not
haven't	have not	**we'll**	we shall
he'll	he will	**what's**	what is
I'd	I had	**who's**	who is
I'll	I shall	**won't**	will not
I'm	I am	**you'll**	you will
isn't	is not		

Verbes anglais dits " irréguliers "

Cette liste comporte les verbes les plus usuels. Les trois formes présentées successivement sont : l'INFINITIF, le PRÉTÉRIT, le PARTICIPE PASSÉ.

1.	to **awake**	*s'éveiller*	awoke	awoken
2.	to **be**	*être*	was, were	been
3.	to **beat**	*battre*	beat	beaten
4.	to **become**	*devenir*	became	become
5.	to **begin**	*commencer*	began	begun
6.	to **bend**	*courber*	bent	bent
7.	to **bite**	*mordre*	bit	bitten
8.	to **blow**	*souffler*	blew	blown
9.	to **break**	*briser*	broke	broken
10.	to **bring**	*apporter*	brought	brought
11.	to **build**	*construire*	built	built
12.	to **burn**	*brûler*	burnt (U.S. burned)	burnt (U.S. burned)
13.	to **burst**	*éclater*	burst	burst
14.	to **buy**	*acheter*	bought	bought
15.	to **catch**	*attraper*	caught	caught
16.	to **choose**	*choisir*	chose	chosen
17.	to **come**	*venir*	came	come
18.	to **cost**	*coûter*	cost	cost
19.	to **cut**	*couper*	cut	cut
20.	to **dig**	*creuser*	dug	dug
21.	to **do**	*faire*	did	done
22.	to **draw**	*tirer*	drew	drawn
23.	to **dream**	*rêver*	dreamed, dreamt	dreamed, dreamt
24.	to **drink**	*boire*	drank	drunk
25.	to **drive**	*conduire*	drove	driven
26.	to **eat**	*manger*	ate	eaten
27.	to **fall**	*tomber*	fell	fallen
28.	to **feel**	*sentir*	felt	felt
29.	to **fight**	*combattre*	fought	fought
30.	to **find**	*trouver*	found	found
31.	to **fly**	*voler*	flew	flown
32.	to **forbid**	*interdire*	forbade	forbidden
33.	to **forget**	*oublier*	forgot	forgotten

34. to **forgive**	*pardonner*	forgave	forgiven
35. to **freeze**	*geler*	froze	frozen
36. to **get**	*obtenir*	got	got (U.S. gotten)
37. to **give**	*donner*	gave	given
38. to **go**	*aller*	went	gone
39. to **grow**	*croître*	grew	grown
40. to **hang**	*suspendre*	hung, hanged	hung, hanged
41. to **have**	*avoir*	had	had
42. to **hear**	*entendre*	heard	heard
43. to **hide**	*cacher*	hid	hidden, hid
44. to **hold**	*tenir*	held	held
45. to **hurt**	*blesser*	hurt	hurt
46. to **keep**	*garder*	kept	kept
47. to **know**	*connaître*	knew	known
48. to **lay**	*poser*	laid	laid
49. to **lead**	*conduire*	led	led
50. to **lean**	*se pencher*	leant, leaned	leant, leaned
51. to **leap**	*bondir*	leapt	leapt
52. to **learn**	*apprendre*	learnt	learnt, learned
53. to **leave**	*laisser*	left	left
54. to **lend**	*prêter*	lent	lent
55. to **let**	*laisser*	let	let
56. to **lie**	*être couché*	lay	lain
57. to **light**	*allumer*	lighted, lit	lighted, lit
58. to **lose**	*perdre*	lost	lost
59. to **make**	*faire*	made	made
60. to **mean**	*signifier*	meant	meant
61. to **meet**	*rencontrer*	met	met
62. to **pay**	*payer*	paid	paid
63. to **put**	*mettre*	put	put
64. to **read**	*lire*	read	read
65. to **ride**	*chevaucher*	rode	ridden
66. to **ring**	*sonner*	rang	rung
67. to **rise**	*se lever*	rose	risen
68. to **run**	*courir*	ran	run
69. to **saw**	*scier*	sawed	sawn, sawed

70. to **say**	*dire*	said	said
71. to **see**	*voir*	saw	seen
72. to **sell**	*vendre*	sold	sold
73. to **send**	*envoyer*	sent	sent
74. to **shake**	*secouer*	shook	shaken
75. to **shine**	*briller*	shone	shone
76. to **shoot**	*tirer*	shot	shot
77. to **show**	*montrer*	showed	shown
78. to **shut**	*fermer*	shut	shut
79. to **sing**	*chanter*	sang	sung
80. to **sit**	*être assis*	sat	sat
81. to **sleep**	*dormir*	slept	slept
82. to **slide**	*glisser*	slid	slid, slidden
83. to **smell**	*sentir*	smelt (U.S. smelled)	smelt (U.S. smelled)
84. to **speak**	*parler*	spoke	spoken
85. to **spend**	*dépenser*	spent	spent
86. to **stand**	*se tenir debout*	stood	stood
87. to **stay**	*séjourner*	stayed	stayed
88. to **steal**	*voler; dérober*	stole	stolen
89. to **stick**	*coller*	stuck	stuck
90. to **sting**	*piquer*	stung	stung
91. to **strike**	*frapper*	struck	struck, stricken
92. to **sweep**	*balayer*	swept	swept
93. to **swim**	*nager*	swam	swum
94. to **take**	*prendre*	took	taken
95. to **teach**	*enseigner*	taught	taught
96. to **tear**	*déchirer*	tore	torn
97. to **tell**	*dire*	told	told
98. to **think**	*penser*	thought	thought
99. to **throw**	*lancer*	threw	thrown
100. to **understand**	*comprendre*	understood	understood
101. to **undo**	*défaire*	undid	undone
102. to **wear**	*porter; user*	wore	worn
103. to **weep**	*pleurer*	wept	wept
104. to **win**	*gagner*	won	won
105. to **wring**	*tordre*	wrung	wrung
106. to **write**	*écrire*	wrote	written

Vocabulary tables

Tableaux de vocabulaire